·当·代·职·业·教·育·理·论·与·实·践·探·索·丛·书·

产业工人职业成长的质性分析

修桂芳 著

U0274661

清华大学出版社

北京

内 容 简 介

产业结构转型的核心是"人"的技能转型，其中的直接主体是产业工人。从专长发展规律来看，某种专长的建构是从新手期到专家阶段的连续发展过程，但过去的"专家—新手"专长比较研究尚未深入分析各阶段的切换过程。本书关注高成长型产业工人的职业生涯发展，对技术专长、管理专长和综合性专长三种专长类型个案的职业成长故事进行了深描，为产业工人的职业生涯发展提供了"最佳实践"案例，为企业组织学习空间的建构提供了理论参考，为产业工人队伍建设提供了叙事依据。

本书适合教育研究者、教育工作者和一般社会读者阅读。

图书在版编目（CIP）数据

产业工人职业成长的质性分析 / 修桂芳著 . —北京：清华大学出版社，2024.3
（当代职业教育理论与实践探索丛书）
ISBN 978-7-302-65458-2

Ⅰ . ① 产… Ⅱ . ①修… Ⅲ . ①产业工人 － 人才培养 －研究 －中国 Ⅳ . ① C961

中国国家版本馆 CIP 数据核字（2024）第 043287 号

责任编辑：刘士平
封面设计：傅瑞学
责任校对：袁　芳
责任印制：丛怀宇

出版发行：清华大学出版社
　　　　网　　　址：https://www.tup.com.cn，https://www.wqxuetang.com
　　　　地　　　址：北京清华大学学研大厦A座　　　　邮　　编：100084
　　　　社 总 机：010-83470000　　　　邮　　购：010-62786544
　　　　投稿与读者服务：010-62776969，c-service@tup.tsinghua.edu.cn
　　　　质量反馈：010-62772015，zhiliang@tup.tsinghua.edu.cn
印 装 者：三河市天利华印刷装订有限公司
经　　销：全国新华书店
开　　本：185mm×230mm　　　印　　张：16.25　　字　　数：263千字
版　　次：2024年3月第1版　　　印　　次：2024年3月第1次印刷
定　　价：68.00元

产品编号：104328-01

当代职业教育理论与实践探索丛书

丛书主编

赵志群，北京师范大学

学术顾问

Prof. Dr. Dr. h.c. Felix Rauner，德国不来梅（Bremen）大学

石伟平教授，华东师范大学

丛书总序

　　职业教育研究是对职业和与职业有关的教育与培训、职业社会化过程及其影响因素进行的描述、分析、解释、说明、批判或设计，其研究对象是在不同政治、文化、经济和社会背景下获得职业知识、技能、能力和素养的条件、过程和结果。职业教育研究具有很强的应用性特点，它为职业教育的管理机构、教育培训机构、利益相关者（如企业）和公众提供对职业教育规律的解释，其研究热点问题常常与政策环境有密切的联系。以上特点决定了职业教育研究具有两方面的学科特征，一是作为行动指导的教育科学的学科特征；二是关注工作分析和设计的劳动科学的学科特征。

　　在不同的国家，职业教育研究的重点有所不同，这主要是因为各国职业教育制度体系之间存在的巨大差别。例如，职业教育在有的国家属于中等教育范畴，在另一些国家则属于高等教育、高中后非高等教育，或者非正规教育或企业岗位培训的范畴。国际公认最早的有组织的职业教育研究可追溯到 19 世纪末瑞典的"教育工艺"（pedagogical slöjd）改革，该成果从 1876 年开始连续五届在世界博览会上进行展示，并在巴黎世界博览会上获得金牌。当时欧洲和美国的职业教育学者不但将面向工作的教育引入教育创新实践，还将其引入高等学校教师教育研究中，从而使职业教育成为科学研究的正式议题。到 20 世纪初，欧美职业教育研究已经涵盖了职业教育课程、特定领域技术技能人才能力分析以及职业评价等广泛的领域。

　　我国在 19 世纪中叶诞生了具有职业学校性质的实业学堂，职业教育的理论建构可以追溯到清末民初的一些代表人物如黄炎培等的主张，但由于受到战乱及各种政治因素的影响，直到 20 世纪 70 年代，职业教育的理论研究一直未形成规模和体系。改革开放以后，随着职业教育事业的快速发展，职业教育研究也空前繁荣，目前已初步建立了具有中国特色的职业教育理论框架。

在我国，职业（技术）教育学作为研究职业教育现象、揭示职业教育发展规律的科学，被认为是教育学的一个分支学科。但是，由于职业教育复杂性和综合性等跨界特征，职业教育研究远超教育科学的范畴，成为一组学科或研究领域的组合，它们既有回顾性的，又有展望性的。前者如职业教育史、比较职业教育学研究等，后者的应用性较强，如职业资格研究（也称胜任特征研究）、职业教育课程与教学论以及劳动市场和就业研究等。职业教育研究涉及宏观层面的职业教育体系和机制、中观层面的教育培训机构和课程、微观层面的职业学习过程，其研究课题常常由社会、技术和经济的发展状况所决定。例如，过去的职业教育研究主要关注现代职业教育体系建设、职业院校专业建设、课程和教学改革等问题。但是随着信息技术发展和工作组织方式变化，职业和工作场所的数字化转型问题引起关注，人们试图发现对职业素质和能力发展具有促进、制约或干扰作用的因素，并发现和解释技术发展、工作实践和职业能力发展之间的关系，与非正规学习有关的问题也成为职业教育研究的重点，如校企合作、产教融合、现代学徒制和工作场所学习等。

随着经济和社会的发展以及改革进程，我国职业教育研究曾经出现过一些阶段性的思潮和研究热点，如农科教结合、高等职业教育发展和职教集团等。在实践中，我们仍受到很多未解问题的困扰，这既包括诸如建立现代职业教育体系和提高职业教育吸引力等宏观问题，也包括课程与教学等中观与微观层面的问题。要想科学、系统地解决这些问题，必须不断地提高职业教育研究的质量。

职业教育研究是一个收集、加工和解释职业教育数据的过程，每一步都必须关注"数据的合法性"，一旦数据不准确，就无法保证结论的有效性，这说明：具有可靠性、有效性和代表性的数据是高质量研究的基础。职业教育研究多以跨学科和多学科方式进行，至少有以下两方面的目标。

（一）认知性目标。职业教育研究首先是对职业教育本质的认知，如元理论层面的教育学自我认知和反思，与职业有关的人类学反思，职业教育的社会情境分析，现代社会中职业人的角色定位和发展规律等。

（二）开发性和设计性目标。职业教育研究涉及教育制度体系、课程与学习方案、学习资源和学习环境等的分析、设计与完善。它通过理论分析、实证调查和国际比较等方式，在教育学、心理学、管理学等理论基础上，借鉴政策研究、资格研究等研究成果，形成对职业教育制度和机制、专业和教学过程等设计的建议。

职业教育的研究对象涉及工作世界、与工作世界相关的学习过程，以及职业教育体制机制的建立与完善，可以分为三类：一是人类学研究，重点探究技术技能人才成长和人格发展规律；二是社会科学研究，重点研究相关体制机制的建设和组织发展；三是特定专业（职业）领域工作的学习过程研究和设计。这意味着职业教育研究需要采用人类学、社会科学以及特定领域（如工程科学）的研究方法，如扎根研究、实验研究、设计和开发方法等。

职业教育研究受到管理体制和社会政治的影响，实际采用的方法很多是"准科学"方法，在很大程度上受到教育政策的影响。职业教育研究成果经常也不是纯粹的科学研究成果，而是各相关利益集团博弈的结果。职业教育研究成果常常在被职业教育实践证明之后，才得到相关管理部门的回应。由此看来，职业教育的研究过程不仅是一个科学研究过程，更是一个教育实践过程。

基于以上认识，我们将自己的研究和相关实践成果汇结成集，从2009年开始出版这套"当代职业教育理论与实践探索丛书"，以期为职业教育的"科学研究"与"理性实践"提供一个高水平的对话平台。

时至今日，这套成果不算"丰硕"的丛书已经出版了十余本，但它对职业教育研究发展的贡献却是实实在在的。丛书第一本《职业教育工学结合一体化课程开发指南》已经重印近20次，其主要内容成为多个国家相关标准或课程开发指导文件的核心；丛书多本有关职业能力测评的方案和实践的专著开创了我国职业教育大规模诊断量化研究的先河；丛书有关行动导向学习的讨论为新修订《职业教育法》将"职业行动能力"作为新时代职业教育人才培养目标作出了贡献；丛书最新出版的《产业工人职业成长的质性分析》是北京师范大学教育学博士论文库收入的第一篇职业教育研究论文，反映了职业教育询证研究的新进展。

　　总的来说，职业教育研究的目的不是辨析"对"和"错"，也没有固定的参数和标准答案，而是一个求真探索的过程。我们期盼职业教育研究不断走向繁荣、职业教育实践取得更加丰硕的成果，为提高国民素质和促进经济社会发展作出更大的贡献。

北京师范大学

2023 年 12 月 10 日，北京

序　一
终身教育研究方法论的有益探索

尽管在修桂芳博士撰写论文阶段，本人就有幸了解到她思考、探索和形成研究成果的过程，但这次系统研读根据她的博士论文修订而成的专著《产业工人职业成长的质性分析》，还是觉得非常有启发；尤其是从终身教育研究方法论的视角出发，印象尤其深刻。

一是终身教育研究如何沟通微观研究与宏观研究。

尽管研究需要有具体的对象设定，但是微观、中观、宏观研究本身就是融通的，就是系统研究的具体表达。正如修桂芳博士所言，目前关于产业工人队伍建设的研究存在"重宏观轻微观"的问题，即过于关注政策制度的解读分析、企业组织的人力管理等，对于产业工人技能本身形成的过程及环境较少触及。不仅仅在产业工人队伍建设研究领域如此，在很多具体的终身教育研究领域中，非常微观乃至精细的研究都相对缺乏。而在本书中，作者自觉、主动地基于真实情境，对研究对象的技能转型过程进行了深描，对影响因素进行了深度阐释，能很好地满足学术阅读的需要；也能以这样精准、精细的研究有力支持乃至启发本领域的宏观政策、制度等研究。

二是终身教育研究如何沟通实践发展与理论形成。

本书作者采用了质性研究的方式，很适合揭示高成长型产业工人职业成长与发展的规律。因为有博士研究生阶段的锻炼，作者采用访谈法、观察法、实物分析法收集了大量的引证资料，通过科学的研究过程发展了本领域的新知识。作者详细介绍了自己如何最终聚焦到这三位研究合作者，如何获得、分析丰富的研究资料，如何实现与研究合作者之间的互动，很形象地展现了一幅研究路线图。在阅读的过程中，本人常常冒出这样的想法：终身教育领域充满着具有创造性的实践，有着无数具有创造性的实践工作者；而我们专业的终身教育研究者该如何尊重、理解终身教育实践和实践工作者呢？如何基于实践做出应有的理论创新呢？这本书给出了范例，也将启发更多有志者继续践行理论与实践沟通乃至于互动生成的研究之路。

三是终身教育研究如何促成非正式学习、成人学习等领域的再发展。

成人学习研究是终身教育研究非常核心的构成。而在这个领域中，尽管有国外的相关文献和国内学者的介绍，但是，成人作为非正式学习的主体会经历怎样的学习过程呢？有怎样的学习机制？这还是需要通过本土研究不断形成新认识。在本书中，作者结合对三位研究对象职业专长建构过程的仔细分析，认为其非正式学习的过程主要可以分为自主学习者、学习管理者、学习指导者和学习设计者四个阶段，各阶段工作经验、工作过程知识和专长情感能量动态发展、相互作用，共同影响着个体的非正式学习活动。作者形成了本领域的分析框架，促成了本领域知识的更新和发展，也在事实上充实了本研究领域。

总之，读着这本专著，能想象到作者的真诚投入和用心探索。在我国终身教育研究需要可持续发展、需要更多新生力量发展起来的背景下，这本专著以其上述贡献能启发更多终身教育研究者，也能促成这样的新格局形成：以研究的力量而支持终身教育实践改革，助力更多人通过非正式学习、非正规学习等，不断实现自己的潜能，创造属于自己的自豪人生。

李家成

2024 年 2 月

（李家成，华东师范大学上海终身教育研究院执行副院长，教授，博士生导师）

序　二

　　华东师范大学上海终身教育研究院博士后、北京市顺义区社区教育中心修桂芳老师基于攻读博士期间的核心研究，即将推出新作《产业工人职业成长的质性分析》。该著作付梓在即，有幸读到，颇多收获感悟。桂芳博士勤奋好学，孜孜以求，在职深造并顺利获得北京师范大学博士学位，进而又入华东师范大学教育学博士后流动站，紧密结合本职工作持续开展精深研究，其踔厉奋发之精神令人钦佩，真可谓终身学习之楷模。其新作融合了职业教育与终身教育，立足非正式学习、专业发展理论和转化学习理论，运用质性研究与案例研究方法，以叙事方式对产业工人专长加以建构、解释和检验，理念先进，视角独到，对终身学习时代大职业教育的实践创新具有重要引导作用，实为职业教育领域可读性很强的一部佳作。

　　产业转型升级是经济跃升的关键引擎。产业转型的核心在于"人"，在于人的技术技能转型，其中最直接的主体是产业工人。从专长研究的角度来看，作为技能发展与提升，某种专长的建构是从新手期到专家阶段的连续发展过程，而常见的"新手—专家"专长比较研究未能深入分析各阶段的切换过程，弱化了专长建构理论的解释性。桂芳博士的研究关注了高成长型产业工人职业成长与发展规律的质性本源，以专长建构理论、非正式学习理论和成人转化学习理论为理论基础，采用个案研究法、叙事研究法和文本分析法相结合的研究方式，分析了技术专长、管理专长和综合性专长个案的职业经历，深入探究个体经验、工作过程知识和专长情感能量因素在解决问题中的迁移、转化和应用，总结提炼出专长建构的学习过程、影响因素及内在规律。

　　桂芳博士根据专长类型，选取了技术修行的"手艺人"、解决管理问题的"领头雁"和技术管理的"多面手"三位产业工人作为研究合作者，描述其"从职场新人到业务骨干"的职业专长建构过程，分析了每位研究合作者基于工作问题解决的学习行为、阶段特征和整体特征。在"解剖麻雀式"的个案分析基础上，本著作论述了产业工人专长建构的实质——专长边界的非正式拓展，这是专长发展研究方面非常有意义的理论发现，它提供了一个理解专长建构的框架，解释了基于问题解决的非正式学习过程中知识、经验和情感因素共同驱动专长边界拓展的内在规律性。每个专长发展阶段的个体经验、工作过程知识和情感体验能量都具有差异性，阶段之间的界限不是"非此即彼"的，而是呈现"交叉叠合"的向上拓展性。非正式学习呈现出工作过程知识、个体经验和专长情感能量三种因素"非同步性"融合，其中专长情感能量往往成为跃升的支点，促进工作过程知识和个体经验的盘活，直至超越之前的专长水平。期待这个关于专长边界的论述，除了产业工人群体之外，能够帮助更多职业人理解职业成长与发展的"密码"，并运用于各自的专业领域。

本著作的一个重要研究发现在于提出了"盘活机制"解释框架，提出了产业工人的非正式学习行为中存在着个体情境、组织情境和社会情境共同影响下问题解决过程的盘活机制。盘活机制的核心层是个体情境，是个体经验、工作过程知识和专长情感能量构成的"智慧三角形"，也是个体非正式学习的"意义视角"；盘活机制的中间层是组织情境，是指组织经验系统、组织知识系统和组织情感系统共同构成个体学习的"组织气候"；盘活机制的外围层则是政策制度、社会环境、教育水平和社会角色等弥散性社会因素。个体非正式学习的过程受个体情境、组织情境和社会情境因素的影响，集中表现为个体层和组织层的经验、知识和情感相互排斥、碰撞或融合。在此过程中，学习者的个体经验、知识和情感因素不断重构和升级，进而形成了专长阶段跃升的螺旋。盘活机制可谓作者对个体职业成长进程研究的一个理论性贡献。

此外，本书还深入探究了专长建构与非正式学习之间的关联性：专长建构的阶段性与学习者的职业角色具有一定的对应关系，专长水平越高，非正式学习的内容与方式越丰富多样；专长建构中的非正式学习方式呈现个体差异性特征，根据学习指导关系区分为无指导的自主学习、有指导的半自主学习、以辅助他人学习为特征的相对自主学习、以指导他人学习为特征的高自主学习等方式；社会因素则通过直接或间接方式对个体专长建构和非正式学习行为产生影响。我想，或许这与作者本身的工作学习经历有关，作为基层教育工作者，桂芳博士在扎实的实践工作中持续学习，既从事全民终身学习的推进工作，又奋力投身职后继续教育与深造，在繁忙的工作中攻读博士学位，这本身蕴含了其对专长建构与非正式学习的独特理解。相信如此精深的理解可以带给广大读者更多启发与思考。

　　读后感之所至，以记之，是为序。

史　枫

2024 年 2 月于北京教科院

目　录

第一章 绪 论

第一节 研究背景

进入 21 世纪，随着现代信息技术的普及，人类社会开始进入以知识生产、创造和传播为特征的后工业经济时代，全球产业发展面临转型升级的时代命题。2017 年，中共中央、国务院印发的《新时期产业工人队伍建设改革方案》明确提出要提高产业工人技能，使产业工人队伍成为产业结构转型发展的主力军。事实上，产业结构转型的本质是"人"的技能转型，因为"资本增殖和科技成果的转化是通过人来完成和实现的，而产业工人则是完成这一任务的最直接的主体"[1]。有研究报告预测，中国劳动者的职业和技能转变将是空前的，2030 年对高认知技能、社会和情感沟通技能、技术技能的总需求将新增 2360 亿工时。[2] 故而，产业工人转型问题意义重大而深远，关乎产业升级和经济繁荣发展。

目前，关于产业工人队伍建设的研究存在"重宏观轻微观"的问题，即过于关注政策制度的解读分析、企业组织的人力管理等，对于"产业工人技能本身形成的过程及环境较少触及"[3]。所以，如何基于企业组织的现实生产环境，真正以产业工人的视角，对

---

[1] 王永章. 新常态下我国产业工人转型问题研究 [J]. 毛泽东邓小平理论研究，2016(11)：17-22.

[2] 麦肯锡全球研究院. 中国的技能转型：推动全球规模最大的劳动者队伍成为终身学习者 [EB/OL]. https://www.mckinsey.com.cn/wp-content/uploads/2021/01/MGI_Reskilling-China_Executive-Summary-CN.pdf, 2021-01/2021-12-10.

[3] 耿艳丽. 产业工人技能形成的制度环境与路径优化 [J]. 东岳论丛，2020(12)：184-190.

其技能转型过程进行"还原式"深描、对影响因素进行"深挖式"解释，是我国产业工人队伍建设朴素而扎实的"最后一公里"。

近年来，我国不断完善政策制度体系，努力畅通产业工人接受继续教育、终身教育的渠道，搭建产业工人终身学习、不断成长的"立交桥"。[①] 早在 1952 年，哈维格斯特将发展任务定义为："在个人生活中或某个特定时期出现的任务，成功的任务导致他的幸福和后来的任务成功，而失败的任务会导致个人不快乐及后来的任务困难"[②]，而工作世界的"任务"往往与个体特定的职业角色相联系。当个体能够顺畅完成特定职业角色的所有任务时，带来的"幸福"也许是驾驭更难角色的正面情感能量，而导致"后来的任务成功"的因素到底有哪些？换句话说，企业职工发展通道为个体职业发展提供了参考路标。

第二节　研究问题和意义

一、研究问题

本研究采用质性研究取向，通过深描三位产业工人（研究合作者）的职业成长故事，还原他们作为专业技术人员或行政管理人员或技术行政"双肩挑"（双职业通道）从事产业生产（或服务）的"工作世界"。深入分析个案从初级技术人员到高级工程师（职业角色 1：从技术新手到技术专家）、从普通技术岗到高阶技术管理岗（职业角色 2：从技术新手到管理专家）的专长发展过程中，基于问题解决而展开的非正式学习活动。在个案分析基础上，尝试建构产业工人专长发展的中层实质理论。

因此，本研究围绕"产业工人专长建构的质性研究"，探究以下两个子问题。

---

① 创新产业工人发展制度　打通成长成才的绿色通道 [EB/OL]. http://acftu.people.com.cn/n1/2017/0626/c67583-29362864.html,2017-06-26/2021-09-23.

② Havighurst R J. Developmental Tasks and Education[M]. New York: David McKay Co, 1952: 2.

问题一：探问企业优秀专业人员的"专长发展之路"，即产业工人是如何从职场新人成长为业务骨干的？其专长发展的轨迹是什么？

问题二：产业工人在解决各类工作问题的过程中，是如何通过"盘活"个体经验、专业知识和情感记忆的非正式学习活动建构职业专长的？具体影响因素有哪些？

二、研究意义

从理论意义看，从职业专长建构的视角研究产业工人非正式学习问题，首先，丰富了非正式学习理论的研究内容。非正式学习，尤其是工作场所的非正式学习是一种基于问题解决的行动导向学习，其过程是专业学习、生活经验和情感记忆的整合、重组和创新使用，这个"盘活"自身所有经历的过程体现了非正式学习的深刻理论内涵。成人教育学家马尔科姆·诺尔斯（M. Knowles）认为，学习过程包括感情的、心理的和理智的全部存在。[①] 其次，拓展产业工人职业成长的研究视野。立足于我国本土文化语境，形成西方非正式学习理论、专长发展理论和成人转化学习理论的本土叙事和研究成果。"本土化"是外来的制度、文化及其各种理论等精神产物被引进、吸收并融合进本土生长的精神产物中的过程。[②] 最后，可以充实专长发展理论的研究内容。专长研究关注从新手到专家的能力发展过程，而专家技能的形成是一个涉及多种因素的复杂过程，其中包括原有的能力、知识和经验（长时记忆系统），大量的职业练习与实践，长期反复进行的工作反思，每次职业劳动过程中的操作知觉（工作记忆系统）和信息加工活动，以及从业动机的激活、调控与管理的动力作用。[③] 在这个复杂的过程中，无论是经验积累、知识重构，还是单调而长久的刻意练习，势必掺杂着情感和情绪的因素，它们在某种程度上决定着个体经验转化的程度、实践反思的深度，进而影响着个体职业专长的建构过程。

从实践意义看，通过深描产业工人职业发展故事中的专长建构要素与过程，解决工作问题的情境、过程和结果，分析真实工作场景中的个体学习。首先，为产业工人的

① 张维. 成人教育学 [M]. 福州：福建教育出版社，1995：88.
② 齐军. 走向"共在"与"对话"——对西方教学理论本土化的审视 [J]. 教育发展研究，2010，30(22)：46-50.
③ 刘德恩. 职业教育心理学 [M]. 上海：华东师范大学出版社，2001：237.

职业成长和发展提供了案例参考。本研究选取的个案都是企业组织中的"双肩挑"人员（同时拥有技术等级和管理等级），拥有"技术专长"和"管理专长"的综合实践能力，而且基于研究个案的深入了解和对企业组织学习活动进行的同步跟踪，可以丰富产业工人非正式学习方面的实践性知识。其次，为企业组织学习空间的建构提供理论参考。基于学习者视角的反思有助于企业组织的学习空间建设，帮助员工实现学习成果的转化，为企业培训和学习活动设计提供理论依据。最后，为产业工人队伍建设提供事实依据。国家的技能转型的真正落地取决于产业工人个体的技能转型，把"人口红利"变成"人才红利"。专长发展是当前职业教育"技能型社会"发展战略在个体发展层面的基本体现，有利于进一步释放人才红利，完善产业人才培养体系，推动产业结构转型升级。

第三节　核心概念界定

一、产业工人

一般意义上，产业工人是指在现代工厂、矿山、交通运输等企业中从事集体生产劳动，以工资收入为生活来源的工人。[①]"产业工人"概念的产生与人类社会的工业革命密不可分，一定程度上，产业工人是现代社会化大生产的产物，工业化、市场经济是推动潜在劳动力成为产业工人的源动力[②]，更确切地说是伴随着资本主义生产方式的确立而独立于以往的手工业者群体的新兴阶级[③]。然而，有学者认为发展中国家和转型国家变成全球产业工人阶级的复兴基地，而且中国社会正是至为重要的基地之一。[④]虽然产业

---

①　李玉赋. 新的使命和担当——《新时期产业工人队伍建设改革方案》解读 [M]. 北京：中国工人出版社，2017：155.

②　严霄云. 符应理论视角：职业教育与中国新产业工人的生产 [D]. 上海：上海大学，2013.

③　闫永飞. 论"工人阶级""产业工人""职工"概念的历史演变 [J]. 工会理论研究，2020(5)：39-50.

④　沈原. 社会转型与工人阶级的再形成 [J]. 社会学研究，2006(2)：13-36，243.

工人队伍建设问题成为热议话题，但学术界对产业工人内涵的界定并未达成共识，王星认为分歧主要集中于"是否受雇佣的劳动者"上，而且产业工人的内涵和后来发展起来的工人阶级、无产阶级等概念存在巨大差别[①]。本研究采用国内学者陆学艺的定义，把产业工人界定为第二、三产业中的蓝领雇佣者，具体包括管理人员和专业技术人员。[②]

此外，需要特别说明的是：职业成长阶段明显、职业成就突出的高成长型产业工人，在某企业的职业发展达到一定程度（例如进入"职业天花板"）之后，有可能发生了职业身份的变化，例如从"产业工人"变成"自主创业者"，因此自主创业阶段的专长建构不作为本研究的重点内容。总之，本研究重点关注产业工人阶段为基础的职业成长与发展。

二、专长建构

专长（expertise）在英文中与"专家意见"为同一个单词。20世纪70年代以后，更多心理学家致力于探究不同领域专长的实质及其发展规律，其间召开过数次国际会议，并形成对专长研究影响至深的多本论文集。[③]1985年"专长"这个概念首次出现在埃里克森（Anderson, J. R.）的认知心理学著作中[④]。林崇德在《发展心理学》中提到，成年人智力发展的重心更多地落在与日常生活问题解决有关的智慧的增长及与职业发展密切联系的专长的获得上。[⑤]某种程度上，"专长"是个体获得职业成就、实现自我价值的能力，因此有学者把专长定义为"特指个人经过慎思的实践之后获得的职业技能或擅长的工作，意指人的能力"[⑥]。作为一种能力特质的"专长"联结着职业实践和个体发展，如职业教育视角下专长被认为是"个体以人类复杂多样的应用型实践活动为

---

① 王星. 走向技能社会：国家技能形成体系与产业工人技能形成 [M]. 北京：中国工人出版社，2021：80-81.

② 陆学艺. 中国社会阶级阶层结构变迁 60 年 [J]. 北京工业大学学报（社会科学版），2010，10(3)：1-12.

③ 胡谊，吴庆麟. 专长的心理学研究：专家行为的实质及成才规律 [J]. 科学，2002，54(6)：2，25-28.

④ 胡谊. 专长心理学：解开人才及其成长的密码 [M]. 上海：华东师范大学出版社，2006：9.

⑤ 林崇德. 发展心理学 [M]. 3 版. 北京：人民教育出版社，2018：455.

⑥ 伊万·塞林格，罗伯特·克里斯. 专长哲学 [M]. 成素梅，等译. 北京：科学出版社，2015：vii.

基础，在具体的职业情境下获取并整合领域内多重知识、形成应用性—执行性的技术技能、解决领域内新的应用型问题、发展相应的个体人格与社会性等的一系列能力特质"[1]。

专长对于个体发展的积极意义在于个体由新手成长为专家"必须取决于知识、效率和洞察力三个方面的发展"[2]，而不是无法改变的天赋；专长的不断进阶是职业发展的基础，越到更高阶段，对个体的能力要求越高，所以"只有情感化的、投入的、体知合一的人类才能达到熟悉和专家阶段"[3]，而且"成为专家是专长发展的最高水平，也是很多人职业生活的最高理想"[4]。本研究中，专长建构是指从新手到专家的专长发展中，个体整合知识、经验和情感，在不断解决问题的职业实践中，经过长期的、反复的刻意练习提升职业专长的过程。

三、非正式学习

自 20 世纪 40 年代联合国教科文组织提出"非正式学习"的概念以来，出现了大量关于非正式学习内涵的讨论。从英文词源上看，informal 和 non-formal 都是 formal 的否定式，形成了非正式学习（informal learning）、非正规学习（non-formal learning）、正式学习（formal learning)、半正式学习（semiformal learning）等关于学习的概念。1946 年，美国成人教育学家马尔科姆·诺尔斯在芝加哥大学攻读博士学位时受到导师豪尔（Houle）的学术影响，研究成人教育和成人学习。为了给成人教育提供良好的理论和实践参考，1950 年诺尔斯出版了第一部著作《非正规的成人教育》，开始发展一种关于成人学习的系统理论。但是，诺尔斯这里提到的"非正规"是相对于传统学校教育而言的，这本书讨论的内容主要包括成人教育的课堂教学原则、教学过程和教学方法，以及教育管理者的领导力问题。虽然诺尔斯是对成人教育领域"课堂管理"和"教育管

---

① 和震，柯梦琳.职业教育视角下的专长与校企合作重构 [J].清华大学教育研究，2017，38(4)：40-47.

② 林崇德.发展心理学 [M].3 版.北京：人民教育出版社，2018：458.

③ 伊万·塞林格，罗伯特·克里斯.专长哲学 [M].成素梅，等译.北京：科学出版社，2015：179.

④ 林崇德.发展心理学 [M].3 版.北京：人民教育出版社，2018：459.

理"的分析，但是他的理论中阐述了成人学习心理、学习方法和学习过程，在正式学习活动中融入了非正式学习的思想，例如课堂教学中"集体讨论式的师生互动更能培养个体的独立思考能力，提升个人成长的可能性"[①]。随着成人学习研究的不断深入，非正式学习逐渐从正式学习分离出来，引起越来越多的理论关注，学者们从学习环境、学习过程、学习形式和学习结果等方面界定非正式学习。一般认为，正式学习是在学校中进行的系统学习，一般会有考试评价；非正式学习是日常实践中无组织的、自愿的学习，一般是学习者主导；非正规学习是校外进行的结构化学习，如学校组织的博物馆参观、实地考察或科学中心的学习等，兼具正式学习和非正式学习的特点。[②]

四、工作过程知识

工作过程知识是工作过程直接需要的（区别于理论知识），在工作过程中自我获得的知识，它是在成功确立工作目标、制订计划、实施计划及评价工作成果的工作情境中积累起来的。[③]从组织管理的角度，虽然知识管理是重要主题，但是工作过程知识"通常存在于明确的组织工作流程，但对其灵活的描述和处理过程没有得到深入探究"[④]。在工作世界中，个体对所在组织工作流程的系统性理解"通常由员工在工作场所解决问题时建构，它不仅是简单的技术诀窍，需要综合技术诀窍和专业理论两个方面"[⑤]，所以本研究对工作过程的考察基于工作场所学习情境中个体学习行为和组织培训体系两个维度，在组织知识管理的语境下，分析个体专长发展进程中工作过程知识的建构理路。

---

①　吴静静. 马尔科姆·诺尔斯成人教育学思想研究 [D]. 南京：南京师范大学，2019.

②　Eshach H. Bridging in-school and out-of-school learning: formal, non-formal, and informal education[J]. Journal of Science Education and Technology, 2007 (2): 171-190.

③　Fischer M.Von der Arbeitserfahrung zum Arbeitsprozesswissens. Opladen, Leske+Budrich, 2000: 121. 转引自：赵志群. 职业教育学习新概念 [M]. 北京：北京师范大学出版社，2021.

④　Nunes V T, Santoro F M, and Borges M R S. Borges. A context-based model for Knowledge Management embodied in work processes[J]. Information Sciences, 2009, 179(15): 2538-2554.

⑤　Boreham N. Orienting the work-based curriculum towards work process knowledge: A rationale and a German case study[J]. Studies in Continuing Education, 2004, 26(2): 209-227.

五、个体经验

人类通过自主阅读、人际交往和参加实践活动等各种方式获得个体经验。国内外不少学习理论流派也把个体经验作为学习行为探究的主题内容。对经验性质的理解，杜威认为"经验包括一个主动的因素和一个被动的因素，这两个因素有着特殊的结合方式。通过经验的这两个方面的联系可以衡量经验的丰硕与否或价值"[①]。关于经验和学习的关系，有观点认为"所有的学习都涉及原有经验的迁移"[②]，尽管杜威认为所有真正的教育都是通过经验发生的，但经验必须表现出连续性和交互性这两个基本原则，前者意味着每一种经验都从过去的经验中吸纳一些有用的营养，然后以某种方式改变后来的经验的质量。[③] 关于经验和能力的关系，冯忠良提出了能力的经验类化说，即"作为个体心理特征的能力乃是类化了的经验，它的形成、发展则依赖于经验的类化"[④]。本研究参考发展心理学的分类方法（即"把成年人智力发展的重心更多地落在与日常生活问题解决有关的智慧增长及与职业发展密切联系的专长获得上"[⑤]），以个体职业活动的场所作为依据，把个体经验分为"生活世界的经验"和"工作世界的经验"，其中家庭、学校和其他公共场所的经历和体验属于前者，工作场所基于个体职业成长与发展的经历和体验属于后者。

六、专长情感能量

关于"情感"的研究在社会学、人类学、心理学等领域皆有论述，学者们的定义也是纷繁复杂，很难统一。目前主要有四类定义：①"情感即信息"，这种观点认为通过提供具有特定感情色彩的信息，信息接受者就可以唤醒相应的感情并做出相应的行动；②"情感即认知"，这种观点认为情感就像一种认知习惯，天然与人的行动目的相联系，

① 约翰·杜威.民主主义与教育 [M].陶志琼，译.北京：中国轻工业出版社，2014：141.

② 约翰·布兰思福特.人是如何学习的：大脑、心理、经验及学校（扩展版）[M].程可拉，孙亚玲，王旭卿，译.上海：华东师范大学出版社，2013：60.

③ 雪伦·梅里安，罗斯玛丽·凯弗瑞拉.成人学习的综合研究与实践指导 [M].黄健，张永，魏光丽，译.北京：中国人民大学出版社，2010：204-205.

④ 冯忠良.能力的类化经验说 [J].北京师范大学学报（社会科学版），1986(1)：27-34.

⑤ 林崇德.发展心理学 [M].3 版.北京：人民教育出版社，2018：455.

不仅可以让人开心或不开心，而且决定了克服情感的难易程度；③ "情感即进化"，这种观点认为人在不可预测的环境中，情感本身的存在强度决定了人的行为选择，塑造了人前进和发展的方向；④ "情感即文化建构"，这种观点认为情感并非仅仅内隐地存在于个体心理世界中，而且在维持社会统一的目标或精神中发挥着核心作用。本研究关注职业专长建构过程个体非正式学习行为中的情感因素，聚焦工作世界的情感因素，包括个体情感、组织情感和社会情感三个维度。一方面，工作世界的 "情感" 往往与 "职业情感" 一词相联系，尚勇根据马斯洛的 "需要层次论"，把职业情感分为职业认同感、职业荣誉感和职业敬业感三种层次。① 另一方面，"情感" 作为一种主观体验，是 "一系列联系松散的思想材料，而且这些思想往往容易被集中激活"②，所以 "情感" 往往与学习动机相联系，作为一种 "学习能量" 而存在，即 "有关学习的倾向、态度和价值观"③。综上所述，本研究中的专长情感能量指的是个体职业专长建构过程的情感体验和学习能量，这种情感体验可能促进或阻碍专长发展的进程。

---

① 尚勇. 试论职业情感的科学界定 [J]. 理论观察，2007(1)：153-154.
② 威廉·雷迪. 感情研究指南：情感史的框架 [M]. 周娜，译. 上海：华东师范大学出版社，2020：124-125.
③ 任凯，鲁思·克瑞克. 探索有效终身学习之指标："学习能量" 及其动态测评 [J]. 教育学报，2011，7(6)：84-90.

第二章　文献综述和理论基础

第一节　国内外研究现状

本节内容主要总结、梳理和评述了国内外关于产业工人、非正式学习、专长建构、转化学习四个方面的研究成果。本研究的非正式学习和专长建构是以产业工人身份为基础的，文献综述的范围限于现职产业工人或非现职产业工人作为产业工人阶段的职业成长与发展。

一、产业工人职业发展

在全球产业结构转型升级的时代背景下，企业对人才素质的要求经历了"由过去简单的体力劳动者，到现在拥有一定知识储备和学习能力的产业工人"[①] 的发展变化。对产业工人职业发展的研究集中体现在：微观层面，对产业工人个体生存状态和职业状态的研究主要体现在工作满意度、职业幸福感、学习和培训意愿等方面，已有研究涉及职业认同[②]、工匠精神[③] 等；中观层面，对产业工人工作场所学习问题的关注体现在企业转

---

① 杜陈倩，马志强.制造业产业工人职业认同现状调查与分析 [J]. 中国集体经济，2021(1)：123-126.

② 朱永跃.产业工人心理所有权对工作投入的影响——职业认同与员工导向组织文化的作用 [J]. 技术经济，2020，39(8)：143-151.

③ 邓宏宝.产业工人工匠精神的时代内涵与培育方略——基于31个省或市级评选文件的分析 [J]. 职教论坛，2020，36(10)：75-79.

型发展、组织文化氛围、企业学习和培训方面的研究，已有研究涉及培训需求与供给分析①、企业大学研究②等；宏观层面，对产业工人及其企业组织的宏观管理主要包括国家产业工人相关政策和制度环境的研究，包括产业工人职业发展机制③、国内外产业工人职业教育模式比较④等。

对产业工人职业发展的影响因素研究主要体现在三个方面。

1. 产业工人职业认同感的研究

职业认同是个体对某一职业所形成的稳定认知和情感⑤，是考察个体职业成长过程的重要维度。

2. 个体与组织发展的关联性研究

从技能形成与发展的角度，产业工人技能形成需要大量的时间、精力和资金投入，主要原因包括：①时间积累性，多数劳动力技能的形成都是一个长期练习的积累过程，是"由普通工人经过车间生产实践历练而一步步成长起来的"⑥；②情境依赖性，特定领域技能的形成得益于具体的生产实践过程；③利益驱动性，薪酬水平的提高是驱动产业工人学习职业技能和良好的人力资本积累的关键因素⑦；④同伴压力驱动，随着劳动力素质的普遍提升，更多高素质的高校毕业生进入生产领域，在工人群体内部形成崇尚创新与学习的风气，促进个体知识体系的更新。⑧

---

① 程千，刘小飞．新型产业工人学习者的学习需求及特征研究 [J]．河北广播电视大学学报，2016，21(4)：35-40．

② 吴峰．企业大学研究的国际视野：概念、模型与趋势 [J]．开放教育研究，2014，20(1)：67-73．

③ 李珂，张善柱．高素质产业工人队伍建设发展的实践路径分析 [J]．中国劳动关系学院学报，2017，31(1)：1-7．

④ 邵程林，袁敏，王书静．新时代我国产业工人技能形成的升级路径研究——基于德、日、美三国职业教育与培训经验 [J]．高等职业教育探索，2019，18(3)：6-11．

⑤ 杜陈倩，马志强．制造业产业工人职业认同现状调查与分析 [J]．中国集体经济，2021 (1)：123-126．

⑥ 王星，徐佳虹．中国产业工人技能形成的现实境遇与路径选择 [J]．学术研究，2020，4(8)：59-64，177．

⑦ 牛雪峰．上海产业工人工作满意度：影响因素与工会作为 [J]．工会理论研究（上海工会管理职业学院学报），2020(4)：53-64．

⑧ 耿艳丽．产业工人技能形成的制度环境与路径优化 [J]．东岳论丛，2020(12)：184-190．

3. 政策环境因素的影响

近年来，我国出台系列政策文件，从企业组织架构、评价价值取向、薪酬待遇分配等方面统筹考虑、整体规划，初步建立了有助于产业工人成长的技能评价与权益保障基本制度框架 [①]，为产业工人职业成长与发展创造良好的社会环境。

综上所述，产业工人职业发展研究的启示体现在两方面。首先，职后学习问题的研究视角——"学习者视角"。产业工人职业活动以个体知识和经验作为"认知参考框架"，受政策和制度环境的影响，主要发生企业组织，始终伴随着工作岗位和职业角色的切换过程，这个"切换过程"可以借助质性研究的描述性、解释性、情境性和脉络性特征，探究个体职业成长与组织变革、社会环境的内在关联性。其次，职后学习历程与阶段分析——"融合性视角"。职后学习的"融合性"主要表现在个体职前经验与工作经验的贯通过程，理论知识（"在职参与学历进修的学校教育学习"）与工作过程知识（"解决问题导向的职业教育学习"）的认知融合过程，个体学习与组织学习的情境融合过程。

二、工作场所非正式学习

1995 年，美国劳工统计局开展了一项关于企业培训的调查，调查于 5—10 月分两个阶段进行，第一阶段是调查全国 1062 名雇主，以收集有关其培训支出和向雇员提供多少正式培训的信息；第二阶段从参与第一阶段的企业随机挑选员工开展深入调查。该调查被认为"提供了迄今为止美国工作场所培训的最详细情况"，调查发现企业职工在非正式学习方面花费的时间远远多于企业组织的正式培训，事实上他们平均将总培训时间的 70% 用于非正式学习活动。[②] 这个最重要的研究发现被认为是颠覆性的，毕竟当时大多数企业把时间和精力投入正式培训活动。这项研究彰显了探究非正式学习的价值和意义。

从概念关系来看，工作场所非正式学习的上位概念是工作场所学习，属于成人学习

---

① 刘晓，陆宇正. 新时代我国产业工人技能提升的政策寻迹与路径 [J]. 现代教育管理，2020(9)：97-104.

② Benson G. Informal Training Takes off[J]. Training & Development, 1997,51(5): 93-94.

的范畴。工作场所学习形式多种多样，主要包括正式学习和非正式学习两类，其中正式学习是由工作组织主导的正式培训和人力资源发展举措，非正式学习是职工在工作过程中的偶发学习或附带学习[①]。工作场所非正式学习形式多样，无论是学习者独立解决问题，还是与同事交流互动都包含着非正式学习的构成要素，但是哪些是有普遍价值的学习形式却缺乏充分的探讨[②]。当然，也有学者尝试按照一定标准对特定群体的非正式学习活动进行归类。加拿大学者 Cunningham 和 Hillier 认为关系、拓展或重构工作的机会、提供更高管理水平的学习机会是学校中层管理者非正式学习活动的三种类型。[③] 比利时鲁汶大学 Grosemans 等人以实证数据为基础，总结分析了小学教师的四类非正式学习活动，即试错、反思、非互动中学习他人、互动中学习他人。[④] 然而，已有研究对非正式学习表现形式的描述忽略了个体职业发展的阶段性、脉络性，以及与此相联系的个体职业角色、组织发展形势及外在社会环境。

目前，相关研究非正式学习的情境性研究主要体现在个体情境、组织情境、社会情境三个层面。Falk 和 Dierking 以非正式教育机构的博物馆研学现象分析为基础，提出了参观者个体、社会文化、物理环境（博物馆组织环境）和时间四个因素构成的"非正式学习情境互动模型"[⑤]。日本学者 Nonaka 等人从知识建构过程的角度分析了学习情境（Ba）的特征，主要体现在时空一体化、动态转化性、多元互动性、复杂多变性。[⑥]

三、专长和专长建构

专长的研究并不是一个崭新的话题。无论在人类社会发展的哪一个阶段，都会遇到

---

①　Matthews J, Candy P. New dimensions in the dynamics of learning and knowledge[C]. Boud, Garrick, Understanding learning at work. London: Routledge, 1999：47-64.

②　赵蒙成 . "非正式学习"论纲 [J]. 比较教育研究，2008(10)：51-54.

③　Cunningham H. Informal learning in the workplace: key activities and processes[J]. Education+Training, 2013, 11(55): 37-51.

④　Ilke G, et al. Informal learning of primary school teachers: Considering the role of teaching experience and school culture[J]. Teaching and Teacher Education, 2015, 11(47): 151-161.

⑤　John H, Lynn D. The Museum Experience Revisited[M]. Walnut Creek: Routledge, 2013.

⑥　Nonaka I, Toyama R, Konno N. SECI, Ba and Leadership: a Unified Model of Dynamic Knowledge Creation[J]. Long Range Planning, 2000, 33(1): 5-34.

各种各样的问题，而人是解决问题的主体，为了解决实际问题而习得某种能力的过程就是专长获得的过程。近年来，专长研究的主要趋势体现在：范式变化——从"实验室"走向"社会情境"，动力研究——从"外部支持"转向"自我调节"，研究对象扩展——从"个体专长"到"组织专长"。

专长建构的阶段性研究范式一般有两种，一种是基于专家—新手比较研究范式，一种是新手到专家的过程描述范式。目前，国内外学者对专家和新手的差异性研究集中在知识的使用方式、问题解决的行为表现、洞察力差异等；在新手到专家的学习机制解析中，个体从"边缘"到"中心"的情境融入过程引起了关注。

专长发展的过程一般被划分为若干阶段，从新手、熟手到专家的专长发展过程到底是怎样的；在每一阶段的专长建构中，个体行为表现呈现什么样的典型特点；再或者，专长边界拓展过程中，都有哪些因素发挥着影响作用，这些因素之间的关系是怎样的，都是亟须进一步探究的问题。此外，已有研究关注了知识建构、记忆、情感和情境等因素，现实情境中还有哪些因素可能对产业工人的个体职业专长建构产生影响，也是值得关注的问题。

第二节　本研究的理论基础

一、非正式学习理论

非正式学习理论根源于非正式教育理论对学习者特征的本质认识。近年来，我国研究者认为非正式学习的理论基础包括建构主义理论、人本主义理论、终身学习理论、知识管理理论、社会文化理论、后现代主义理论、情境学习理论、内隐学习理论、缄默知识理论、成人学习理论、自我导向学习理论、转化学习理论等[①]，但主要来源于永恒主

[①]　崔玲玲，赵文平. 我国教师非正式学习研究知识图谱与展望——基于 CNKI 文献的可视化分析 [J]. 教师教育学报，2019，6(6)：30-38.

义理论、人本主义理论和建构主义理论。

（一）非正式学习的基本内涵

非正式学习是日常实践中相对于正式学习的学习方式，内涵包罗万象，国内外学者从不同维度给出了定义，但尚未达成共识。[1] 以下是部分代表性定义。

（1）非正式学习涉及所有的非结构化学习，是通过日常实践的形式在非教育机构中进行的，没有系统的支持来促进学习。[2]

（2）非正式学习更多涉及学习者的自我调节，在学习时间和空间方面极具灵活性，非常实惠划算。[3]

（3）非正式学习可以是计划性或非计划性的，结构性的或非结构性的。[4]

（4）非正式学习是指正规教育之外，不以明确的组织形式开展的，主要由学习者个体或群体自发进行的知识与技能的习得过程。[5]

（5）所谓"非正式学习"是相对正规学校教育或继续教育而言的，指在工作、生活、社交等非正式学习时间和地点接受新知的学习形式，主要指做中学、玩中学、游中学。[6]

（6）非正式学习包括任何不被组织和机构决定、设计的学习活动。[7]

（7）非正式学习指在工作、生活、社会活动等正式学习以外的时间和地点进行学习的形式，具有突发性、不受时间地点限制的特点，它存在广泛，满足了大部分的个

---

[1]　Organization for Economic Co-operation and Development(OECD). Recognising Non-Formal and Informal Learning: Outcomes, Policies and Practices[EB/OL]. https://www.oecd.org/education/skills-beyond-school/recognitionofnon-formalandinformallearning-home.htm,2010-04-09/2021-02-02.

[2]　Hootegem W. Qualitative Job Insecurity and Informal Learning: A Longitudinal Test of Occupational Self-Efficacy and Psychological Contract Breach as Mediators[J]. International Journal of Environmental Research and Public Health. 2019, 16(10):1847.

[3]　Pimmer C, et al. Informal mobile learning in nurse education and practice in remote areas—a case study from rural South Africa Nurse Educ[J]. Nurse Education Today, 2014, 34 (11) :1398-1404.

[4]　Lohman M C. Environmental Inhibitors to Informal Learning in the Workplace: A Case Study of Public School Teachers[J]. Adult Education Quarterly, 2000, 50(2):83-101.

[5]　张剑平 . 虚实融合环境下的非正式学习研究 [M]. 杭州：浙江大学出版社，2018：8-9.

[6]　余胜泉，毛芳 . 非正式学习——E-Learning 研究与实践的新领域 [J]. 电化教育研究，2005(10)：19-24.

[7]　Day N. Informal learning gets results[J]. Workforce, 1998, 77(6): 30.

体需求。①

（8）人们在工作中所获得的知识技能是通过非正式学习，如谈话、观察、试误，而人们从经验和交互中的正式学习仅占 5% ～ 20%。②

（9）非正式学习是指除了依赖教师或者外部组织的课程学习之外，我们参与的所有形式的刻意学习或内隐学习。③

（10）非正式学习通常指除了教育或培训机构提供的课程、培训或工作坊之外，学习者获得理解、知识和能力的所有学习活动。④

（二）非正式学习的典型特征

在探究非正式学习和正式学习关系方面，国内外学者从理论和实践层面给出了各自的理解。一种观点倾向于学习的路径整合，黄炎主张从培训空间重构的角度，把非正式学习理念融入企业培训活动设计和实施过程之中，通过培训场景工作化、培训内容即时化、培训方式社群化来解决正式学习活动存在的错配问题。还有观点引入了新的学习概念，Livingstone 阐述了"显性非正式学习"概念，用来区分非正式学习与日常经验、观察、交际，以及其他有意义的内隐学习。⑤

结合已有研究给出的定义，可以总结出非正式学习的典型特征如下。

（1）自主性。自主学习是最重要的学习方法。⑥非正式学习是学习者为获得知识和技能，以便于更好地解决生活和工作中的各种问题的一种学习形式，体现了学习者的个体需求，具有强烈的自主性。

（2）灵活性。相比较正式学习的结构性、计划性和系统性，非正式学习不受物理

① 张伟平，马培峰 . 非正式学习中个人隐性知识的构建 [J]. 湘潭师范学院学报（社会科学版），2007(6)：175-176.

② Boileau T. Informal Learning [EB/OL]. https://www.researchgate.net/publication/320188478. 2017-10-03/2021-08-20.

③ Livingstone D, et al. Informal learning: Conceptual distinctions and preliminary findings in learning in places: the informal education reader[M]. New York: Peter Lang,2006.

④ Cunningham H. Informal learning in the workplace: key activities and processes[J]. Education + Training, 2013,11(55)：37-51.

⑤ Livingstone D. Exploring the icebergs of adult learning: Findings of the first Canadian survey of informal learning practices[J]. Canadian Journal for the Study of Adult Education,1999, 13(2): 49-72.

⑥ Houle C O. Patterns of learning[M]. New York: Jossey-Bass, 1984.

空间的限制，普遍存在于家庭、学校、工作场所等日常实践场所；不受时间安排的限制，时时、处处都有可能产生非正式学习的特定情境，个体可借助现实条件获得知识或技能。

（3）经济实惠性。非正式学习是自然发生的，某种程度上几乎发生在每一个人的日常生活中，往往由某个问题引发，偶然性、随机性很强。因此，它不像学校教育或正规培训，需要系统规划和一定的资金投入，学习的经济成本非常低。

（4）形式多样性。随着现代信息技术发展，非正式学习的自主性、灵活性特征得到了最大限度的发挥，学习形式更加丰富。在家庭、学校、工作单位、公共场合等不同环境下，个体可借助书籍、大众媒体、智能终端接触海量学习资源，实现线上线下学习的极大自由；在组织学习中，读书沙龙、研讨会、故事会、在线群组等都可以提供知识、经验交流的平台，实现组织成员的对话与互动。

（5）情境性。通过与他人互动实现个体发展是非正式学习的重要意涵。[1] 作为非正式学习的重要理论基础，社会文化建构主义理论认为人类的学习活动根植于社会的、文化的、历史的情境之中。[2] 非正式学习根植于社会实践，身处其中的个体无法脱离自身的文化语境，塑造者学习情境中的互动理念、行为和方式。

（6）结果导向性。作为工作场所泛在的学习方式，非正式学习、学习转化和职业表现之间存在着相互影响关系[3]，基于解决问题的实际需要，非正式学习在反思实践过程中形成新的理解，提升学习者的认知能力和水平。同时，这种新的理解也是对知识和经验的重构，协助解决更多更复杂的问题。

（三）非正式学习的影响因素

一般来说，非正式学习的影响因素由个体、组织和社会因素构成。作为学习者，个体在非正式学习中的主体地位通过问题解决的各个环节体现出来。

---

[1] Kyndt E, Dochy F, Nijs H. Learning conditions for non-formal and informal workplace learning[J]. Journal of Workplace Learning, 2009, 21(5): 369-383.

[2] 赵蒙成 . "非正式学习" 论纲 [J]. 比较教育研究，2008(10)：51-54.

[3] Jungmi Y, Kim D, Youngchoon P. The influence of informal learning and learning transfer on nurses' clinical performance: A descriptive cross-sectional study[J]. Nurse Education Today, 2019, 11(80): 85-90.

个体的意义视角，主要指个体的专业背景、知识结构、价值观等因素共同构成非正式学习中意义建构的视角，例如对新思想保持开放态度，主动开启尝试、开展批判性反思、敢于打破常规的创新。工作场所的非正式学习总是发生在组织情境中的。已有研究对非正式学习组织影响因素的关注体现在：①组织领导层和管理层对非正式学习的认可程度[①]，包括创造学习机会，发挥指导、监督、示范作用，倡导通过分享知识促进共同进步等；②组织内部的学习氛围和文化[②]，具体通过组织的学习理念、学习制度、培训体系和学习活动等形式体现出来，良好的学习氛围有利于个体之间共享知识和经验、从其他成员获得学习指导和反馈等；③个体可触及的学习工具和资源，包括个体解决工作问题时必须具备的工作工具和资源，如计算机、电话、书籍和手册等；④个体可掌控的学习精力和时间[③]，组织内的岗位职责设置决定了个体的工作压力和责任轻重程度，例如事务性工作内容过多挤占学习时间和精力；⑤个体在组织中的职业角色和话语权[④]，例如轮岗交流可能使个体获得新岗位学习的机会，相比较核心业务部门，组织的边缘业务部门信息源不畅，因此不具备更多的决策话语权，获得的学习资源和机会偏少。

关于非正式学习的组织环境和社会环境因素，其他学科领域也给出了相应的结论。生态行政学视角下的组织环境，是工作场所非正式学习需考察的重要影响因素。事实上，每个组织都是一个系统，每一个系统都只是一个更大的系统的次级系统的外部环境。[⑤]组织环境包括内部环境和外部环境，一般地，外部环境通过内部环境起作用，内外部环境相互作用、相互影响，形成了组织和环境之间"既可分辨又可渗透的界限"。张国庆根据环境与组织互动的密集程度，把组织的外部环境分为一般社会环境、特定社会环境和团体社会环境，同时借鉴了生态行政学的"组织气候"概念来描述组

---

① Lohman M C. Environmental Inhibitors to Informal Learning in the Workplace: A Case Study of Public School Teachers[J]. Adult Education Quarterly, 2000, 50(2): 83-101.

② Kyndt E, Dochy F, Nijs H. Learning conditions for non-formal and informal workplace learning[J]. Journal of Workplace Learning, 2009, 21 (5): 369-383.

③ Ellinger A. Contextual Factors Influencing Informal Learning in a Workplace Setting: The Case of "Reinventing Itself Company" [J]. Human Resource Development Quarterly,2005,16 (3): 389-415.

④ Noble C, Karen H. Informal Learning in the Workplace: What are the Environmental Barriers for Junior Hospital Pharmacists? [J]. The International Journal of Pharmacy Practice, 2008, 16(4): 257-263.

⑤ 张国庆. 公共行政学 [M]. 3 版. 北京：北京大学出版社，2005：183.

织的内部环境，即组织内部环境的一种较具持久性的特质或行为气象，它由成员的工作感情、态度、思想、精神等组成并通过上述因素表现出来。我国台湾学者张润书认为组织气候包括结构、责任、风险、奖励、人情、支持、冲突和标准八个变数（见表 2-1）。[①]

表 2-1　组织气候的八个影响因素

影响因素	内 容 描 述
结构	个人所感受到的组织的法规和纪律的程度，如放任或拘谨
责任	个人在组织中自主处理事物的程度
风险	个人在组织工作中所面临的冒险性、挑战性及其程度
奖励	组织在奖励方面的公平程度与个人对所享受待遇的满意程度
人情	个人与组织的融洽程度、个人所感受到的他人所给予的关注、友情及社交机会和非正式组织的态度
支持	个人所感受到的上司、同事和下级所给予的理解和协助
冲突	个人所感受到的他人听取不同意见的程度
标准	个人对组织目标及组织所要求的绩效标准的重视程度

综合组织气候有关研究，可以从权力结构、人情关系、责任意识和激励体系四个角度，考察组织学习环境对个体工作场所非正式学习的影响。其中，权力结构决定了个体职业角色的话语权，直接影响工作问题解决的思维方式、过程设计和结果评价；人情关系是指个体与组织的融合程度，即个体参与集体交流和学习的频度、深度和契合度，直接或间接决定着个体非正式学习的情感状态；责任意识是个体在组织中处理和解决问题的主观能动程度，决定了对冒险性、挑战性任务的承受意愿；激励体系指组织对个体行动的评价方式，决定了个体解决问题的组织驱动因素，也是职业专长建构的重要驱动因素。

---

① 张国庆. 公共行政学 [M]. 3 版. 北京：北京大学出版社，2005：183-184.

二、专长发展理论

1988 年，德雷福斯在斯德哥尔摩举行的语言、文化和人工智能国际研讨会上，首次在人工智能与社会关于认知主义观点极限的辩论中做出了个人贡献，后续以"人工智能与认知主义"为主题发表了论文。这一系列对人工智能和社会的思考引发了 20 世纪 80 年代关于专家系统的学术讨论。[1]

德雷福斯描述的专长模型有几个关键特征[2]。①一个关键特征应该是具有现象学的辩护。②他的模型是发展的，而且把技能获得预想为通过五个阶段相继发生的。学习者经历认知转变和实践转变，而且经历情感转变。③必须与初学者和专家之间的划界相关。德雷福斯主张以三种方式划出专家与初学者之间的界线，基于专家的"沉浸于体验和语境的敏感性"、集中于行动与决策之间的暂时联系、关于情感的转变。

（一）专长发展的阶段性分析

德雷福斯所描述的专长模型最初由初学者、高级初学者、胜任、精通、专家五个相继上升的阶段构成，后来在其论文《远程学习离传统教育还差多远？》中，德雷福斯把这个专长获得过程延伸为"七个阶段"，具体指新手阶段、高级初学者阶段、胜任阶段、熟练阶段、专家阶段、大师阶段和实践智慧阶段。[3]可见，"七阶段说"是对高水平专长阶段的拓展和延伸，提高了专长发展的"天花板"，扩展了专长模型的解释张力。Ericsson 和 Charness（1994）认为，就个体的专长发展而言，一个人成为一个领域的专家乃至达到顶级水平（包括专家行为和杰出行为），需要经历四个阶段[4]：第一阶段，从孩提时的娱乐活动开始，初步涉足该领域，有意或无意地从事大量的领域相关活动；第二阶段，开始全身心地投入该领域的活动，并需要经过较长时间的一段学习准备期；第

[1]　Gill K. From Judgment to Calculation: The Phenomenology of Embodied Skill: Celebrating Memories of Hubert Dreyfus and Joseph Weizenbaum[J]. AI & Society, 2019, 34(2): 165-75.

[2]　伊万·塞林格，罗伯特·克里斯. 专长哲学 [M]. 成素梅，等译. 北京：科学出版社，2015：190-196.

[3]　Hubert D, Stuart D. Mind over Machine: The Power of Human Intuition and Expertise in the Era of the Computer[J]. New York: Simon & Schuster, 1988.

[4]　Ericsson C. Experter performance: Its structure and acquisition[J]. American Psychologist, 1994, 49(8): 739.

三阶段，开始以该领域的职业者身份来谋生，或以提高自己专长水平为目的，全身心地投入该领域活动之中；第四阶段，超越自己的教师，在该领域内做出独特的创造性贡献。其中，第二阶段存在"十年规律"，即在大多数领域，只有在生理成熟至足以从事大量练习之后的十年或更多时间，专家才能达到最高行为水平。

（二）专长建构的影响因素

（1）知识与专长建构。从知识角度，大量有关专长的心理学研究表明，专家的优势主要体现在两方面：陈述性知识，即知道某事是什么的知识；程序性知识，即知道如何做某事的知识，而在特殊领域中该方面知识涉及基本技能和策略两类。[①] 因此，进一步对新手与专家的"知识的组织与知识结构"的深入比较是探究专长发展阶段性的重要理论路径，任何职业领域新手的知识与技能都是以彼此缺乏关联的形式存储的，随着技能的不断发展，联系松散的知识与技能之间逐渐建立内在联系，并形成组块。[②] 专家的基本成分之一就是领域相关知识，在任何领域，如果没有获得该领域的知识就绝不可能成为该领域的专家。[③] 专家的作用体现在各领域的理论研究、学科发展和实践应用等方面，为了在网络信息技术高度发达的时代对各领域专家信息进行整合、分析和提取，最大限度发挥专家知识的集群效应，在相关的专家数据库基础上设计专家知识地图[④]，建立专家专长数据库，通过工作流、知识流的互动与协作实现人、过程和知识的集成。

（2）记忆与专长建构。在记忆与专长关系研究的基础上，提取练习效应（retrieval practice effect, RPE）引起热议，具体是指在相等时间内，对某一学习内容进行一次或多次测试（提取练习）比相同时间的重复学习能更好地提高后来对它的学习或记忆保持水

① 胡谊，吴庆麟. 专长的心理学研究：专家行为的实质及成才规律 [J]. 科学，2002，54(6)：2，25-28.

② 张学民，申继亮，林崇德. 国外教师教学专长发展的评价理论与方法 [J]. 外国教育研究，2004(7)：54-57.

③ Miles T B. A study of administrative expertise in participant performance on the NASSP assessment center[J]. Journal of Personnel Evaluation in Education, 2004, 3(4): 353-363.

④ 陈强强. 专长研究：公众参与设限与信任关系重建 [J]. 科学学研究，2019，37(12)：2123-2129.

平[①]。近年来出现了针对我国高校在校大学生[②]、美国中学数学老师[③]等师生群体的多项试验测试研究；出现了对情感唤醒因素的考察，即中性词汇比消极词汇更有利于记忆的提取。在专长获得过程中，大量的长期的提取练习有助于将"学习内容"更好地纳入"检索机制"，丰富长时记忆的信息密度，使其更易被识别、提取和使用。可见，提取练习效应揭示了提取在学习内容持续强化中的重要作用，成为专家解决问题的独特优势。

（3）情境与专长研究。在探究专长发展问题时，有一个不可忽视的重要因素，那就是组织环境，个体的职业专长是在一个或多个组织环境中持续培养出来的。由于组织总是依托特定的社会环境而存在，在考察组织因素的同时，相应的社会因素也应该纳入分析范围。专长研究与社会环境的内在关联性主要体现在：①社会行动本质特征，个体的专长发展表现为特定的社会行动，按照社会学家马克斯·韦伯关于社会行动的分类，分为目的性、手段理性、价值理性和情感式四类；②社会环境通过组织环境影响个体职业专长的建构过程；③社会环境直接影响个体的职业成长和发展。从专长建构影响因素的部分研究成果看，对专长发展的探究方式包括定量研究和定性研究，涉及知识建构、记忆机制、情感机制和情境互动等方面。

三、转化学习理论

（1）转化学习的本质——"创造意义"

麦兹罗认为，意义创造是一种学习的过程，即转化学习者的假设，对先前的经验或假设做出新的诠释，这个过程强调的不是把转化学习当作学习的唯一目标，而是帮助学习者在学习中变得更加自主。在论述成人学习的本质时，麦兹罗以贝特森（Bateson）对四类学习的开拓性分析，以及赛尔（Cell）对跨情境和跨类别两种反思学习的差异为

---

① Roediger K. The Power of Testing Memory: Basic Research and Implications for Educational Practice[J]. Perspectives on Psychological Science. 2006, 1(3): 181-210.

② 张锦坤，张俐娟. 编码与提取时长对提取练习效应的影响 [J]. 心理科学，2020，43(4)：785-792.

③ Lisa K F. Retrieval practice opportunities in middle school mathematics teachers' oral questions[J]. British Journal of Educational Psychology, 2019, 89(4): 653-669.

基础，把成人学习分为既有意义模式（meaning scheme）下的学习、拓展意义模式范畴的学习、意义模式转化中发生的学习和意义视角（meaning perspective）转化中发生的学习四种形式[①]。

（2）转化学习的"意义视角"

麦兹罗和同事进行了女性重返大学教育的全国性研究，提出了视角转化的十个阶段。①遭遇迷茫困境；②带有负罪感或羞耻感的自我审视；③基于认知的、社会文化的或心理角度的假设进行批判性评估；④意识到个体的困境和转化过程是共享性的，其他人已经完成转化过程、走出了困境；⑤找寻和选择新的角色、关系和行动；⑥制订一个新行动计划；⑦为实行新行动计划而习得有关知识与技能；⑧暂时尝试新角色；⑨在新角色和新关系中，培养胜任力和自信心；⑩在新视角（完成转化过程的新角色和新关系）建构的条件基础上重新整合生活经验。[②]

为了诠释这种意义创造的过程，麦兹罗整合了心理学、哲学、语言学、社会学等领域关于"意义"的概念解释，把个体既有经验吸收和转化新经验的结构性假设称为"意义视角"（meaning perspectives）。麦兹罗认为，意义视角是由一系列习惯性期待组成的定向参考框架（orienting frames of reference），通常情况下我们将其作为一个建构符号模型的信念系统（belief system），对经验的意义进行分析和评估。[③] 按照创造意义的内涵，麦兹罗把塑造意义视角的因素分三类：①认识论视角，指我们在知识获取和应用方面的定向参考框架；②社会语言学视角，指社会规范与社会角色、再社会化、文化和语言代码等方面的定向参考框架；③心理学视角，包括自我概念、心理防卫机制、精神需求、人格特征等方面的定向参考框架。

（3）转化学习的核心——"反思"

结合杜威关于问题解决经验的理论分析，麦兹罗进一步论述了反思的三种类型：

---

① Mezirow J. Transformative Dimensions of Adult Learning[M]. San Francisco: Jossey-Bass Publishers, 1991：93-94.

② Mezirow J. Transformative Dimensions of Adult Learning[M]. San Francisco: Jossey-Bass Publishers, 1991：168-169.

③ Mezirow J. Transformative Dimensions of Adult Learning[M]. San Francisco: Jossey-Bass Publishers, 1991：41-42.

①描述性的内容反思（descriptive content reflection），这是基于"问题呈现"的反思形式，即对问题的结构要素、发展脉络、表现形式、解决途径等进行多角度的内容还原，是深度反思的开始；②解释性的过程反思（interpretive process reflection），这是基于"问题解构"的反思形式，根据某一预设前提对问题解决的策略选择和使用进行经验性分析，探寻和解释特定行为的原因、过程、效果；③批判性的前提反思（critical premise reflection），这是基于"问题成因"的反思，即对问题解决中预设前提的形成原因、影响因素进行批判性检验与评估，最有可能引发意义视角的转化。

（4）转化学习的目的——"成人发展"

麦兹罗明确把视角转化作为成人发展的核心过程，认为转化可以发展性地导向一个更加包容性、差异性、渗透性和整合性的视角，而且在可能范围内，我们所有人都自然地朝这个方向发展。这是发展之于成年人的意义。麦兹罗认同 Gisela Labouvie-Vief 的"发展两阶段说"，以成年为界限，把人的发展分为出生至成年之前、成年之后两大阶段。其中第一阶段形成了初步稳定性和自主感的发展结构，第二阶段则重新审视第一阶段形成的发展结构，开始面对背后的文化象征意义，这种面对引发了对文化环境的进一步解构，并从文化规则中分化出来。①

近年来关于转化学习的研究成果逐渐增多。麦兹罗把转化学习的问题解决过程描述为一个"封闭循环模型"（见图 2-1），体现了意义图示和意义视角转化的内在逻辑，即意义图示的变化达到一定程度会引发意义视角的变化。整体而言，研究者们还是趋向于把转化学习过程理解为线性的过程。Taylor 梳理转化学习理论相关成果后认为：转化学习是一个更加个性化、动态性和反复性的过程，涉及个体思想和情感；触发事件和认知困境的概念内涵由"单一的巨变"转向"长期渐进的过程"；关系的重要性在转化学习过程研究中逐渐彰显；文化情境因素逐渐成为转化学习关注的重要方面。②

---

① Mezirow J. Transformative Dimensions of Adult Learning[M]. San Francisco: Jossey-Bass Publishers, 1991：155-157.

② Mezirow J, Taylor E. Transformative Learning in Practice: Insights from Community, Workplace, and Higher Education[M]. San Francisco, CA: Jossey-Bass, 2009：138-142.

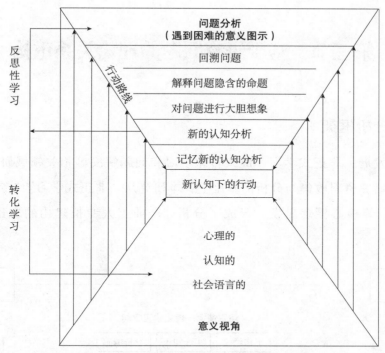

图 2-1　成人转化学习的问题解决过程模型[①]

（5）转化学习的研究路径与方式

　　质性研究方法在一定程度上已成为成人转化学习的学术传统，在这种方法的使用过程中，研究者一般选取小样本，通过叙述者的访谈获取个人故事资料，基于若干个体的转化学习叙事，建构某特定群体的转化学习理论。然而问题在于，与麦兹罗对妻子的长期跟踪观察不同，很多研究者选取同为教师的同事或者学生作为访谈和观察对象，而且鉴于忙碌的学业和生活等原因，主要以"回溯式访谈"获得的叙事文本作为分析对象，由于个体成长发展中转化学习发生的脉络性缺失，导致无法提供足够的事实证据。如何让回溯式访谈、长期跟踪观察和实物资料收集三者在研究成人转化学习中形成更趋合理的"三角验证"呢？个体在组织群体中的学习如何观察？或者如何形成组织学习的叙事文本呢？这些也是本研究需要重点思考的问题。

---

　　① Mezirow J. Transformative Dimensions of Adult Learning[M]. San Francisco: Jossey-Bass Publishers, 1991：94.

第三节　基于研究问题的理论关系重构

一、理论分析框架

以专长发展、非正式学习、成人转化学习和问题解决等相关领域研究成果为理论背景，在研究资料收集与分析的基础上，本研究从"非正式学习""专长建构"和"专长发展"等核心概念出发，形成了分析"产业工人专长建构的理论基础"（见图 2-2）。

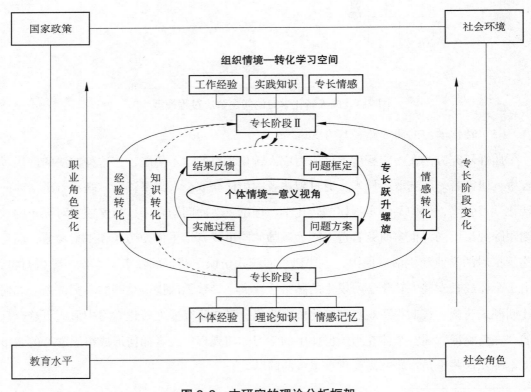

图 2-2　本研究的理论分析框架

专长建构的过程是指专长水平不断跃升的过程，伴随着个体基于工作问题解决的非正式学习活动。本研究主要考察工作场所的非正式学习，而且价值指向专长发展的非正式学习行为。

（1）非正式学习的发生过程——"问题解决"。本研究采取建构主义的质性研究范式，借鉴了非正式学习和偶发学习模式、转化学习的问题解决模型，创建了专长建构与非正式学习的问题解决模型，即问题解决过程由框定问题、形成解决方案、实施解决过程和获得结果评价构成。个体的意义视角是动态的、发展的、变化的，受个体认知、组织因素、社会因素的影响。

（2）非正式学习的发生情境——"三重情境"。非正式学习主要是通过解决工作问题而开展的，考察的学习情境包含个体情境（个体的意义视角）、组织情境（组织转化学习空间）、社会情境（弥散的社会因素）。"组织转化学习空间"是指组织通过宣教学习理念、制定学习制度、开展学习活动、分享学习体会等多种方式营造的组织学习情境，为个体理论和实践知识的转化、生活和工作经验的转化、职业情感和相关情感记忆的转化提供组织学习空间。"弥散的社会因素"包括国家的政策制度体系、产业转型发展形势、区域文化氛围等政治、经济、文化因素。

（3）专长发展的跃升螺旋——"三极互动"。进入工作世界之后，个体在组织发展中实现自我发展，拓展专长水平。在职业活动中，非正式学习问题解决的组织情境是个体情境和社会情境互动的最经常、最具象的现实区域，也是非正式学习行为发生的现实环境。具体而言，在工作场所的非正式学习活动中，知识、经验和情感三极相互作用，共同形成了专长跃升螺旋。

（4）个体专长建构的核心过程——"边界拓展"。以个体进入工作世界为分水岭，把个体在学校全日制学习建构的专长称为"准专长"，即来自个体的正式学习、生活经验和情感记忆。进入工作世界之后，个体首先经历由"准专长"至"职业专长"的最初重构，随后"职业专长"随着个体工作经验的不断丰富，实现从新手到专家的专长建构过程。

二、基本研究思路

本研究关注的是产业工人的非正式学习问题（见图2-3）。通过文献回顾可以看

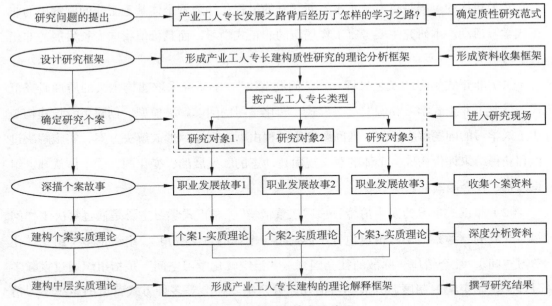

图 2-3　本研究基本思路图

到，非正式学习本身的自主性、灵活性、形式多样性、现实情境性等特征，决定了对非正式学习进行技术测量的难度。因此，对非正式学习研究采用的基本方法论，一种是对比研究，即通过比较把正式学习与非正式学习进行对比，从而寻找非正式学习的性质与规律；另一种是纵向研究，即"对同一个人或同一个集体，在几个不同的年龄阶段进行持续的测验，查明其变化"。[①] 这要求"研究者应当乐于从事时间跨度较长的纵向研究，这样可以捕捉一定时期内发生的变化，并突破不同的学习场所的限制"[②]。根据研究的理论基础和基本思路，论文内容构成主要包括研究基础、个案故事与解读、理论探索和附录四大部分。

（1）研究基础部分，主要包括绪论（第一章）、文献综述和理论基础（第二章）、研究设计与研究过程（第三章）三部分。其中，绪论主要介绍了研究背景、研究问题和研究意义；文献综述主要围绕研究对象（产业工人）、研究主题（非正式学习、专长建

---

① 孙世路. 外国成人教育 [M]. 北京：教育科学出版社，1982：62.
② 赵蒙成. "非正式学习" 论纲 [J]. 比较教育研究，2008(10)：51-54.

构）展开；理论基础重点论述了研究的理论背景和依据，围绕非正式学习理论、专长理论、成人转化学习理论形成产业工人专长建构分析的理论框架；研究设计和研究过程部分，以文献综述和理论依据为参考，搭建了研究的理论分析框架，形成了研究的技术路线图，研究步骤主要呈现了具体质性研究方法的选择，资料收集和分析方法及成文过程的有关说明。

（2）个案故事与解读部分，包括研究个案的职业成长故事（第四章）和三位研究个案的故事解读与分析（第五章）部分。其中研究个案的职业成长故事部分，主要通过访谈法、实地观察法和实物资料收集法的有机结合，深挖研究个案的职业经历，形成其职业成长和发展的"素描像"，分别呈现了"手艺人""领头雁"和"多面手"三位研究合作者的职业成长故事与解读。研究个案的职业成长故事解读部分，通过总结、提炼研究合作者的专长发展历程，分析其专长发展的阶段特征、影响因素等；分析研究合作者不同专长发展阶段问题解决行为、过程和结果，在个案分析总结基础上，建构个案专长建构的实质理论。

（3）理论探索部分，主要包括个案比较和理论分析（第六章和第七章）、研究结论的检验与再反思（第八章）两部分。其中个案比较部分是以"个案深描"为基础的"更高一层抽象阶梯"，针对三位研究合作者的职业专长建构过程和影响因素，非正式学习的表现形式、学习阶段和影响因素，为总结产业工人非正式学习问题奠定基础；接下来，总结分析部分主要呈现了本研究建构的"盘活机制"理论，是以"个案比较"为基础的"又高一层抽象阶梯"，分析个体意义视角、组织学习空间和社会弥散因素在个体非正式学习中的运作机制，阐释了个体经验、工作过程知识和专长情感能量构成的"个体智慧三角形"，组织知识系统、经验系统和情感系统共同构成的"组织智慧三角形"，最外层则是政策制度、区域环境、社会角色等弥散性因素。

（4）附录部分，主要包括论文研究的参考文献和有关佐证资料。包括中英文参考文献、访谈资料的编码说明、部分访谈提纲、研究合作者参与研究课题的同意书及研究合作者的资料库目录。除此之外，此部分还包括攻读博士期间撰写的调研报告和有关研究成果及致谢部分。

三、主要研究方法

为了分析和探究产业工人专长知识建构的过程，考察个体在专业技术、组织管理实践中的自学和团队学习行为，本研究采取三种质性研究方法。

（1）个案研究法。布洛维（2007）在对民族志方法反思的基础上提倡扩展个案法（extended case method），"从观察者扩展到参与者、从情景知识扩展到社会过程、从过程扩展到力量和对理论的扩展"四个方面的开拓，使民族志方法更具解释社会现象的力度和深度，并且强调研究者要始终保持与理论的对话，将理论重建作为重要的任务。个案研究是对单个事件社会群体的详细记载，是对"有界系统的深入描述和分析"[①]，"研究者通过多种信息来源（如观察、访谈、视听资料、文档和报告）来进行详细而深入的信息收集，以探索一段时间内的有界系统（个案）或多个有界系统（多个个案），并报告个案描述和基于案例的主题"[②]。个案研究对社会科学的发展起了重要作用，"后来大规模调查所运用的假设及分析问题的洞察力，大都来自先前所做的个案研究"[③]。从已有非正式学习个案研究成果（见表2-2）来看，深描个案的学习故事是开展相关理论分析的基础，这种深描一般通过访谈法、观察法和实物资料收集资料，形成连贯的数据链来实现的；同时，结合非正式学习的学习心理、学习动力、学习方法和学习环境因素，深入研究学习现象和行为，建构特定视角、特定群体非正式学习的中层实质理论。

表 2-2　非正式学习的个案研究举例

研究者	研究对象 / 跟踪时间	研究维度和内容
陈珂	2 位专技人员（回溯式访谈）	通过访谈法、观察法深描个案的非正式学习故事，主要结论：非正式学习通过影响个体对职业的认识、对工作环境的感知、成就动机、兴趣、服务导向的职业态度等影响职业生涯发展[④]

---

① Merriam S. Qualitative Research: A Guide to Design and Implementation [M]. Jossey-Bass, 2016：116.

② Cresswell J W. Qualitative inquiry & research design[M]. Thousand Oaks, CA: Sage, 2007：73.

③ 陈向明. 质的研究方法与社会科学研究 [M]. 北京：教育科学研究出版社，2000：43-44.

④ 陈珂. 职业生涯发展中的非正式学习 [D]. 上海：华东师范大学，2009.

续表

研究者	研究对象/跟踪时间	研究维度和内容
崔铭香	6位青年农民工（仅访谈）	深描了青年农民工非正式学习、正规学习、非正规学习等方面的学习故事，探究了该群体生存境遇与学习行为的内在关系①
韩艳辉	某英语网站5名用户（仅访谈）	通过对抽样用户开展访谈，分析了在线非正式学习环境中多媒体互动英语学习资源的有效性②
张玉忠	1位博主和其博客（回溯3年博文内容）	通过博客内容分析和个体访谈探究非正式学习的实践行为，分析了非正式学习的内在动机（兴趣、自我认知、网络互动与知识共享）、外在驱动（学习氛围、学习资源）③
卢俊竹	某公司的6人营销团队（1年）	重点观察了非正式学习的方式和流程、知识的生成、转化与知识的分享、传递等问题，在个案分析基础上，从学习的三种隐喻（知识创造、知识和技能获取、情境参与）剖析工作场所非正式学习④
胡金艳	1名7岁男孩及其家庭（3.5年）	采用人种志的方法探究知识建构理论是否适用于家庭环境中的非正式学习，主要结论：家庭成员形成动态社区，支持儿童科学知识建构；对话协作激发个体学习的主动性；知识建构的迭代循环促进个体知识的创造⑤

（2）叙事研究法。叙事研究是质性研究的一种形式。叙事是通过叙述者的个性化语言描述而呈现的事件或事件组合，体现了叙述者对经验世界的理解与表达，具有鲜明的故事性。所以，叙事研究关注的是在一定的场景和实践中所发生着的故事，以及主人公是如何思考、筹划、应对、感受、理解这些故事的。⑥换句话说，叙事研究应该承担实证研究的使命和责任，即只负责"描述"事实，保持价值中立，而不进行价值判断。⑦

① 崔铭香.青年农民工的生存境遇与学习行为研究 [D].上海：华东师范大学，2010.
② 韩艳辉.应用ADDIE模型进行多媒体互动英语学习资源的教学设计——对纯在线非正式学习环境的个案研究 [J].现代远距离教育，2010(1)：72-76.
③ 张玉忠，李琳.优秀博客学习者非正式学习个案探究 [J].中国远程教育，2013(9)：50-55，96.
④ 卢俊竹.知识创造隐喻视角下的工作场所非正式学习 [D].上海：华东师范大学，2015.
⑤ 胡金艳，蒋纪平，张义兵.知识建构理论能用在家庭非正式学习环境中吗？——基于儿童偶发性科学探究的个案追踪研究 [J].学前教育研究，2020(5)：67-79.
⑥ 段晓明，陈荟.走向生活体验——教育研究中的叙事研究法 [J].教育研究与实验，2004(4)：29-32.
⑦ 刘良华.教育叙事研究：是什么与怎么做 [J].教育研究，2007(7)：84-88.

本研究通过研究合作者和职业环境中主要关系人的共同叙事，挖掘、整理、串联职业成长中的关键事件，形成"真实"而非"虚构"的故事，还原个体从农村到城市的生活经历、从职业院校到工作场所的适应过程、工作中从新手到专家的职业发展历程，在个体生命成长的脉络中探究职后学习与职业成长的内在规律。

（3）文本分析法。文本分析或话语分析经常用于政策文本分析。文本分析最终要走出文本，走出文本的过程也就是从具体中抽象概括出一般的过程，是对文本的微观分析与文本所处的历史脉络的宏大叙事相结合的过程。[①] 本研究在组织情境和社会情境中考察个体的职业专长建构和非正式学习，要把个体的职业经历放在组织发展的进程、国家政策的演变过程中进行考察，需要收集组织学习制度和培训项目，以及国家政策文本等方面资料。

---

① 涂端午. 教育政策文本分析及其应用 [J]. 复旦教育论坛，2009，7(5)：22-27.

第三章 研究设计与研究过程

第一节 质性研究方法的选择

一、选择质性研究的理由

本研究是建构主义范式的质性研究。质性研究是以研究者本人为研究工具，在自然情境下，采用多种资料收集方法，对研究现象进行深入的整体性探究，从原始资料中形成结论和理论，通过与研究对象互动，对其行为和意义建构获得解释性理解的一种活动。[①] 以个体的职业成长经历为背景，探究产业工人专长发展与非正式学习的内在规律性。

首先，研究的核心问题与质性研究的特征相契合。本研究关注的是专长建构视角下产业工人非正式学习问题，通过文献回顾可以看到，非正式学习本身的自主性、灵活性、形式多样性、现实情境性等特征，决定了对非正式学习进行技术测量的难度。因此，对非正式学习研究采用的基本方法论，一种是对比研究，即通过比较把正式学习与非正式学习进行对比，从而寻找非正式学习的性质与规律[②]；另一种是纵向研究，即"对同一个人或同一个集体，在几个不同的年龄阶段进行持续的测验，查明其变化"[③]，

---

① 陈向明. 质的研究方法与社会科学研究 [M]. 北京：教育科学研究出版社，2000：12.
② 赵蒙成."非正式学习"论纲 [J]. 比较教育研究，2008(10)：51-54.
③ 孙世路. 外国成人教育 [M]. 北京：教育科学出版社，1982：62.

这要求"研究者应当乐于从事时间跨度较长的纵向研究，这样可以捕捉一定时期内发生的变化，并突破不同的学习场所的限制"[①]。质性研究"流动的（fluid）、演进中的（evolving）及动态的本质"[②]更能从产业工人职业成长的脉络中探寻非正式学习的意外收获。

其次，作为质性研究工具的研究者条件。作为职业教育和成人教育工作者，拥有10年成人教育工作经验，是选择以成人学习为研究问题的质性研究方法的基础条件。陈向明教授认为研究者个人的思维方式、使用的语言和解释原则必然（也必须）符合他们生活中基本的、约定俗成的规范，否则便不可能对研究的对象进行任何意义上的阐释，更不可能与他人进行交流。[③]研究者从事职业教育和成人教育工作，是北京市教科院的社区教育兼职研究员，既有一线教学经历（讲师职称）、教育管理经历（具有行政职务），也有在区政府部门、教育部职业教育与成人教育司的借调经历。这种经历有助于从不同层面、不同角度理解产业工人在工作场所通过非正式学习获得职业发展能力的过程。

最后，除了工作经验优势，对质性资料收集和分析的学习准备也是进行质性研究的条件。研究者具有新闻传播学专业背景，丰富的新闻媒体实习经历锻炼了访谈能力，有利于质性研究过程中的深度访谈的开展；同时在传播学研究过程中学习的社会研究方法，特别是实证分析法中的文本分析法，也是其硕士学位论文的重要研究方法，有利于分析质性研究过程中收集的各种资料。

二、选择质性研究的条件

研究者的经验性知识是指研究者本人与研究问题有关的个人经历及自己对该问题的了解和看法。[④]从成长背景来看，研究者本人与研究合作者有相通之处，但是与他们不

---

① 赵蒙成."非正式学习"论纲 [J].比较教育研究，2008(10)：51-54.
② 朱丽叶·科宾，安塞尔姆·施特劳斯.质性研究的基础：形成扎根理论的程序与方法 [M].朱光明，译.重庆：重庆大学出版社，2015：15.
③ 陈向明.质的研究方法与社会科学研究 [M].北京：教育科学研究出版社，2000：17.
④ 陈向明.质的研究方法与社会科学研究 [M].北京：教育科学研究出版社，2000：90.

一样的是学历教育的年限和水平，尤其是以一位博士研究生的身份走进职业教育毕业的产业工人的生活，让研究者本人产生了一些内在的忧虑与忐忑。在聆听研究个案描述自己的乡村生活时，研究者本人的类似经验会时常浮现，情感情绪的代入让研究者本人很难以一个非常冷静而客观的视角审视他们的成长。然而，访谈对人与人的关系是如此的依赖，这既是对研究的限制，也是它的魅力所在。[①] 所以，一项依赖于研究关系的质性探究之路，那些珍贵的"共情"也许是天然的沟通"密码"，让研究个案更多的人生故事得以呈现。研究者与本研究有关的经验性知识如下。

首先是"学习型人生"——知识、经验和实践之间"迭代式的转化学习"。毕业以后，研究者一直在工作中学习，围绕工作中遇到的问题找寻相应主题的文献进行阅读，过程中"文字"与"实践"的碰撞让学习的知识迅速转化，成为服务实践工作的实用性思考。学术应该成为"学习工作之术、反思工作之术、服务大众之术"，而不仅仅是"从文字到文字、从论文到论文"的纸上论述，学术应该在实践的"土壤"中"生根发芽、开花结果"。

成人学习最好的教材就是经验。围绕求学生涯，研究者经历了乡村出生、小城镇生活和求学、地级市学校生活、省城的大学生活、首都的学习与生活，犹如穿越了社会结构的"纵切面"，体验了各个区域环境中的现实生活。围绕职业生涯，先后经历了郊区县的基层教育工作、区政府的行政管理工作、国家教育行政部门的宏观教育管理工作。在学习方向上，从新闻学到传播学再到教育学，生发了多个反观现实的学科视角。

从学习者的角度，对实践保持感受力、思考力和行动力的最重要的方式就是工作过程中基于工作问题解决的过程而进行的学习、思考和转化。一方面，研究者的职前经验有两条路通向了工作场："毕业前学习的传播学专业知识"转化成"市民学习项目设计与技能培训实践能力"的知识来源，"在校学生干部的经历与思考"转化成"进入行政管理工作"的经验来源。另一方面，工作外的生活经验有两条路注入了工作场："家庭亲子学习经历和思考"转化成"社区亲子阅读工作设计"的经验来源，"鼓励和帮助老

---

① 程猛."读书的料"及其文化生产——当代农家子弟成长叙事研究 [M]. 北京：中国社会科学出版社，2018：63.

人参与老年学习"转化成"社区老年教育工作思考"的经验来源。除此之外，持续参与工作单位正式培训活动、外出参与业务学习、返校参加学历教育，这些工作场转化学习的场域提供了无数次自我批判式反思的环境，提供了理性交谈的反思互动，提供了小组学习的交流讨论，这些过程让以往所有的经验被甄别，有效的经验被"盘活"。

其次是"教育行政的人文关切"——重新认识不同环境中的学习。作为全民终身学习工作的管理者，同时也是工作场所学习的职场受益人，一段在国家职业教育与成人教育行政部门的工作经历让我对职业教育与成人教育的关系产生了研究的兴趣。在处理各类行政事务的时候，经常有同人一起讨论职业教育、继续教育、社会教育和成人教育之间的联系与区别，它们之间似乎没有非常清晰的边界。但是从行政机构设置上，把继续教育和社会教育归入了成人教育的范畴，成为与职业教育并行的部门职能。从终身教育的角度来看，职业教育和成人教育在受教育对象的不同年龄段发挥着职能，二者并不是"孤立的活动"，狭义上的职业教育实施主体是职业院校，而成人教育主要发生在就业之后，"是对过去的学习和培训活动的继续，因此是一个教育和培训链中的一系列努力"。[①]这一段工作经历发生在刚开始攻读博士的时候，"对职业教育与成人教育关系的困惑"成为确定研究内容的问题框架。

这一段工作实践与思考对本研究的启发意义在于：研究视角定为成人教育学视角，关注职后的成人学习问题；研究对象为产业工人，他们经历了从农村到城市的生活环境变化，职后学习与个体城镇化同步展开；研究问题为职后的非正式学习问题；研究方法为质性分析方法，选取职业发展历程突破性和阶段性都很明显的研究个案，形成"个体工作场所有效学习的叙事"；研究关注焦点为"个体在工作场所如何把所有的知识和经验转化成职业发展所需要的技能"，实现从普通工人到高级技师、从普通岗位到领导和管理岗位的职业成长。至此，在"职业教育与成人教育关系"的问题框架下，研究视角从"教育者"转向"学习者"，产生了"职业院校学习结束后职业专长建构"的探究之路。

---

① 菲利克斯·劳耐尔，鲁伯特·麦克林. 国际职业教育科学研究手册 [M]. 赵志群，译. 北京：北京师范大学出版社，2014：252.

第二节　研究策略的选择与运用

一、研究个案的确定过程

根据研究问题和研究策略，本研究采取"目的性抽样"确定研究个案，选取能够为本研究提供最大信息量的产业工人，即专长发展阶段相对完整的高成长型产业工人。为了最大限度体现"个体专长发展"的时间脉络性、空间延展性、关系互动性，本研究使用了"极端个案抽样"的方法，即并不是抽取具有"典型代表性"的产业工人，而是抽取某个企业中专长水平的组织认可度最高（具体表现为技术或管理职级最高）、专长发展历程完整（具体表现为从普通员工到业务骨干）、学习经历连续（具体表现为从入职至今坚持正式学习、非正式学习或在职正规学习等多重学习形式）的产业工人作为研究个案。

为充分体现产业工人的高成长型，研究所谓的"极端个案"蕴含的"最大信息量"应该包括 3 个基本层次：①个体经验的含量具有丰富性、内容具有差异性，包括城乡生活经验、职业院校学习和工作场所学习方面的知识和经验储备丰富、故事多样，拥有最大限度的"学习中成长、成长中学习"方面的生活故事；②个体职业发展的阶段性、成果性，选取在工作中不断学习和积累，以不同的职业角色在企业组织中持续协助解决了若干重要难题并获得了组织认可，从职场新人晋升为业务骨干的产业工人；③个体在组织学习中扮演多重角色，为了在组织发展语境中考察个体专长发展，选取能够并经常以普通参与者、活动组织者、学习指导者等多重身份积极参与所在企业组织的业务技能培训、小组学习活动等线上线下多种形式的组织学习活动，通过与其他组织成员共同学习、共同解决问题，获得其他成员普遍尊重和认可的产业工人。

对于质性研究而言，找寻研究问题是一个不断聚焦的过程，从开始一个比较宽泛的视野，逐步缩小关注的范围，最终聚焦到自己认为最重要的一个或数个问题上。[①] 研究

---

① 陈向明. 质的研究方法与社会科学研究 [M]. 北京：教育科学研究出版社，2000：78.

问题的推进过程也是研究个案的确定过程，主要经历了大范围筛选、锁定研究对象、确定研究合作者的过程。自 2020 年 7 月开始，本人经过多次与导师沟通，确定了农村职业教育毕业生工作场所学习这个研究领域之后。结合研究问题的文献查阅进程，为了保证个案的信息密度最大化，本研究的个案筛选经历了三个主要阶段。

（1）"农村职教毕业生工作场所非正式学习"主题的个案找寻过程。为了使研究样本充分适切研究任务，结合前期调研访谈情况，"极端个案"的基本条件应符合：具有较长时间的农村生活经验（入学职业院校前的大部分时间在农村生活），最佳选择是毕业后异地就业的农村职教毕业生，同时经历着"人的城镇化"[①]过程，对农村和城市生活具有丰富的生命体验；接受了系统的职业教育课程学习，可选择中职或高职毕业生且具有实习经历；工作经验丰富，参加工作时间基本在 5 ～ 10 年[②]；企业组织中的高级技术人员且兼任公司管理工作，为符合"优秀"标准，最佳选择是同为最高级别的技术工和中高层管理人员的"双肩挑人员"[③]。

---

① 诺贝尔经济学奖获得者约瑟夫·斯蒂格利茨曾指出："21 世纪，中国的城镇化和以美国为首的新技术革命将成为影响人类的两件大事。"人是城镇化的主体，也是城镇化的出发点和归宿。从关注物的城镇化到关注人本身的城镇化，是国内外城镇化发展和研究的一般发展规律。作为"人的城镇化"群体构成的农村职业教育毕业生，他们从农村出来、在学校接受职业教育、在企业工作这个过程也是他们"城镇化"的进程，而本研究讨论的专长发展过程是农村职教毕业生城镇化进程的一部分。参考文献：毛哲山 . "人的城镇化"理论的建构与创新研究 [J]. 河南师范大学学报（哲学社会科学版），2016(1)：88-92.

② "工作时间 5 ～ 10 年"这个参考时间来自于专长研究的"分水岭"作品——埃里克森编著的《优秀者之路》对专家行为获得过程的描述与分析。他认为，多个领域"精英行为"的获得过程证明，在某个领域的国际水平的专家行为是逐渐获得的，这个过程是 10 年左右的高强度训练。事实上，埃里克森重点论述的是艺术、科学、运动和游戏四个传统领域的专家行为，这对于本研究的启发在于：①农村职教毕业生的专长发展也经历着循序渐进的过程，他们从职业院校到工作场所需要一个职业适应和发展的过程，而这个过程也是专家行为获得过程；②埃里克森讨论的传统领域的"国际水平专家行为"获得的"十年规律"，可以在一定程度上为农村职教毕业生在特定组织中的专长发展提供时间上的参考，这是样本选择中"工作时间 5 ～ 10 年"的来源。参考文献：Ericsson K A. The road to excellence: The acquisition of expert performance in the arts and sciences sports and games [M]. Mahwah NJ: Erlbaum, 1996.

③ "双肩挑"现象是我国在一定的历史条件下形成和发展的。过去，在我国高校快速发展时期，由于当时需要一些既懂得专业知识，又懂得管理的人才，以便在制定高校发展政策制度方面符合我国的实际，国家就从教师中选择了一批来自教学和科研一线的专家。参考文献：侯学良 . 高校领导双肩挑现象分析 [J]. 商情，2011(15)：41.

为了进一步聚焦研究问题，本人通过各地职教同人的协助，陆续在北京、西藏、浙江、广东、深圳、河北（国外就业）等找到了 12 位职教毕业生作为潜在研究个案。这些个案符合两个基本条件。①已经就业的国内职业院校（中职或高职）毕业生。②小时候在农村地区长大，具有农村生活经验；长大后在城镇就业，目前在城镇中生活和工作。与 12 位研究对象建立联系后，保持不定期联络，通过访谈或观察，最终在北京选定了 1 位农村职教毕业生——刘煜（见图 3-1）。初次认识刘煜是在 2020 年 9 月，经由公司培训部经理介绍，通过微信建立联系。由于本人工作原因，有一段时间研究进展比较缓慢，对刘煜的资料收集正式开始于 2021 年 1 月份。

图 3-1 刘煜的职业发展路线

个案 1：刘煜，1990 年出生，毕业于北方某省某高职院校。2010—2015 年在一线城市 J 市某中美合资企业担任代理主管，是高级汽车装调工。2015 年至 2021 年 5 月在 J 市某中德合资企业，是汽车装调高级技师。2021 年 5 月离职返回某省会城市 N 市，就职于某民企，担任汽车生产部部长。

（2）"农村职教毕业生的专长发展与专长知识建构问题"主题个案找寻阶段。2021 年 1 月，基于成人发展心理学的文献探究，"专长"一词走进了研究视野。此时，本人产生了一个研究设想：与"职业院校教师的专业发展问题"相对应，"职业院校毕业生的专长发展问题"也应该引起关注。因此，农村职教毕业生的专长发展问题进入研究视野之后，开始再次寻找访谈个案，通过北京某国企酒厂人力资源部门联系到 5 位研究个案（见表 3-1）。初步的筛选条件为：①国内职业院校农村毕业生；②工作年限 10 年以内；③尽量有男性和女性。然而，得到的个案资料基本情况不是特别理想，没有企业核心技术工作人员，对于研究专长发展的实践参考价值非常有限。针对这种情况，本人访谈了该国企酒厂的人力资源部门负责人，得知近年来国企的入职门槛提高了，早些年要求是本科学历，这几年基本都是硕士研究生学历毕业生，职业院校毕业生确实罕见。

表 3-1　某国企酒厂工龄职教毕业生情况

个案	职　　位	性别	年龄	工龄 / 年	专　　业
A	包装车间操作工	男	27	0.2	机场地面服务
B	包装车间操作工	男	34	10	计算机应用
C	行政部厨师	男	35	0.4	烹饪
D	包装车间操作工	男	27	0.8	形象设计
E	包装车间操作工	女	34	10	旅游服务与管理

（3）"农村职教毕业生的职后转化学习与专长发展"主题个案找寻阶段。受麦兹罗转化学习理论的启发，结合研究者的职后学习经历，深深扎根于生活经验和意义建构的成人转化学习活动引起了本人的研究兴趣。如果麦兹罗是从观察妻子的学习过程开始，基于个体生活的整个经历研究转化学习，那么作为企业组织成员的个体，在实现个体专长发展的过程中，其转化学习的发展脉络务必放在组织环境中考察。当"组织的学习"进入研究视野时，本人联系到一家农业科技公司的主要负责人寻求帮助，基本按照前一阶段的筛选标准，联系了 3 位符合条件的研究对象（见表 3-2）。

表 3-2　某农业科技公司职教毕业生情况

个案	职　　位	性别	年龄	工龄 / 年	专　　业
A	车间副主任	男	40	13	动物保护
B	疫苗检验班组长	女	32	10	动物保护
C	疫苗检验技术工	女	27	2	生物制药技术

经过访谈，个案 A（就是作为研究对象的方圆）的职后学习经历很丰富，正规学习、非正规学习和非正式学习的经历都有，而且职业技术等级达到了公司最高等级，又

是车间副主任，其对工作中的学习有个人独到的理解。本人与方圆建立联系是 2021 年 1 月，截至 2022 年 2 月，已经开展了 17 次访谈，实地观察 10 次，就职两家企业有关的实物资料。

个案 2： 方圆（见图 3-2），1981 年出生，毕业于北京某高职院校，目前就职于某农业科技公司，疫苗车间副主任、高级技术师。2003 年高职毕业后，在某乳制品国企工作 5 年，其间完成在职本科学习。2008 年本科毕业，进入某农业科技民营企业工作至今，其间完成了在职硕士研究生学习。

图 3-2 方圆的职业发展路线

经过这个"漏斗式"的过滤过程，目前围绕研究问题确定了 2 位农村职教毕业生作为研究对象——刘煜和方圆。通过访谈、实地观察和实物资料收集的方式跟踪研究一年多时间，保证个案资料库在时间上的连续性和内容上的完整性。

（4）"专长建构视角下产业工人非正式学习研究"主题个案找寻阶段。结合前期收集的资料及对相关理论文献的深度梳理，把研究对象从"农村职业教育毕业生"进一步聚焦在"产业工人"群体，把"持续学习模式"进一步具象为"非正式学习"行为。在研究对象和研究问题更加明确之后，本人开始重新思考研究合作者的选择，已经确定的研究合作者方圆和刘煜都是新生代男性产业工人，为了丰富资料收集的维度，再一次通过各种途径找到了 3 位工作资历比较丰富的老一代产业工人（见表 3-3）。具体情况如下。

表 3-3　围绕产业工人非正式学习找寻的个案信息

个案	职　　位	性别	年龄	工龄 / 年	专　　业
A	某农资公司经理	男	48	29	生物制药
B	某白酒厂酿酒师	男	60	42	高中毕业
C	某餐饮企业经理	女	47	31	小学毕业

其中个案 A 和 B 没有开展正式访谈，通过朋友关系、网络搜寻进行相关材料的收集和分析。个案 A 在河北省某农资公司，后因采访不便放弃研究这个个案，个案 B 在 2021 年 9 月正在办理退休手续，是某知名白酒厂的高级酿酒师，由于他处于职业生涯的转折期，正在进行自我心理调适，不太愿意接受访谈；同时考虑他年龄比较大，其早期职业发展经历时间比较长，资料收集的难度增加。因此，最终选择了个案 C 作为研究合作者（冯亦诚），某餐饮企业创始人。

综合考虑资料收集的难易程度、个案配合研究的意愿程度及个案职业发展故事的内容丰富程度，最终确定冯亦诚作为研究合作者（见图 3-3）。从企业组织的人才发展战略来看，为产业工人建立技术、管理两条发展通道，是培养企业产业工人的重要方式。[①] 虽然绝大多数制造业按照技术岗、管理岗设置产业工人的发展通道，但是二者往往集中体现，很难绝对区分产业工人个体的管理能力和技术能力。所以，研究采取实践逻辑取向，按照产业工人职业发展通道设计，选取了技术专长、管理专长和综合性专长三类个案。

1995	1996	1997	1998	1999	2000	2001	2002	2003	2004	2005
天津某民营食品加工厂	天津某合资电视零件制造厂		北京某民营餐饮企业分店	北京某民营餐饮企业分店		北京某国有企业员工餐厅				结束服务业产业工人生涯，自主创业建立餐饮品牌
普通工人 ↓ 车间主任	普通工人 ↓ 车间主任		服务员 ↓ 服务员领班	主管 ↓ 副总经理		经理 ↓ 总经理				

图 3-3　冯亦诚的职业发展路线

---

① 朱永跃，等 . 新时代工匠型产业工人培养研究 [M]. 北京：科学出版社，2021：78.

二、研究合作者基本情况

根据研究问题的关注点，综合考虑各种现实性因素，本研究最终确定方圆、冯亦诚和刘煜 3 位产业工人作为研究合作者（见表 3-4），他们分别来自生物制药企业、餐饮服务企业和汽车制造业，研究通过还原其专长建构和非正式学习的职业故事，借助一定的分析框架对个案故事进行解读和分析，探究其职业成长和发展的内在规律。从非正式学习角度选取产业工人作为质性分析单位，首先需要界定分析单位的一般指导原则，即"对分析单位（或者个案）的尝试性界定与对研究问题的界定联系在一起"①。

表 3-4 研究合作者基本情况一览表

对比项		刘 煜	方 圆	冯亦诚
职前经历	个体生活经验	跨城乡生活 与家人分居两地	本地就业（一线城市） 始终未与家人分离	跨城乡生活 定居一线城市
	在校学习经历	专业学习＋实习 学生会主席	专业学习＋实习	初中尚未毕业（小学毕业）
职业状况	个人职级职务	企业 A—代理主管 企业 B—科级工程师 企业 C—总经理助理	企业 A—畜牧技术员 企业 B—最高级技师	企业 A—车间主任 企业 B—车间主任 企业 C—服务员领班 企业 D—主管 企业 E—创始人
	职业成长环境	异地就业转向本地就业	一直本地就业	异地就业转向自主创业
	职后学习方式	不完全非正式学习 学历教育至今尚未取证	半正式学习 在职本硕学历教育	完全非正式学习 未参加在职学历教育
	职业专长特性	综合性专长（管理专长、工艺专长）	工艺专长	管理专长

---

① 罗伯特·殷. 案例研究：设计与方法（原书第 5 版）[M]. 周海涛，史少杰，译. 重庆：重庆大学出版社，2017：40.

续表

对比项		刘 煜	方 圆	冯亦诚
任职企业	组织学习参与	设计组织学习—中高层培训 指导员工学习—技能比赛 组织学习活动—学习事务 参与学习活动—培训活动	设计学习制度—制度体系 指导学习活动—技能比赛 组织学习活动—学习事务 参与学习活动—培训项目	设计管理制度 指导员工服务 组织员工考察同行企业运营 观察领导和同事管理行为
	组织环境因素	合资企业、民营企业	国有企业、民营企业	合资企业、民营企业
区域环境	社会环境因素	一线城市 J 市、省会 G 市	一线城市 J 市	一线城市 J 市、直辖市 T

第三节 研究步骤与成文过程

一、进入研究现场

研究是一个过程，并且应当是系统化研究的过程。[1]从实际操作的层面来看，质的研究方法部分可以由如下几个大的方面组成：进入现场的方式、收集资料的方法、整理和分析资料的方法、建构理论的方式、研究结果的成文方式等。[2]通过查阅文献资料，研究问题充分聚焦、研究对象清晰明确之后，便要带着研究问题走进研究现场了。具体而言，进入研究现场的主要有四个过程。

（一）入场准备——"反思个体经验""稳定研究关系"和"认识研究现场"

结合研究问题，确定方圆、冯亦诚和刘煜三位研究合作者之后，围绕研究者、研究

---

① 威廉·维尔斯马，斯蒂芬·于尔斯.教育研究方法导论 [M].袁振国，译.北京：教育科学出版社，2011：5.

② 陈向明.质的研究方法与社会科学研究 [M].北京：教育科学出版社，2000：94.

合作者、研究现场三个方面开展了相应的准备工作。

（1）作为研究者的经验反思。一方面是作为农村毕业生的"局内身份"反思，主要对研究者本人跨城乡的生活经验、求学经历、在校实习经历进行了"扫描式"的回看，撰写关于研究者本人生活经验、职业成长经验、在职学习经验三方面的反思备忘录，以文本梳理的方式记录研究者相关的学习经历、生命体验和情感记忆等，在理解研究合作者的相关经验时，把研究者的个体经验"放在括号里悬隔起来，以免影响对访谈对象经历的研究"[①]，更是避免对研究现场进行实地观察的主观影响。另一方面是作为传播学研究者和教育研究者的"专业身份"反思，本人在硕士期间作为新闻传播类研究生，在校期间围绕新闻采访学习了系统专业知识，同时在中央媒体和基层媒体积累了现场新闻采访实践经验；读博课程学习阶段，为了开展质性研究，系统学习和实践了质性研究方法课程，从理论知识学习和访谈实践经验方面，客观、理性地区分"新闻采访"和"质性研究访谈"。

（2）增加对研究合作者的了解和认识，逐步形成稳定的研究关系。通过初步建立联系、经常性联络、若干次视频访谈和时常见面聊天的熟悉过程，分别与方圆和刘煜建立了日常联系，并征求他们本人的同意，成为本人的"研究合作者"。在多次沟通与交流中，通过他们的认知视角了解所在企业及其业务部门的基本情况，形成进入研究现场之前的感性认识。由于冯亦诚目前不属于产业工人身份，与冯亦诚建立研究关系的时间稍晚，她的产业工人经历主要通过回忆性叙事进行的深度访谈。

（3）选取的研究现场距离适宜。选取的研究现场距离本人居住地都不远，车程在半小时以内，进入现场的物理距离很近，方便在研究过程中保持经常性的接触，访谈、观察和实物收集都非常便利。方圆所在的公司对于本人而言是"熟悉而陌生"的研究现场。2012年左右，本人因为工作关系结识了方圆公司的董事长，又因为是同乡所以多了不少的"亲切感"，有几次同乡见面就是在方圆的公司里，所以本人比较熟悉研究场所。但是本人对公司具体业务的了解一直都不是特别详细，只有粗略的认知，这种

---

① 凯瑟琳·马歇尔，格雷琴·罗斯曼.设计质性研究：有效研究计划的全程指导[M].何江穗，译.重庆：重庆大学出版社，2015：181.

"陌生感"有利于在实地观察的时候保持一种距离感的反思。与刘煜建立联系的时间是2020年，本人对公司的了解也是从那个时候开始。作为外地人，2021年上半年，刘煜和爱人在京工作满10年，准备返回老家找一份工作，照顾家人和孩子，结束多年"异地就业"。赶上新型冠状病毒肺炎疫情，公司实行封闭管理，进入实地观察受到了限制，在与刘煜视频访谈过程中，通过镜头浏览了其所在的车间和工厂，以"虚拟"形式提前进入现场，形成了初步的研究现场认知。在刘煜离开公司的最后一个工作日，研究者本人带着家人进入了工厂车间，在他营造的班组学习岛、组装车间进行了现场谈话，那是一次难忘的经历。2021年5月，刘煜回到家乡某民企就业后，本人与他通过电话和视频访谈的形式开展了访谈，"远程观察"了他所在的新的工厂车间。冯亦诚创立的餐饮连锁企业距离本人居住地非常近，非常有利于访谈和实地观察的进行和开展。

（二）入场关键——确定并接触"守门员"

在质性研究中，收集资料是一项巨大的挑战，找到积极的研究合作者非常重要，而找到通往研究合作者和研究场所的"守门员"同样重要。"守门员"指的是那些在被研究群体内对被抽样的人具有权威的人，他们可以决定这些人是否参加研究。[①]所幸的是，本人在多年的实践工作中积累了丰富的人脉资源，可以通过有效途径联系到研究现场的"权威人物"，确实可以获得非常有力度的研究支持。所以，本研究在确定"守门员"方面并没有遇到什么困难，初定的某外企、某国企和某民企三个研究现场都顺利找到了"守门员"，具体过程如下。

（1）通过联络某外企的培训部经理，向他介绍了本人的研究问题和研究对象，经过其沟通协调，联络了企业技术职级最高的、职业教育背景的刘煜，而且过程很顺利。

（2）通过联络某国企的人力资源部经理初步确定了访谈对象，不过由于国企招聘对学历要求越来越高，农村职教毕业生可能不多，虽然顺利找到了5位高职和中职毕业生，但都不是企业核心技术链的工作人员，所以没有考虑纳入理论样本。

（3）通过同乡关系直接联络民企主要领导董事长，简单介绍了研究问题之后就得到

---

① 陈向明. 质的研究方法与社会科学研究 [M]. 北京：教育科学出版社，2000：151.

了极大的支持，经由他和公司人力资源部门经理的推荐，找到了方圆作为研究个案。

（4）通过朋友关系与冯亦诚取得直接联系，作为企业创始人之一，她的工作时间比较自由，方便随时预约访谈和实地观察事宜。所以，确定初选研究现场的"守门员"之后，并及时跟他们沟通联系，介绍自己的研究问题，请求给予支持，都得到了积极的支持和回应。

（三）入场方式——逐步暴露式

为了发挥"守门员"的资讯优势和决策自主性，获得"守门员"对研究过程的支持，研究采取逐步暴露式，采取阶段性的接触策略介绍研究问题、表露研究者身份、扩展接触场景。通常，一个研究现场可能会有多个"守门员"，通过"联系领导层—领导层联络人力部门—人力部门筛选员工资料—与人力部门协商个案情况"的过程，"最初守门员"可能会换成另一个"轮替守门员"，与研究者对接。

（1）个案确定阶段——简明扼要的描述。最初联络"守门员"时，通俗易懂地描述研究问题——"农村职业教育毕业生职后学习与职业成长方面的研究"，提出筛选个案的基本条件（包括农村职业教育毕业生、兼任行政管理的核心技术人员、有学习热情和兴趣、工作时间 5～10 年），目的是留给"守门员"足够的空间考虑公司的人员状况，给出他们资讯掌握范围内的最佳选择。对于原本与研究者认识的"守门员"而言，其实不需要太多的研究者介绍，往往只介绍研究问题以及需要的支持和帮助就可以了；对于通过关系认识的"守门员"，本人也进行了简单的自我介绍："我是某大学的在读博士，正在进行农村职业教育毕业生职后学习与职业成长方面的研究，希望得到您的支持……"

（2）"远程接触"阶段——视频镜像的预见。2020 年秋冬季节，确定方圆和刘煜两个研究合作者之时，正是全球新冠肺炎疫情严重的时候，两人公司所在的工业区都是重点防控区域，不对外开放，无法进行现场观察。方圆所在的工业园区还出现了几个病例，导致公司部分员工只能吃住在公司，不能回家和外出；刘煜所在的公司也是禁止外人进入的情况，本人曾驱车前往，只能在公司之外"戴着口罩"与其见面聊天。所以，很长一段时间本人与方圆和刘煜的接触都是通过在线视频进行的，通过视频画面观察了公司的环境，获得了最初的感官印象。这个阶段，主要是通过在线访谈了解研究合作者的工作经历、学习经历、生活经历，随着交流的深入，更多地分享了研究者本人的基本情况（工作经历、家庭情况、学习情况等），研究关系逐渐稳定；通过视频观察他们的工作场景，研究合作者在视频中介绍了自己的主要工作和生产环境，研究得以从"数字化"路径进入了研究现场。

（3）身处研究现场——开放式观察。与研究者建立稳定的研究关系之后，综合考虑研究资料收集的计划性、研究现场工作进展的多样性，逐渐形成了"研究现场体验计划"：随时进入研究现场、长时间浸润研究现场、根据需要延伸研究现场。这是一个具有灵活的质性研究观察的实践方案，现实情境中发生的事件是多种多样的，获得深度理解必须穿越纷繁复杂的现实。其中，"随时进入研究现场"体现了观察方案最大限度的灵活性，由于物理距离比较近，可以随时参与研究场所开展的组织学习活动、研究合作者的日常工作，更有可能产生一些特别难得的现场观察机会。例如，有外地企业前来参观学习，研究合作者向他们介绍自己的公司等。"长时间浸润研究现场"体现了深度质性研究的系统性，通过安排较长时间的现场观察，与研究合作者共同工作，获得工作场所围绕解决问题而"盘活"的个体经验、专业知识和情感记忆，形成具有针对性的解决方案，最终成功解决问题的过程性资料，作为农村职教毕业生专长知识建构分析的"丰厚而扎实的原始资料"。"根据需要拓展研究现场"体现了成人学习理论对成人学习实践的解释张力，根据研究的概念框架和研究思路审视现场收集的资料，对需要深挖的资料开展深度访谈、实物收集等方式，在理论视角中对实践进行反思与回顾。

二、收集研究资料

（一）研究资料的收集框架

根据研究问题，围绕研究者、研究者所在企业和社会环境因素，建构"自上而下"的资料收集框架（见表3-5），分别建立刘煜、方圆两位研究合作者的个人资料库，最终形成三组研究资料。截至2022年3月，已经通过访谈、实地观察和实物资料收集的方式跟踪研究一年多时间，保证个案资料库在时间上的连续性和内容上的完整性。随着资料收集的深入开展，资料框架会进行适度调整。

表 3-5　研究资料的收集框架

资料类别	资料内容说明	资料用途	收集方法		
			访谈	观察	实物
个体 （个人生活 经历）	成长环境（家庭、社区和地域）	丰富个体经验的故事性	○		
	求学过程（教育经历和实习经历）	理解个案的知识背景	○		○
个体 （职业成长 过程）	职业角色变化（不同时期角色）	基于职业角色分析学习过程和结果	○		○
	择业经历（过程、原因和感受）	分析职业选择与适应对学习行为的影响	○		○
	参与组织学习（培训和学习项目）	描述个体学习与组织学习的关系	○	○	○
	在职教育情况（专业课程学习）	呈现正式学习与非正式学习互动关系	○		
企业 （培训和 学习）	企业文化理念（任职各企业）	描述个案就职企业的组织气候	○		
	企业培训管理（理念、制度和机构）	呈现个案所在企业培训管理体系	○	○	○
	培训和学习活动（培训项目等）	分析组织学习设计与个体学习关系	○	○	○
	组织学习空间（学习场所等）	呈现个案所在企业的学习环境		○	○
企业 （员工 培养）	企业人力资源工作理念和规划	分析职业专长建构的组织气候	○		
	员工培养计划、模式和目标	员工获得职业成长的机会和资源			○
	岗位晋升通道（技术或管理）	分析个体职业专长建构的组织影响因素	○		
	激励体系建设（绩效、奖励）	分析个体工作态度、工作意愿等因素	○		○
社会 （外部环境 因素）	政策制度（产业工人、企业培训）	分析个体学习的政策制度环境			○
	文化环境（城市环境、区域人文环境）	描述个案所在企业的外部社会环境			○
	产业发展现状（产业转型、技能转型）	理解产业工人转型发展的宏观环境			○

（二）研究资料的收集方法

确定研究资料的收集框架之后，就可以选择相应的研究方法了。质性研究方法丰富多样，包括访谈、观察、实物分析、口述史、叙事分析、历史法等资料收集方法[1]；

---

① 陈向明. 质的研究方法与社会科学研究 [M]. 北京：教育科学出版社，2000：95.

而且这些方法"强调的重点有所不同，并构成了研究的核心，就像是饮食结构中的主食"①。为了使研究方法更好地服务于研究问题，本研究采取访谈、观察和实物分析作为主要的资料收集方法，研究过程中收集的每一份资料都有独立的编码，例如 WZ 代表文字、TP 代表图片、SP 视频、数字代表资料获取的次序，"FTZL-LY-1-WZ""GC-LY-1-WZ/SP""SW- LY-1-WZ"和"FSBW- LY-1-WZ"分别代表刘煜的第一份访谈转录文字、第一份观察资料（文字和视频）、第一份实物资料和反思备忘录内容。

1. 访谈法

访谈被认为是质性研究中最重要的方式②，特指为了开展学术研究进行的谈话形式，"是以口头形式，根据被询问者的答复搜集客观的、不带偏见的事实材料，以准确地说明样本所要代表的总体的一种方式"③。

为了深入了解专长发展的脉络、分析专长知识建构过程和非正式学习的发展历程，访谈法贯穿整个研究过程（见表 3-6 ～表 3-8），是最关键的资料收集方式。

（1）无主题访谈，主要是在个案找寻阶段带着研究意识"宽口径"走进产业工人的生活世界和工作世界，访谈涉猎话题比较宽泛，涵盖工作环境和个体感受、主要工作业务内容、个体职后学习情况；毕业前职业院校专业学习情况、实习实训经历或勤工俭学经历；农村生活趣事、城市生活经历和感受等方面。

（2）半结构访谈（访谈提纲见附件），主要是围绕确定个案的"专长发展历程"和"非正式学习"了解个案的学习模式，收集研究合作者在职业成长不同阶段（即专长发展的不同阶段）的学习情况，访谈内容围绕"为提升学历水平而参加的在职教育""为提升技能水平而考取的资格证书""为开阔视野而出国参加的正式培训""为解决实际问题而进行的非正式学习（研读专业书籍、查阅网络资料、撰写工作日记等）"等方面。

（3）事件访谈，主要是在建立稳定研究合作关系后，深入挖掘研究合作者专长发展和专长知识建构中的关键单个事件、围绕某个问题解决过程中发生的一系列事件等，根

---

① 凯瑟琳·马歇尔，格雷琴·罗斯曼. 设计质性研究：有效研究计划的全程指导 [M]. 何江穗，译. 重庆：重庆大学出版社，2015：167.
② 陈向明. 质的研究方法与社会科学研究 [M]. 北京：教育科学出版社，2000：165.
③ 裴娣娜. 教育研究方法导论 [M]. 合肥：安徽教育出版社，1995：182.

据前期访谈和实地观察的发现，这种访谈形式可以集中关注那些"受访者经历过的、与研究问题相关的情境和事件之上"[①]，形成关键事件过程和关联事件分析的丰富材料。

（4）关系人访谈，为了还原研究合作者的职业发展故事，通过访谈其同事、朋友或家人，挖掘、了解研究合作者生活经历中的更多关键事件，根据质性研究资料收集的"三角验证"原则，丰富对研究合作者职业成长叙事的理解维度。

表3-6　方圆个案访谈记录表

序号	访 谈 日 期	访 谈 对 象	时　长	访谈形式
1	2021年1月17日	方圆本人	52分钟	腾讯会议
2	2021年1月22日	方圆本人	1小时23分钟	腾讯会议
3	2021年5月20日	方圆本人	30分钟	面对面访谈
4	2021年5月25日	公司法人和董事长	47分钟	面对面访谈
5	2021年8月2日	方圆本人	1小时27分钟	面对面访谈
6	2021年8月6日	方圆本人	1小时6分钟	面对面访谈
7	2021年11月4日	"学生"—梅班长	1小时3分钟	电话访谈
8	2021年11月5日	"老师傅"—焦师傅	1小时17分钟	电话访谈
9	2021年11月6日	"返聘大姐"—林大姐	1小时4分钟	电话访谈
10	2021年11月6日	爱人兼同事—王线长	1小时2分钟	电话访谈
11	2021年11月6日	一级熟练工—崔班长	1小时23分钟	电话访谈
12	2021年11月12日	人事部门主管—吴总监	1小时15分钟	面对面访谈
13	2021年11月13日	副总经理—纪经理	1小时28分钟	面对面访谈
14	2021年11月13日	"前领导"—程主任	1小时23分钟	电话访谈
15	2021年11月29日	方圆本人	1小时22分钟	电话访谈
16	2022年1月26日	方圆本人和爱人马丽	2小时35分钟	面对面访谈
17	2022年1月29日	公司法人和董事长向一文	1小时38分钟	面对面访谈

① 伍威·弗里克.质性研究导引[M].孙进，译.重庆：重庆大学出版社，2011：152.

表 3-7 冯亦诚个案访谈记录表

序号	访 谈 日 期	访 谈 对 象	时 长	访谈形式
1	2021 年 9 月 30 日	冯亦诚本人	3 小时 45 分钟	面对面访谈
2	2021 年 10 月 16 日	冯亦诚本人	1 小时 45 分钟	面对面访谈
3	2021 年 10 月 26 日	冯亦诚本人	2 小时 20 分钟	面对面访谈
4	2021 年 10 月 29 日	冯亦诚—多年合作搭档	1 小时 28 分钟	面对面访谈
5	2021 年 11 月 1 日	冯亦诚—多年相识老友	2 小时 40 分钟	面对面访谈

表 3-8 刘煜个案访谈记录表

序号	访 谈 日 期	访 谈 对 象	时 长	访谈形式
1	2021 年 1 月 19 日	公司 B 时期—刘煜本人	1 小时 21 分钟	微信视频
2	2021 年 1 月 29 日	公司 B 时期—刘煜本人	32 分钟	微信视频
3	2021 年 6 月 18 日	公司 C 时期—刘煜本人	40 分钟	微信视频
4	2021 年 6 月 21 日	公司 C 时期—刘煜本人	46 分钟	电话访谈
5	2021 年 10 月 9 日	创业初期—刘煜本人	53 分钟	电话访谈
6	2021 年 10 月 12 日	公司 C 下属—田班组长	1 小时 21 分钟	微信语音
7	2021 年 10 月 15 日	公司 C 下属—程班组长	1 小时 35 分钟	电话访谈
8	2021 年 10 月 16 日	创业初期—刘煜本人	53 分钟	电话访谈
9	2021 年 10 月 19 日	公司 A—刘煜爱人	1 小时 54 分钟	微信视频
10	2021 年 10 月 24 日	公司 B 下属—成线长	1 小时 36 分钟	微信语音
11	2021 年 10 月 25 日	创业初期—刘煜本人	1 小时 24 分钟	电话访谈
12	2021 年 10 月 26 日	创业初期—刘煜本人	1 小时 36 分钟	电话访谈
13	2021 年 10 月 28 日	公司 B 下属—张线长	32 分钟	微信语音
14	2021 年 11 月 29 日	创业初期—刘煜本人	56 分钟	微信视频
15	2021 年 12 月 25 日	公司 A—刘煜爱人	2 小时 20 分钟	面对面访谈

在访谈过程中，为了挖掘更多维度的个案资料，保持对研究资料内容的敏感性，注意采取多种策略：①确定影响研究合作者专长发展与职业行为的关键人物，通过访谈人物社会关系网络中的关键人物（见图 3-4 和图 3-5），挖掘研究合作者非正式学习的关键事件；②围绕个案的交叉访谈还原事实，对收集资料内容进行三角验证，随着研究关系持续时间的增加，验证收集资料的真伪，"兼听则明、偏信则暗"，为了建构真正意义上的事实，通过多人访谈、多次访谈、多场合访谈整合事实材料；③通过与 3 位研究合作者之间的交叉访谈，深化对个案故事的理解，发现三位研究合作者的职业发展故事存在的异同。基于他们群体性的共同特点，通过与研究合作者讨论其他研究合作者的同事互动、学习方式或职业表现，在研究合作者之间寻求交叉理解，形成研究过程的"多人视角"，即研究者视角、研究合作者的自我视角、其他研究合作者的映射视角。

2. 观察法

在建构主义者看来，所谓"事实"是多元的，因历史、地域、情境、个人经验等因素的不同而有所不同。[①] 本研究关注的核心问题是农村职教生在解决工作问题中建构专长知识的过程，某个工作问题的解决都是由若干事件构成的。为了获得研究合作者解决问题时运用个体知识和经验的客观的、真实的过程（事实），观察个体与其他组织成员之间的互动和对话过程，研究选用了观察法收集资料。

具体通过两种观察方法收集资料（见表 3-9）。

（1）非参与式观察不要求研究者直接进入被研究者的日常活动。这种观察方式成为特定时间段的"权宜之计"，在很长一段时间，由于新冠肺炎疫情的影响无法进入方圆和刘煜所在公司，通过"视频连线"的形式对他们的工作环境进行观察，了解了在新冠疫情防控形势下公司内部的基本情况。这种观察形式突破了物理距离的局限，2021 年 5 月，刘煜返乡就业之后，时常通过视频形式观察其最新的工作环境，对其工作世界有了基本的认识。

（2）参与式观察是研究者和被观察者一起生活、工作，在密切的相互接触和直接体验中倾听和观看他们的言行。研究通过卷入被观察者的生活了解研究合作者的行为特征，了解工作中解决问题的真实过程，收集研究合作者专长发展中的事件资料。

---

① 陈向明. 质的研究方法与社会科学研究 [M]. 北京：教育科学出版社，2000：16.

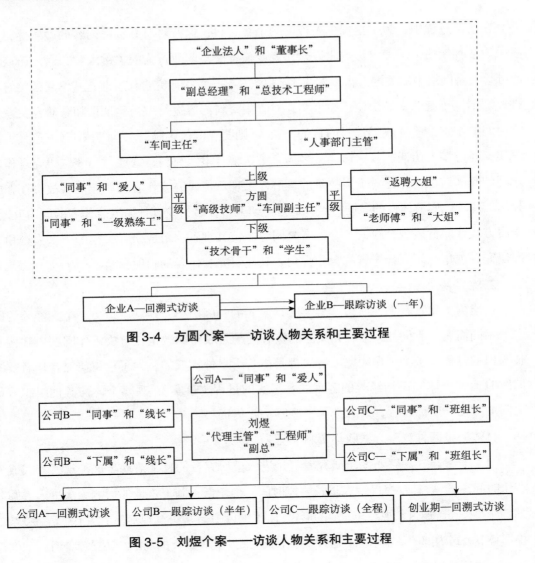

图 3-4 方圆个案——访谈人物关系和主要过程

图 3-5 刘煜个案——访谈人物关系和主要过程

3. 实物分析法

质性研究的"实物"包括所有与研究问题有关的文字、图片、音像、物品等，可以是人工制作的东西，也可以是经过人加工过的自然物；其中人造物是由个人、组织、家庭、机构、城镇或者更大的社会群体制造的（Marshall，Rossman，2011）。研究围绕个体的"专长发展轨迹"实物，收集从职场新人到公司业务骨干的职级变化的文件、证件、照片、获奖证书等资料；围绕个体的"专长知识建构"收集研究合作者在职学历教育、参加的技能培训和管理培训、阅读笔记、工作日志等资料，分别形成了《方圆个案实物资料手册》《冯亦诚个案实物资料手册》和《刘煜个案实物资料手册》3本实物资料手册。

表3-9 研究合作者观察记录

研究合作者	资料代码	地点	时间/时长	主要观察内容
方圆	GC-FY-1-WZ/TP	办公区	2021.2.4　1小时	日常办公（初次见面）
	GC-FY-2-WZ/TP	会议室	2021.3.4　2小时	行业协会调研
	GC-FY-3-TP/SP	小礼堂	2021.4.22　3小时	员工读书会
	GC-FY-4-WZ/TP	车间	2021.4.22　1.5小时	介绍生产车间
	GC-FY-5-WZ/TP	小礼堂	2021.5.27　2.5小时	亲子关系主题培训
	GC-FY-6-WZ/TP	办公室	2021.8.3　3小时	修改新标准文件
	GC-FY-7-WZ/TP	会议室	2021.11.12　3小时	合作洽谈会
	GC-FY-8-WZ/TP	车间	2022.1.25　2.5小时	G车间日常工作
冯亦诚	GC-FYC-1-WZ/TP	办公室	2021.9.26　3.5小时	日常办公（初次见面）
	GC-FYC-2-WZ/TP	分店一	2021.10.20　4小时	分店一例会
	GC-FYC-3-TP	分店二	2021.11.29　3小时	分店二例会
	GC-FYC-4-WZ/TP	分店三	2021.12.17　2小时	处理分店三问题
	GC-FYC-5-TP	分店四	2021.1.15　2.5小时	处理分店四问题
	GC-FYC-6-TP	新店	2021.1.27　1小时	新店营业
刘煜	GC-LY-1-WZ/SP	微信视频	2021.1.20　50分钟	个人创新工作室
	GC-LY-2-WZ/TP	公司B	2021.1.24　40分钟	工厂环境（初次见面）
	GC-LY-3-WZ/TP	公司B	2021.2.4　1小时	日常工作
	GC-LY-4-WZ/TP	公司B	2021.4.23　3.5小时	员工学习空间、生产线
	GC-LY-5-WZ/TP	微信视频	2021.6.8　50分钟	生产车间、工厂环境
	GC-LY-6-WZ/TP	微信视频	2021.7.20　1小时	车间工作场景
	GC-LY-7-WZ/TP	公司A	2021.12.25　2.5小时	工厂环境、生产车间

本研究的资料收集工作从2021年年初开始，持续了一年多。实物资料的收集与分析同时进行，主要分为三个阶段。①"宽口径"的资料收集阶段。最初与研究对象建立联系时，通过随意性的日常交流、无主题的正式访谈、宽泛的工作单位公开资料收集、

工厂实地参观学习等方式建立关于研究对象日常生活和工作状况的基本了解，以诚恳的态度、务实的学习努力建立稳定的研究关系。②"线索明确"的资料聚焦阶段。随着对所研究问题的深入探究，以及与研究对象研究关系的稳定化，围绕研究合作者的职业成长历程、工作中持续学习的行为两条线索，开始进行研究合作者本人和关系人的深度访谈；企业培训和员工学习活动的实地观察，包括企业组织的基本情况、发展历程、企业文化、企业培训等方面的资料；国家产业工人和企业职工培训方面的政策文本、新闻报道等。③"形成证据链"的资料补充阶段。进入研究个案的理论建构阶段以后，尤其是在方圆、冯亦诚和刘煜三位研究个案的综合比较分析阶段，个案之间的差异性和关联性分析需要补充部分资料，形成完整的理论建构证据链，保障研究理论建构的科学性和合理性。

三、资料分析与成文

在质性研究中，资料收集和分析通常是同时开展，以建立起连贯的解释（Marshall，Rossman，2011）。关于案例研究的资料收集，罗伯特·殷主张四大原则：使用多种而不是一种来源的资料；建立案例研究的资料库；组成完整的证据链；注意使用电子资源中的资料，比如社会媒体。①为了保持资料来源的多样性，本研究在较长一段时间内（1年左右），综合利用访谈法、观察法和实物资料法收集多种形态的原始资料，借助专业软件提炼意义单元、管理研究资料。

（一）确定分析思路，对繁杂的原始资料进行筛选和归档管理

资料分析的基本思路是按照一定的标准将原始资料进行浓缩，通过各种不同的分析手段，将资料整理为一个有一定结构、条理和内在联系的意义系统。研究的分析过程主要经历了资料整理、初步分析、情景分析、类属分析、深度分析及效度检验六个阶段，分层分类挖掘访谈资料、观察资料和实物资料的深刻意义，获得对研究对象的解释性理解（见表3-10）。资料分析的每个阶段围绕分析目标采用不同的分析方法，其中分析工

---

① 罗伯特·殷. 案例研究：设计与方法（原书第5版）[M]. 周海涛，史少杰，译. 重庆：重庆大学出版社，2017：127.

表 3-10　研究资料的分析过程

分析阶段	分析方法	分析目标	分析工具	访谈资料·研究合作者	访谈资料·工作关系人	观察资料·工作观察	观察资料·学习观察	实物资料·研究合作者	实物资料·任职企业	实物资料·城市 J市	实物资料·城市 T市	实物资料·城市 N市	实物资料·政策文本
资料整理	转录或书写	形成可分析文本	H+W+F	○	○	○	○						
	登录	寻找意义单位	H+M+E	○	○	○	○	○	○	○	—	—	○
初步分析	寻找本土概念	找到或提炼核心概念	H+M+W	○	○	○	○	○	○	○	—	—	○
	撰写备忘录	记录直觉和经验	H+M	○	○	○	○	○	○	○	—	—	
	建立编码系统：资料归档	提炼意义分布和相互关系	H+M+W	○	○	○	○	○	○	○	—	—	○
情境分析	描述个体职业成长关键事件	形成个案职业成长的故事线索	W+M	○						○	—	—	
	描述组织发展的关键事件	形成叙事结构的情境线索	W+M	○	○					○	—	—	
类属分析	主题分析	形成主题矩阵	H+W+M	○	○	○	○	○	○	○	—	—	○
	话语分析	分析主题关系	H+W+M	○	○	○	○	○	○	○	—	—	○
深度分析	个案横向比较	建构理论	H+W+M	○		○	○	○					
效度检验	参与者检验	检验研究效度	H+W	○									
	三角验证		H+W	○	○			○	○	○	—	—	○

具主要包括手动分析（直接在资料文本进行手写编码）、借助软件（或文档）两种方式。分析工具类型中，"H"代表做笔记、绘制图片等手动操作的分析；"W"代表利用 Word 文档阅读和分析文字或图片资料；"E"代表利用 Excel 文件阅读和分析资料；"M"代表利用 MAXQDA 软件阅读和分析文字、语音、图片或视频资料；"F"代表利用语音转录设备把音频或视频资料转化成文字资料。

（二）借助专业软件，提高研究资料收集的针对性

建立方圆、冯亦诚和刘煜 3 位研究合作者的个案资料库，围绕研究合作者的职业成长和工作场所的问题解决，按照"个体资料、企业资料、社会因素资料和国家政策文本"的分层收集过程，遵循"收集一份、分析一份、归档处理、补充收集"的循环式过程管理，通过 MAXQDA 软件建立完整的理论建构数据链（见图 3-6）。

图 3-6　利用 MAXQDA 软件建立个案资料库

（三）建立接触概要，管理资料收集过程和进度

与"自上而下"的研究问题导向资料收集相对应的，是"自下而上"的社会现象的生动性和复杂性，它们并不是为了某个特定的"研究问题"而存在，而是各种现实因素交叉叠合、纷繁交错地发生着。尽管质性研究需要的是"一种比较开放的、灵活的、留有余地的设计"[①]，但是"一旦研究开始聚焦于特定的地点、人群和问题，按照符合逻辑的、系统的计划来收集资料就变得更加可能且重要了"[②]。

为确保收集资料涵盖工作事件、组织仪式、学习资源和互动问题都可以在观察中体现出来，对收集的资料保持开放态度，从2021年1月开始，建立了方圆和刘煜的个案接触概要。根据每一次开展访谈和实地观察的情况，简要记录主要过程和获取的有关信息情况，具体包括关键时间节点、地点、接触途径、信息收集方式、获得资料形式、重要过程备忘和与本研究的关联性（见表3-11）。

表 3-11　研究合作者接触概要示例

序号	关键时间节点	地点	接触途径	信息收集方式	获得资料形式	重要过程备忘	与本研究的关联性
1	2021年1月17日下午5:00	虚拟空间（微信）	微信文字和语音	常规联系	—	经由人事经理介绍，通过微信取得联系，通过微信约定访谈的事件和方式	—
2	2021年1月17日星期日	视频会议（我：家里；方：车间办公室）	腾讯视频会议	无主题访谈—首次漫聊式访谈	视频、后期转录文字	第一次访谈非常愉快，方很健谈，说了很多实习和工作的事情。这是一次非常愉快的聊天记录	①成长中的情感记忆，"一样米养百样人"—来自家庭的爱与支持、农村乡土乡情的记忆；②工作场所学习中的以"牛"为标准的思维；③在校期间一段实习经历的回忆

① 陈向明.质的研究方法与社会科学研究[M].北京：教育科学出版社，2000：68.
② 凯瑟琳·马歇尔，格雷琴·罗斯曼.设计质性研究：有效研究计划的全程指导[M].何江穗，译.重庆：重庆大学出版社，2015：129.

序号	关键时间节点	地　点	接触途径	信息收集方式	获得资料形式	重要过程备忘	与本研究的关联性
3	2021年1月22日星期五	视频会议（我：家里；方：车间办公室）	腾讯视频会议	★★★主题访谈—工作场学习	视频、后期转录文字	这是一次启发性的访谈，形成了方对工作场所学习的基本认知情况；方说了很多关于公司培训的经历、体会；以及自主学习的情况；对单位人、事的态度和感受；对童年生活的记忆和对生活的看法	关于正规学习、非正规学习、非正式学习方面的资料和问题
4	2021年2月4日星期四	公司门口	面谈（短暂面聊）	常规联系	—	小年这一天，我和家人专门去他们公司门口，分享自己摘的草莓，简单聊一会儿。第一次见面，方很激动也很开心，跟我老公说："修老师很厉害，我得多跟修老师学习。"	—
5	2021年2月12日星期五	虚拟空间（微信）	微信文字	常规联系	—	我发送的新年祝福，方很快便回复。这让我很感动，他一直乐于和我谈论工作和学习，打消了我的很多疑虑	—
6	2021年3月4日星期四	公司（我：会议室；方：车间办公室）	微信文字	★★★实地观察—地方工商联调研座谈会	录音（部分内容）、照片	因为参加一个座谈会，方没有在会场。当时联系准备看一下他的车间，但是因为调研座谈会时间太长了，没来得及。公司董事长向工商联组织介绍公司业务、发展历程和未来规划	①营造浓厚的情感文化氛围，重视员工自身的技术提高和家庭建设；②组织领导的"三农情怀"渗透在公司文化的方方面面
7	2021年4月22日星期四	公司（车间入口处，因时间有限未进入疫苗车间）	对面访谈	★★实地观察—公司内部员工读书会	视频、会议纸质资料、图片	方介绍了他们几个车间的运作情况，设备分布、生产情况等。接下来可能面临生产车间的改造	①重点关注车间改造停产3个月期间这个职业发展中的重要事件（即将到来）；②非常重视情感氛围的营造

（四）写作过程贯穿资料收集和分析过程

质性研究中，写作不仅可以"帮助"我们思考，对我们的思维方式和内容进行挖掘和澄清，而且它本身就是思考。[①] 本研究的成文过程经历了三个阶段。

1. 资料收集和整理阶段的"现场即时笔记"

在每一次访谈、实地观察过程中，我都以"便利贴上的关键词""手机里的语音信息"或"培训现场的手绘图"等形式记录自己所思所想的线索、串联个体职业故事的重要"本土概念"等。例如，第一次访谈方圆结束后，我撰写了反思笔记："经历了国企和民企职业环境的变换，方圆在完成了普通员工到高级技师、管理中层的职业转型之后，他依然用这样朴实的方式处理工作关系，'有些事儿我也看不出来，看出来了有时候我也不说'，这些处事原则都让我看到了自己。我想，农村成长环境沉淀下来的东西确实伴我们一生，成为最宝贵的情感记忆"。在实地观察和视频观察过程中，用照片（截图）的形式记录具有启发意义的现场细节。例如，在刘煜和同事们打造的学习园地，我用照片记录了展示工作过程知识的工位图和手工作品，在分析资料时作为重要的现场参考。每次访谈或观察结束以后，第一时间整理资料内容，做好记录和归档；以一种"投降"的开放态度反复阅读文本资料、仔细浏览照片和视频内容，迅速进行开放式编码，用笔记形式在纸质资料空白处记录整理过程中的新发现、新想法，避免因为资料搁置带来的信息遗漏。

2. 资料登录和编码阶段的"初步分析笔记"

登录是资料分析中最基本的一项工作，是一个将收集的资料打散、赋予概念和意义，然后再以新的方式组合在一起的操作化过程。[②] 为了保证资料的完整性，研究过程中对所有收集的资料尽量以"原生态"形式登录到编码软件，保留资料呈现的时间、信息来源、配图等所有内容。本研究首先以"开放的"态度放下自己的"个人偏见"和"理论框定"，进行开放式编码（也叫一级编码），最终形成4672个基础意义单位；二级编码（关联式登录）主要任务是基于资料建立基础意义单位之间的联系，结合"反思备

---

① 陈向明. 质的研究方法与社会科学研究 [M]. 北京：教育科学出版社，2000：339.
② 陈向明. 质的研究方法与社会科学研究 [M]. 北京：教育科学出版社，2000：279.

忘录"等各种研究笔记的"关键知识点""理论分析点"等内容,形成研究问题的分析层次;三级编码(核心登录)是记录"从具体到抽象"的类属提取过程(见表3-12),为理论建构提供反思素材和事实依据。

表 3-12　访谈资料编码示例

资料来源	关键文本内容	本土概念	概念内涵	类　属
FTZL-FY-6	入职实习轮岗要了解所有关键生产工序	生产工序	认知范围	工作过程知识
FTZL-FY-GXR-7	他的知识储备量特别丰富、特别多	知识储备量	知识量	
FTZL-FY-GXR-13	工艺和研发的路很长,是比较磨人的事情	比较磨人	认知难度	
FTZL-FY-GXR-14	协调分装和冻干组,要保证这两道下游工序能设计出一个好的产品		工艺知识整合	
FTZL-FY-GXR-14	新技术标准也是摸着石头过河,是一个大的系统性工作,涉及多个部门合作	摸石头过河	工艺知识整合	
FTZL-FY-1	技术敬畏心是对工艺要有刨根问底的精神	技术敬畏心	正面情感	专长情感
FTZL-FY-2	你都懂,下属就不会在你跟前有那么多优越感	优越感	正面情感	
FTZL-FY-5	你别改变师傅的经验,变了你就找倒霉了	找倒霉	负面情感	
FTZL-FY-5	日复一日的重复,往往会有一些心理懈怠	心理懈怠	负面情感	
FTZL-FY-16	晋升方面,我的企图心不强,比较佛系吧	佛系	负面情感	
FTZL-FY-GXR-14	这个人技术学习方面非常有上进心	上进心	正面情感	
FTZL-FY-GXR-14	从来不给自己找借口,非常认真地完成工作	非常认真	正面情感	
FTZL-FY-6	外力推动发展,自己的内在能动性上就差	内在能动性	内外驱动力	学习动力
FTZL-FY-5	我觉得副主任不用承担很大的风险和责任	风险和责任	外部驱动力	
FTZL-FY-1	实际动手做实验,去验证书本上的理论		自主学习	自我导向学习
FTZL-FY-2	想办法改进你的工作流程、提升工作效率	想办法	自主学习	
FTZL-FY-GXR-14	悟性不行的话,学历很高但解决问题不行	悟性	自主学习	

续表

资料来源	关键文本内容	本土概念	概念内涵	类 属
FTZL-FY-GXR-13	老师傅不会表达只会干,所以会有"偷艺"	偷艺	跟师傅学	有指导的学习
FTZL-FY-GXR-14	岗位培训就是有人专门灌输这种操作技能	岗位培训	接受指导	
FTZL-FY-GXR-14	积极地把学习的技术知识分享给其他人	知识分享	学习理念	个体意义视角
FTZL-FY-GXR-13	他确实有自己的一个独特的学习角度	学习角度	学习风格	
FTZL-FY-5	理论知识是多人经验的提炼,最后我们看到的是一个间接的东西	理论知识	专业理论	理论知识
FTZL-FY-GXR-14	底蕴就是你的专业基础知识扎不扎实	底蕴	专业理论	
FTZL-FY-6	师傅几十年的经验,也一点点地都教给我了	经验	间接经验	工作经验
FTZL-FY-GXR-13	必须有自己摸爬滚打的实践经验	实践经验	直接经验	
FTZL-FY-GXR-15	分析实验失败原因的时候也不是一下就找到这个问题的根本,要看经验、看能力	看经验	直接经验	
FTZL-FY-GXR-16	也不能只凭着经验去判断和操作		经验的局限	
FTZL-FY-5	最优秀的老师从思想管理上去改变	思想管理	指导新员工	指导他人学习
FTZL-FY-6	通过一段时间的观察培养,来看学生的自我发展能力	观察培养	指导实习生	
FTZL-FY-GXR-14	新工艺要求是先做样板,大家按照样板做	做一个样板	设计学习内容	设计组织学习
FTZL-FY-GXR-16	设计企业内部培训,培训目的、给谁培训、定培训师三个因素很重要	设计培训	设计学习活动	
FTZL-FY-6	重技术轻管理型的企业		组织结构	组织学习环境
FTZL-FY-6	大家互相讨论,然后互相促进、互相提升		人际关系	
FTZL-FY-GXR-13	企业的技术发展定位是一个问题	发展定位	核心专长	

3. 情境分析和类属分析阶段的"深度分析笔记"

本研究通过情境分析和类属分析相结合的形式，在编码过程中建立主题分析矩阵（见表3-13），还原研究合作者职业专长建构和非正式学习的情境性、脉络性和发展性特征。在这个过程中，大量引用了研究合作者和工作关系人的叙述，在不影响原话含义的前提下，对口语化、非关键性的表述进行了修改。这也是一个反复阅读访谈、观察和实物资料的过程，通过提取个体在不同职业角色时期的故事，并把多个时期的故事关联性呈现出来，建构研究合作者职业成长和发展的完整故事线。情境分析和类属分析一方面要尊重事实、尊重叙述，另一方面要"透过现象看本质"，找到不同情境和类属之间的内在逻辑关系，通过撰写"深度分析笔记"连接个案故事、综合分析和理论建构阶段的重要线索。

表3-13　深度情境分析的主题矩阵

方　圆	冯亦诚	刘　煜
农村生活经验、家庭教育影响、初中学习经历、高职学习经历、工艺学习经历、校外实习经历、在职本科经历、在职硕士经历、职业培训经历、考取技能证书、国企任职经历、民企任职经历、职业角色、自我认同、成长理念、学习精神、学习风格、学习成果、工作态度、工作习惯、工作经验、专业知识、个人性格、反思能力、职业兴趣、人情社会、学历社会	贫困生活体验、生意经营经历、小学学习经历、职业培训经历、小型民企经历、合资企业经历、民营餐企经历、国企餐厅经历、职业角色、换位思考、人际交往、社会经验、生活常识、服务知识、职业情感、信息记忆、职业敏感、工作习惯、工作氛围、工作态度、职业观念、团队管理、组织协调、决策能力、规矩体系、共同愿景、政治觉悟、阶层跨越、社会责任	农村生活经验、初中学习经历、高职学习经历、学生干部经历、合资企业经历、民营企业经历、国外培训经历、在职本科经历、考取技能证书、职业身份切换、管理智慧、管理知识、讲好故事、领导能力、思想阵地、管理风格、经验转化、实用知识、工艺设计、问题分析、知识转化、激励体系、企业文化、人情关系、权力结构、社会关系、异地就业、户籍制度

4. 基于理论分析框架和资料分析过程的"笔记整理"和"最终成文"

如果编码过程和深度分析过程更多地沉浸于研究合作者的经验世界，那么研究结果的呈现则是理论分析框架和资料分析过程的"反复碰撞"。本研究成文的过程贯穿于资料收集的全程，充满质性研究之旅的新奇体验，研究者笔记中记录的"关键知识点"和"理论分析点"就像是写作的路标一样，提示研究问题的思考方向，最终形成了完整的研究论文。例如，在收集方圆任职企业资料时的分析笔记中，关于组织反思的记录：

"关键知识点4：组织转化学习空间——营造的'反思场域'（情感转化、知识转化和经验转化），通过鼓励员工自治的方式，实现员工的自我管理（自治）。让个体经验成为有效经验，让日复一日的练习成为刻意练习的反思场域。"（GC-FY-3-TP/SP）在比较方圆和刘煜任职企业的企业文化时，关于组织情感的笔记："理论分析点3：企业组织的利益体系定位——'情感共同体'和'价值共同体'。方圆所在的国企和民企都深受中华传统文化的影响，公司文化主要诉诸'家文化''和谐文化'的情感共同体。"（SW-FY-72-WZ/TP）

第四章 产业工人职业成长故事呈现

第一节 方圆人物像素描：踏实修行的"手艺人"

老师用课本把我们带到领域里，至于能走多远，其实还是自己的事儿。

——方圆

方圆的主要职业经历如下。

2003—2008 年，某国有企业北京生产基地，其间从普通技术员晋升为畜牧队队长；

2008—2021 年，某民营制药集团北京分公司，其间从 H 车间组员晋升为该车间副主任，从普通技术员晋升为最高技师；

2021 年 11 月，公司内部岗位调整，方圆带技术团队从 H 车间调整至 G 车间，担任车间副主任，开始新产品工艺研发。

一、改变生存现状：农村孩子的高职求学路

（一）乡土社会的情感记忆：形成了自我意识

1. 在农村长大：养成了大大咧咧的性格

"我一直在农村长大，我母亲教育我：有时候吃点亏就吃点亏，吃亏是福，吃小亏占大便宜……上班接触的人多了，发现一样米养百样人。"（FTZL-FY-1）

"在农村，都是大家伙儿一起玩，有好吃的一起吃，分享的氛围很浓。所以这种环

境下，培养出大大咧咧的性格。"（FTZL-FY-1）

2. 选择继续念书：学的知识都不够用

"那时候没有上大学这么迫切的愿望，读职校可以转户口、包分配。我们是农业户口，我父亲希望我能转成非农户……后来发现学的知识都不够，就网上自学。"（FTZL-FY-1）

（二）学得比较宽：干工作和学专业不一样

"农业方面什么都得学，比如畜牧业，那时候畜牧兽医一块学。畜牧就是养治分开，动物医学的项目就包括生物制品、化学药品等。做生物制药的，还要做一些检测试剂一系列的东西，特别多。"（FTZL-FY-2）

"在学校学习的专业知识可能比较宽，没有那么细，另外动手能力会差一些。实际操作的时候，工作和上学不一样：工作是全动手，没有动嘴的活、没有动笔的活；一般在学校动笔、动嘴要比动手多很多。"（FTZL-FY-2）

（三）第一份校外"实习"：看到书本以外的东西

1. 实习值晚班：拿人家猫和狗练练手

"老师给我安排了宠物医院的实习，就是做护士，给小猫小狗输液、打针。那时候，我刚去，老师是白班，晚上就是我们值班卖东西。有的畜主带着生病的猫和狗来了，我给输输液，就觉得我们拿人家的猫和狗练练手了，就别收人家钱了吧（哈哈，笑）。然后第二天，我们老师来了以后，碰上畜主来复诊，老师说没有输液啊，没有记录呀（哈哈）……那时候就是年轻、比较傻，不知道这些。老师提醒我们这事儿不能干。"（FTZL-FY-1）

2. 初次接触社会：学到了很多知识

"实习还是很重要的，可以让我们看到书本以外的东西。例如，去养猪场实习，具体猪是怎么样的，你不能光看课本，书本上说的也不是很明白呀！你养（猪）你就知道了，可以学习到很多专业知识。"（FTZL-FY-1）

"实习的时候就是言传和身教，很少有讲课的，看老师是怎么处理的，帮助老师拿个东西，这些都是那时候练出来的。那时候学的很多知识，有些现在还在用。"（FTZL-FY-1）

二、技术成长之路：从"新手学徒"到"成为师傅"

（一）跟老师傅相处：从"偷艺"到"学艺"

1. 要有"眼力见"：要让老师傅觉得舒服

"我们常说'教会徒弟，饿死师傅'嘛，比如关键的时刻师傅就不让你看，不让你碰，也不跟你讲关键的一些东西，没办法，自己只能偷偷摸摸地看一看。可能那些老师傅的经验和知识也都是偷偷学出来的，也叫'偷艺'。"（FTZL-FY-6）

"如果你有老师傅看不惯的那种状态，他就不教你，你也一点办法没有，这是很正常的。要和师傅合得来，师傅走到哪都带着你，师傅当然说得多、介绍得多；和师傅合不来，我往这边，你往那边，有事你再叫我，就这样了。"（FTZL-FY-1）

2. 做到"三勤"：眼勤、腿勤和手勤

"过去一线的老师傅，他们没有文化，大部分也就中专生差不多，所以他们的语言表达能力可能不太好。你要多问，他不会表达做的事儿的理论依据是什么；你要注意什么，要靠你勤看老师傅的操作手法。还要跟紧师傅，做到腿勤，才能多学多问。"（FTZL-FY-13）

"我先是跟师傅学，在养殖场，你得去巡视、观察牛群有没有问题。跟饲养员要聊有没有什么问题，你还要去看有没有咳嗽的、拉肚子的、精神状态不好的。后来这活儿就交给我，这个时候有理论、有实践，是一个成长最快的过程。"（FTZL-FY-1）

3. 学会自我反思：转化和吸收经验与知识

"如果你什么都不会，最怕你心里还认识不到。我上班的时候，让我干的我干，不干超出职责的活，而且一毛都不干，下班我就走了，这是很自我的状态。这种情况，走的弯路就要多一些，别人可能该说的就不说，你该碰钉子的就自己去碰。"（FTZL-FY-1）

"吸收师傅的经验和知识时，会和自己的学识去碰撞，变成自己的东西。我总觉得教有两方面：师傅是一方面，但学生更重要。人家都说'千里马常有，而伯乐不常有'，其实他们是互相促进的过程。"（FTZL-FY-6）

（二）坚持自主学习：打铁还需自身硬

1. 入职初"两眼一抹黑"：需要内在的一些努力

"刚来的时候，两眼一抹黑什么都不懂，只知道一些基础知识。还是要自己留心，外力不如内在的一些努力，推动不如拉动。"（FTZL-FY-6）

"有些时候泛泛地看书不太有效果，往往你遇到问题，或者你想研究这个事儿、想做个东西，需要查书，那个时候记在脑子里的才能深入进去，并且动手验证它，跟你的想法是否相同，或者跟你的实验结果是否相同。"（FTZL-FY-2）

2. 动手操作能力强：可能胆子比较大

"他刚来的时候，跟我们一起做细胞采集，让别人采兔子皮，别人可能笨手笨脚，（方圆）不熟练，可他上来就会做，而且他以前也没做过。所以没干多长时间，就成班组长了，可能他胆子比较大，操作能力也特别强，特爱学。"（FTZL-FY-GXR-9）

"突然有一天师傅不管指导了，干别的工作去了，把这一套事全交给你了。当一个决策权交给你的时候，你突然发现压力来了。真正工作三年左右吧，突然得心应手的时候，技术能力绝对有一个提升，不管从内心感受，还是技术水平都是一样。"（FTZL-FY-GXR-13）

3. 利用有限时间学：通过努力学习成长起来的

"他主攻细胞方向，这个行业专业要求有宽度，也有深度。因为他（方圆）第一学历并不是很高，在技术能力方面确实是经历了很多坎坷，应该说是刻苦上来的，并不是有先天优势的那种人。"（FTZL-FY-GXR-12）

"工作以外的时间挺零散的，每天都是挺紧张的，还要利用这些有限的时间再去学习。比如接手一个新的工艺，我们会查很多资料、去拜访一些业内人士寻找经验，需要做很多技术性的东西。"（FTZL-FY-GXR-14）

（三）与同事共学：公司是个"大家庭"

1. 新的学徒文化："学生"之间互动更开放

"企业的学徒文化不一样了，年轻的技术工人比老师傅们更加开放，可以共同学习和交流技术知识。刚来的时候，班组长比我小五六岁，所以没有给我太多偷学的机会。从我们这一代开始，老师傅那种孤僻守旧的风气就没有了。"（FTZL-FY-6）

2. 有经验的同事："大姐""阿姨"和"学生"

"我们公司有约定俗成的几种称呼，例如大姐、阿姨、学生都是相对来说有一些内涵的称呼。大姐是岁数比较大的、本地的、非专业同事，一般在 40～50 岁。最早建厂的时候，也有一部分学生。临时工负责辅助的工作，比如说洗洗涮涮、打扫卫生、刷瓶子一些重复性的、技术性不是很强的工作。"（FTZL-FY-6）

"一开始，大姐没有知识和经验，她们就看别人做，别人教完了，她们可能不知道为什么，但是知道怎么干，而且有的时候干得还更好、操作得更熟练。阿姨往往岁数比较大，做一些辅助工序，可能技术含量更差一些。学生是从学校招过来的，包括中专、大专、本科。"（FTZL-FY-6）

3. "大姐"和"学生"都有各自的优势

"学生的优势在于知道得更多，理论上他们知道应该怎么做，但具体怎么做需要到车间来学，往往需要跟大姐们学，跟没有理论知识的人学操作。他们将来再把自己的理论知识和操作结合起来，就可以成长为骨干员工，能够把班组支撑起来。"（FTZL-FY-5）

（四）成为实习指导老师："该教就教，该培养就培养"

1. 要带好实习生：有青出于蓝的情况

"现在的老师傅们跟以前不一样，也都是该教就教、该培养就培养，只不过关键的工作还是亲自操作：具体怎么干的，别人可以看、可以练，也都已经开始转变了。虽然有的时候不能够 100% 传下去，但是也有青出于蓝的情况。"（FTZL-FY-5）

2. 师傅领进门：指导老师的"三重境界"

"技术工艺的基本流程所用的东西（知识）往往天差地别，需要自己总结、观察和思考。一般的老师让你知道一些专业术语、基本情况、大概的环境，就已经尽到他的义务了。如果他（老师）能让你多练一练、多接触一些，就已经是相当棒的老师了。更棒的老师会利用一些自身资源让学生们去接触实际情况。"（FTZL-FY-5）

"我是猪病诊疗专家，这些养猪场经常找我帮忙给瞧（看）病。我带着学生去，或者是安排哪个同学去看看实际情况。他们去之前，大概思路给他们讲讲：应该怎么治疗，怎么从思想观念上建立认知，这就是最优秀的老师了。"（FTZL-FY-5）

（五）成为最高技师：设计组织学习课程

1. 尊重组员提出的新想法、新创意，并进行反复验证

"我们以前做细胞与光纤稀释的时候，都是10倍稀释，但是用量比较大、比较耗材。后来我就想用1.5的离心管，耗材给它缩小了好几十倍，他（方圆）就觉得这样精准度能达到吗？你取的样品均匀性有那么好吗？经过反复实验，同一批产品用两种不同的方法来做对比，实验偏差都在合理范围，所以节省了不少成本。如果有什么事，我们都会跟方大哥商量，真是心与心的交往，没有任何遮遮掩掩的。"（FTZL-FY-GXR-7）

2. 鼓励组员学习技术知识

"我是公司里的技师五级，技术层级上也是最高一级了。一般情况下，从普通技工到最高级，一般需要10多年吧。我们主任重视给员工做技术培训，我也特别希望组员能够成长，公司给一些物质激励。所以，我推动学习的力度很大，学这个就要付出很多时间和精力，而且都是业余时间学，学费一个月一两百块钱。我要求组员必须报名，他们考过了，涨工资了，就有主观积极性。"（FTZL-FY-2）

3. 指导同事完成技术考试和专业论文

"他真的会给我们讲课，讲一些流程工艺、生产工艺。通过PPT教大家怎么考技术等级，实操的时候就一边操作，一边讲注意事项，都会跟他们讲解。他讲课一般要求有提问，也有讨论和互动时间。"（FTZL-FY-GXR-8）

"技师考试除了笔试还有论文部分。我笔试通过了，向他请教写论文，像我平常做的这些实验，觉得写不了多少内容。他说你之前不是做过耐热保存实验吗，有自己的实验数据，再加上常规检验项目，还有实验影响因素之类的，他给了我一个方向。"（FTZL-FY-GXR-7）

（六）技术学习的心路历程：遵循波浪式曲线

1. 自己的技术修行还是最重要的

"技术学习的第一阶段是带着学校的专业理论看技术，觉得这样做'真蹩脚'，也许不应该这么干。所以你就改变，结果你倒霉了，开始觉得'这事真深'，学起来不容易。第二个阶段觉得'这事真浅'，因为经过一段时间熟悉了技术过程之后，觉得技术也就

是这样吧，没什么大不了的。第三个阶段又觉得'这事真深'，这个时候通过自己的经验和学习，跟同行去沟通、去聊天，然后再调整，只有小部分的调整会有收获，大的调整还是需要更深刻的学习和领悟。从'这事真深'还是回到了'这事真深'，为什么这么觉得？是因为自己在向上爬升的阶段会觉得天空更广阔了、海更深了，整体水平其实是上升的。"（FTZL-FY-5）

2. 把产品研究透了就可以成为专家

"学好技术的关键是能否深入琢磨，是不是一个好苗子。一个技术人员走到什么地步，很大程度真不是师傅决定的，我现在越来越理解'师傅领进门、修行在个人'这句话的真正含义了。"（FTZL-FY-5）

"当你的水平达到一定程度，某个产品我研究透了，才成为这个产品的专家。但是你干下一个产品，如果不好好琢磨，往往还趴下，还不行。"（FTZL-FY-5）

三、不断提升学历水平：学的知识得够用才行

（一）喜欢跟学历较劲：只要坚持下来就好了

1. 上班第二年就续上本科：毕业才是最后目标

"他刚来公司（民企B）那会儿书生气十足。因为那会儿学习的气氛比较浓郁，他一直在学历上较劲，考在职研究生，那时候做事可能灵活性差一些。说实话，一边工作一边读学历是比较辛苦的。但他是那种学习型的孩子，既学专业知识又学生产操作，而且两块东西差异性挺大的，在技术钻研方面需要特别刻苦。"（FTZL-FY-GXR-10）

"他是比较认学（方言，特别爱学习的意思）的一个人，本质上来说非常认学。我们工作很忙（公司B），读在职研究生还挺不容易的，首先复习考试得付出很多的精力、时间，考上之后还要完成自己的学业。"（FTZL-FY-GXR-14）

2. 通过实验收集数据：结合工作写本科论文

"有一个生产猪饲料的企业，他们跟我们场长商量，想做点实验，他们免费提供饲料。实验的时候，把牛群一分为二，分别喂不同的饲料，然后过一段时间看产奶量怎样，把实验结果反馈给厂家，他们再去做推广。"（FTZL-FY-16）

"刚工作的时候，我就参加了本科考试，写论文刚好也需要一些实验数据，然后利

用数据写毕业论文，比如奶牛乳房炎治疗需要在饲养上怎么做等。"（FTZL-FY-16）

（二）化解工学矛盾：有一个特别好的学习精神

"我父母了解到中专学历不够用了，就支持我继续学。父母支持，给钱，我才能继续学习。高职毕业后，我父母问我，还继续学吗？我想自己也长大了，不想花父母的钱了，就上班。上班第一年，我就续上本科了，走的是中专、高职、本科和研究生的这条路，取得了一些学历，就是在职学历含金量差点。"（FTZL-FY-1）

"他学习上比较有计划性，每天早晨坚持起来（学习）；晚上有时候查资料、做考试题什么的，经常11点多甚至12点才能休息，他在这方面特别有积极性，学习精神特别好。"（FTZL-FY-GXR-10）

四、在解决问题中学习：感同身受的东西最深刻

（一）国企5年：碰到的问题越多，学习的东西就越多

1. 快速学习生产知识：求助技术手册和数据软件

"奶牛养殖业务方面，公司专门出了一个小册子，就是一种内部资料，说明奶牛养殖的注意事项，有什么具体技术标准之类的。"（FTZL-FY-16）

"正式的培训不多，基本都是有事说事，往往都是总公司对生产基地有新要求了，要把这个工作推动下去。大家就会召集起来，一起开会讨论这个事应该是什么样的、怎么干的。我们还学习过数据分析软件，有人教我们数据分析是怎么弄的，那个软件是从外国买的，记录奶牛生产的过程数据、出现的具体问题。"（FTZL-FY-16）

2. 自己多动手做：看十遍不如自己干一遍

"我总觉着看十遍不如干一遍。干一遍你就知道问题出在哪儿，你就有机会去学习了，你碰到的问题越多，你学得越多，老师傅对问题的点拨自然就更多了。"（FTZL-FY-1）

"别人给你讲的都是他印象特别深刻的东西，或者是自己吃过的亏，或者是自己遗漏的地方。如果你没吃过亏、你没遗漏哪些细节，他给你讲十分，你最多听进去两分，并没有感同身受。真正让自己印象深刻的都是感同身受的东西，有的并不能100%传给别人，也许就越传越少。但是有的又可以越传越多，为什么？我把我的经验告诉你了，

你碰到同样问题以后，又可以把我教给你的经验、你自己的经验和你的理论知识进行碰撞。"（FTZL-FY-6）

（二）民企 15 年：有技术才能进入核心价值链

1. 技术员工的价值：直接进入企业核心价值链

"对于技术型公司，一个员工的技术或者他的能力，他承担的责任、干的活儿就已经进入公司的核心价值链了。一个组员关于技术创新的思路，可能就已经直接影响到产品的质量、成本、工作强度甚至公司的正常发展了。"（FTZL-FY-2）

"技术这一块可能更突出个人的想法。我觉得每一个人都要有自己的思路和眼光，都要琢磨自己的工作。有时候普通操作工也能够想到一些方法改进工作流程、提升工作效率，他们对公司的贡献就很大，并不只是普通的技术搬运工。"（FTZL-FY-2）

2. 恪守工匠精神：踏实做手边的那些工作

"每一步都要特别小心。最早我们做猪瘟细胞的时候，做细胞那个过程挺复杂的，我们单独去做的话，肯定要写上每一步的操作流程。他就特别熟练，能记得每一步操作流程，每一步都做得特别好，而且都不乱，所以我们大家都跟着他做。"（FTZL-FY-GXR-9）

"工匠精神就是你能不能几十年如一日，踏实去做你手边的那些工作，而不是好高骛远地说要精忠报国。一种状态是这两年我叫陈主任，三年后我叫陈副总；相反，干技术是你能不能够 50 年都干你这一个岗位。"（FTZL-FY-5）

3. 坚持写工作日记：反思记录自己的随想随感

"笔记本分好几种：一个是真正的工作记录，我这一天干什么了，我一般以产品批次为导向，我这一批我哪天干了什么，用的什么液，液的配方是什么？用的是什么。第二天我干的还是这一批的工作，我又干了什么，反正这个都要记下来。"（FTZL-FY-3）

五、干工作要超前一点：站在更高的位置考虑问题

（一）从组员到班组长：想问题"可能超前一点"

1. 组员要超前一点：站在班组长的角度想事儿

"我是组员的时候，想的都是班组长的事儿，班长的时候就想车间主任的事儿，站

在车间的角度管底下的人……如果不站在更高的位置去考虑问题，就不会有发展，成天老想着自己的一亩三分地，建立自己的小山头，那你就一直跟你那儿过吧。"（FTZL-FY-1）

"我是组员的时候，班长说现在有个事儿谁来干，我说我干呀。这个活有分工，比如需要两三个人，谁带队呀。我说我带队，带着谁就把这个事儿办了。"（FTZL-FY-2）

2. 干事情要以身作则：冲在前头，才能带领别人

"从组员到班组长，给我印象最深刻的就是以身作则。作为班组长，你要是做不好，别人怎么信服你呢？比如换工服，你扣子都扣不好，头发都不塞在帽子里，你怎么要求员工把扣子扣好？所以，人应该特别珍惜自己的"羽毛"，高标准要求自己才能要求别人。你冲在前头，才能够带领别人。"（FTZL-FY-2）

（二）从班组长到车间主任助理：管下属"打铁还需自身硬"

1. 带头执行：都是一荣俱荣一损俱损的事儿

"从班长到副主任没有大的变化，从组员到班组长的变化比较明显。以前是卡尺（方言，'管理'的意思）一个组，现在是各个组。现在就是站在车间的角度考虑事儿，这就是'一荣俱荣、一损俱损'的事儿。车间主任更多是决策和标准，但是执行的时候是我带着人去执行，如果哪一批产品有问题当然跟我有关系，这是很正常的。可能很多人觉得我想得不对，想那么多干吗，我觉得不是。"（FTZL-FY-3）

2. 要加强学习：不是职务高就能做好技术

"要想做管理，打铁还需自身硬，你要是都能明白，别人也就不会在你跟前有那么多优越感。管下属，如果你不懂，他就很有优越感，想着反正你也不会，要不然听你指挥，反正错了就赖你。有时候技术这一方面不能抬杠，不是我的职务高，技术就一定好。"（FTZL-FY-2）

（三）从主任助理到车间副主任：知道"自己工作没干好"

1. 要转变工作思路：不能光以生产的思路去生产

"有一段时间我工作没干好，有一个产品出了一点问题。因为已经生产成品了，成品销售完了就要有利润了，所以成品如果不合格，你之前全套投入就不能按成本计算而是按利润计算了。"（FTZL-FY-5）

2. 人际沟通能力受到广泛认可：与同事相处都比较融洽

"我们老员工之间，一个眼神、一个动作就能沟通。比如细胞传代的时候，我需要的东西没有了，我想要这东西或者该加什么东西，一个眼神我们都知道了。大家可能也来回干（技术工作）嘛，就有感应，反正在我俩传代的时候，他要消毒包的话，他一瞅别人，我就知道他某样东西没了，赶紧递给他。"（FTZL-FY-GXR-8）

"和'90后'或者'00后'员工沟通的时候，要委婉一些。他们正是有闯劲的时候，正是坚持自己棱角的时候。他够坚硬，你批评他，他能不扎你、不跟你起冲突吗？一旦发生冲突了，他可能就走了（离职了),'此处不养爷，自有养爷处'。"（FTZL-FY-4）

（四）调任其他车间副主任：开始新的技术工艺研发

1. 学习新技术标准：抠字眼，一个字一个字地解读

"关于新标准培训还有很多的项目，但是不能靠培训的知识去改文件。我们得自学，靠培训的知识不行。"（FTZL-FY-6）

"我们按照新版标准做工作，一个一个地抠字眼，加上专家解读；再加上验收项目，一条一条地去抠验收标准，技巧就是多读几遍。但并不是全部推翻再立一个标准，而是根据以前的标准来调整新标准就行了。"（FTZL-FY-6）

2. 对技术要有敬畏感：要有如履薄冰的感觉

"你要时刻在心里头有一种防微杜渐、谨小慎微的感觉。一定要随时地、细心地去注意生产环节的很多关键地方或者是很多细节的地方，才能够保证你的工作是正常的，而不是跟开机器似的。"（FTZL-FY-15）

"我觉得技术敬畏心就是你要尊重它（技术）。尊重它的时候你也要尊重自己，能尊重技术不仅作为技术，不能马虎大意，或者是可有可无，要真的把这些事情当回事儿。"（FTZL-FY-14）

六、把知识表达出来：公司学习的氛围很浓

（一）再学习能力是员工招聘的重要条件

1. 员工都需要再学习专业技术

"技术工种是我从大学招聘的学生，但是我还得筛学习能力强、基本素质相对高一

些的，因为在企业里面我还要再教他这些操作的东西，如果学习能力不强也是不行的。"（FTZL-FY-GXR-12）

"你在工作中不断吸取，把自己的知识转化应用，不断地把自己的知识和能力体现出来，最重要的是把知识转化为能力表达出来，这是一个非常重要的职后再学习过程。"（FTZL-FY-GXR-14）

2. 做好一份工作需要情感投入

"我觉得要把事情做好，你不能说只是为了这一份工作，把这个事情做完就完事了。还要用心去做，要有情感投入。"（FTZL-FY-GXR-14）

"对工作的情感投入包括爱好和责任心。像我们养细胞，如果培养好了，按自己的方式进行，获得更多的还是内心的成就感，用这个激励自己继续努力。"（FTZL-FY-6）

"对一个东西有爱好的时候，你总是能够欣赏到这个东西好的一面。比如说你欣赏国画，觉得线条构图能让人产生一种高峰体验，是因为你沉浸其中而真正获得内心的愉悦感和享受感。"（FTZL-FY-GXR-13）

（二）公司董事会安排员工学习活动

1. 总公司借助专业机构设计培训课程

"提高专业技术既有利于公司的发展，也有利于个人的发展。你想提高进步，公司给你提供这个平台，包括总公司全员培训、分公司内部培训；员工晋升体系包括岗位设置、绩效奖励等，只要你有能力、有想法，公司就给你提供平台。"（FTZL-FY-GXR-14）

"公司外出培训主要有两种：一种是参与总公司的培训项目，另一种就是公司组织的技术研讨，都是本专业的生物制品类的。总公司跟培训机构合作，根据学习需求邀请培训师，我们学了两三年呢，大概两三个月去一回。当时公司董事长也是下了很多功夫，花了很多钱，光是我们的差旅费就不少。"（FTZL-FY-1）

2. 企业员工"大家庭"共同克服生产困境

"新冠疫情那会儿（2020年年初），公司太忙了，工作量大，（员工）又有心理压力又害怕的。因为担心家里，工作又忙，反正我的压力挺大的，在公司里住了大概28天。每天晚上10点之后，因为有的时候完活了（意思是干完工作），有的人愿意待一会儿或坐着聊会儿或者打牌，也都回不了家。"（FTZL-FY-GXR-8）

"新冠疫情那段时间，一个电话大家都来了，真的让我们挺感动的。大家一个月就住在这里，所有领导都住在这里，员工也都住在这里，他们能做到这种程度。"（FTZL-FY-GXR-12）

（三）开展有效培训：把理论知识转化到实际工作过程中

1. 让员工知道"为什么"：理论讲解和实践操作相结合

"我讲理论的时候，告诉他们这个知识点的参考资料在哪里（哪本书哪个部分），具体哪个部分是重点，然后再通过实践去观察，看他有没有理解到位。实践之后再回来看那些书，看我们讲的一些技术和方法，我觉得这样会好一些。"（FTZL-FY-GXR-14）

2. 设计好培训方式方法：帮助员工迅速上手

"有两个新人我带了一年半，每周我要布置不同的课题，给他们讲清楚你都做什么，看什么书、做哪些实验，你的实验反推回来哪些关键点需要你去继续研究？我们下一周或过几天，对他们掌握的知识进行回顾。"（FTZL-FY-GXR-14）

第二节　冯亦诚人物像素描：解决问题的"领头雁"

人的一生之所以享受很大的福报，那一定是经历了多少的苦难。她没有家庭背景，没有关系，没有根基，更没有学历，也没有人脉，真的就是一个白手起家的寒门子弟。

——冯亦诚下属员工

冯亦诚的主要职业经历如下。

1995—1996 年，天津某民营食品加工厂，其间从普通工人晋升为车间主任；

1996—1998 年，天津某合资电视零件制造厂，其间从普通工晋升为车间主任；

1998—1999 年，北京某民营餐饮企业分店，其间从服务员晋升为服务员领班；

1999—2000 年，北京知名民营餐饮企业分店，其间从主管晋升为副总经理；

2001—2004 年，北京某国有企业员工餐厅，其间从经理晋升为总经理；

2005 年开始，结束服务业产业工人生涯，自主创业建立餐饮品牌。

一、乡土社会的生活经验："爱管闲事儿"的孩童领头人

贫困农村的生活：没事儿也不闲着

1."替天行道"的侠女：喜欢替别人家主持正义

"我从小就喜欢为别人家主持正义。比方说人家（媳妇）跟她婆婆吵架，我可能站出来跟（这个媳妇）吵架，老实人（婆婆）被人家（儿媳妇）说（意思是'训斥'）的。你（媳妇）过来（嫁过来）的时候要不是你们的（不好的）表现，人家婆婆能怎样怎样。你们（媳妇和婆婆）要是打架，我们能不（插手）吗？"（FTZL-FYC-1）

2."不信宿命"的冒险：自我意识的重生

"很小的时候，我们村里有一个老太婆，她说我们贫穷的人天生就是穷命，根本就没有办法翻身，怎么可能成为有钱的人呢？我就是不信，左思右想为什么会这样，为什么要接受这样的命运，你这个老太婆为什么就可以给我定一个宿命。所以，我就从一棵树上跳下来，我想从这么高的树摔下来如果不死，我就不信有什么穷命，就可以改变自己的命运。"（FTZL-FYC-1）

3."不怕折腾"做生意：开始积累社会经验

"我很小的时候，我爸就卖菜，所以我就跟着我爸一起卖菜。在农村的时候卖过菜，而且做过小买卖，那时候天天没什么事，跟着我爸开着三轮车贩菜、卖菜，做起了小生意。后来我长大了以后，我就不再跟着他，自己骑着那'大铁驴'去批发市场批菜，我再带到另外一个市场去卖菜，开始挣一些小钱。那时候积累了不少社会经验，跟菜市场不同的菜贩子打交道，跟各种买菜的人打交道，也是一种学习吧。"（FTZL-FYC-3）

二、总是能给大家打样：从"流水线工人"到"车间管理者"

（一）成为食品加工行业产业工人：从普通操作工到车间主任

"我还干过两年多的工厂。但是，我在工厂当过一年多的车间主任，当时我也就十七八岁吧，那个年代（20 世纪 90 年代）做车间主任，所有的规定都是别人定好的，

你就按照人家的规定走就行了。"（FTZL-FYC-1）

"那时候的企业气氛和现在完全不一样。作为车间工人，必须在自己岗位上干活，干完了一定要把尾收干净。在企业生产环节里，我是中间一个生产车间，所有车间会有生产前端，而且还有车间后端，需要处理上上下下的车间生产关系。"（FTZL-FYC-3）

"我的优势是社会经验比他们多，跟人打交道什么的点子比较多，能站在别人的立场上想事儿、处理问题，所以领导挺喜欢我的，而且人缘儿也特别好。"（FTZL-FYC-3）

（二）成为制造业产业工人：做事情比一般人通透

1. 个人优势比较明显：总是能给别人打样

"我是先从流水线上做起，我的优势是什么？手快，老是能给他们打样。比方说咱们出来一个样，你得打出个样来，才知道流水线一天能干多少。而且我也会说话，也比较通透，人也机灵，手也快。如果领导一交代咱就会打个样，这样搭配他会'掐'你一个小时，他一看你一个小时正好能做这些，这个速度就可以了。"（FTZL-FYC-3）

"假如我一个小时能穿这么多，或者我一小时就能看这么多，回来领导觉得这个孩子挺机灵。然后他说，你出来当师傅，所以我一出来就当师傅，还有车间主任带着我，他怎么说我就在后面怎么学。"（FTZL-FYC-3）

2. 那时候工厂氛围不好：算是比较和蔼的领班了

"那时候中年妇女，大概四五十岁吧，管人可凶了，甚至还打人，拿着小鞭子，看谁不顺眼就揍一顿。我就算比较好的车间主任，主要是下边的人还是比较听话，这一条生产线就十几个人。"（FTZL-FYC-3）

（三）成为服务业产业工人：主要是解决生存问题

1. 进入大城市：择业主要考虑的是生存问题

"来大城市（J市）以后就面临着选职业的问题了。如果你有点文化，可以找销售的工作，因为你能看得懂表格，再加上你有学历，可能人家就会用你了。没有文化的打工人，大部分只能当服务员。像20世纪90年代那会儿，如果你想去商场卖货，是需要J市户口的。如果你想开出租车也是需要户口的，这个时候你怎么办？你只能选择你能进去的门槛，所以只有服务员这个低门槛行业，既能解决温饱问题，又能住下来。"

（FTZL-FYC-3）

2. 学东西比较快：27 天从普通服务员做到小领班

"我的基础成长阶段已经压缩到极限，只做了很短时间的基础员工，但是并不准备在这个行业做多少年。包括现在我的店里依然有这样的，在服务员岗位干三五年才做了领班，再从领班干到经理又干个两三年，干完这个再做店长什么的，他们的成长比较慢。现在干五六年就是出类拔萃的员工了。"（FTZL-FYC-3）

"我们那时候的服务员大部分是初中生，上完专科本科很少来当服务员。假如我学的是酒店管理，就不进餐饮行业，而是去大型星级酒店；如果我学的是财务，进公司就不是干服务员，而是干收银、财务、库管这些后勤岗位。"（FTZL-FYC-3）

"我最初参加工作的时候，只做了 27 天服务员，就这么快。我学东西可能真是快，我特别善于观察，观察完了我就要看为什么要这么干，有没有比这个方法更快的；思考这个岗位是干吗的，我的上级要承担什么责任？如果我想变成他，我该怎么做？"（FTZL-FYC-3）

3. 善意的谎言：办事要办得清楚一些

"大家都觉得我比一些主管们的语言表达还要清楚一些，办事也更明白一些。比方说我们在领客人的时候，30 个包间，你领到哪儿，都得有个人盯着。我们（主管）偶尔也会领客人，我们领导（意思是主管们）也会把客人领错了。有一次，一个主管把一个大包间和一个小包间搞乱了，所以包间就不够用，这个时候他采取得倒挺实在的，直接打电话告诉客人说对不起领错了，客人就没完没了的，特别麻烦。"（FTZL-FYC-3）

"有的客人惹不得，20 年前的客人几乎全是第一批富起来的人，拍桌子、投诉什么的，让你关店，弄得特别乱。如果主管领错客人了，就得给客人打电话（道歉）。这时候，善意的谎言也得说，不说的话就没法干了。我说：'先生，您看您订的哪个房间？'如果是夏天，我就告诉他空调坏了，夏天客人受不了热的。如果不是夏天，就说是漏水。'我现在给您调一个房间，但是要稍微小一点，您来的时候我会送您果盘什么的。'在这种情况下，好多客人并不明白是怎么回事，觉得我说的是真的，房间就很顺利地解决了。"（FTZL-FYC-3）

三、学习最初的服务知识：整合每一位组员的专长

（一）摸索另一个生存的道理：在工作情境学习最初的服务知识

"我们隔壁有个正在装修的酒店在招聘。他们开业是 5 月，招聘从 3 月开始，所以这两个月干吗呢，那就是用来培训。培训是管饭但不给钱，培训将近一个半月。为什么？他们一边培训一边搞卫生，也不用给工资。在工作的时候，好多员工会看眼前的那些东西，所以太着急挣钱，有时候会错过一些机会。"（FTZL-FYC-3）

"餐馆（企业 D）的领导请广东人讲一些服务知识，最初的服务知识来自这儿。它实际特别简单，不像上学那么复杂。因为参加工作再讲这个工作（服务知识）的时候非常简单，主要讲了每个部门的职责，讲了投诉怎么处理，菜品菜系是咋来的，你的活儿应该咋干。虽说一个半月没给工资，实际我们把活儿都干了，因为大家都在现场搬瓷砖、扫地，跟着拆东西，就当小工使唤，但也星星点点地把这些东西都给讲了。"（FTZL-FYC-3）

（二）应聘主管：整合每一个组员的专长组成团队

"我应聘主管，（他们）一看（我）外表还行，说话也挺利索。我们当时就分组，一组 10 个人，培训的时候这 10 个人一直坐一起；我是倡导者，让组织成员介绍自己，他们介绍过程中，我会反问其他成员如果碰见这种情况你怎么办？正确的处理方式是什么？"（FTZL-FYC-3）

"通过小组 10 人的介绍我就明白了很多。比方说堂食怎么分餐或是服务用语应该怎么说，白开水应该怎么端上，这些我都不太会。所以我就观察，看哪个组员更专长哪些：让每个人说明白自己干过什么，比如在有名的餐企工作过多长时间、担任什么工作，等等。别人做简介我就记，因为他说的内容正是我不会的，他说完了以后我也不提问，因为我不知道咋提问，我就让跟他能力相当的人提问。"（FTZL-FYC-3）

"我们这个组很棒，确定每个人的特长以后，我说按照我阐述的标准来开展小组工作。从整个环节说，具体从卫生怎么搞、点菜怎么点、服务怎么服务、结账怎么结。小组都说咱们都听冯主管的，于是我们就开展工作，你负责这个，他负责那个，实际我并不是干活的，他们都负责干了，我就负责指挥，负责设定更高的要求。"（FTZL-FYC-3）

（三）抢占工作先机：每天坚持早 10 分钟上班

"我是最早去上班的，早去 10 分钟我就占了先机。大家都没来我就把三层楼都转了个遍，开晨会时我就有得说了。如果你晚来 10 分钟开会，哪也没去了，跑着来气还没喘匀，可能只记着昨天的一些事，但是我就能安排好今天的一些事。"（FTZL-FYC-3）

"我来得早，就会看一看客户订餐是什么情况，今天是个什么日子，是周末还是节假日，还有昨天谁收尾没收好，因为这种活儿就不像那种工厂手艺似的。"（FTZL-FYC-3）

四、工作必须要用心：坚持做最勤奋的员工

（一）像经理一样思考：3 个月从主管到经理

"我在这个单位（企业 D）做主管三个月，就升到经理的位子上了。说实话，当时我就觉得我们总经理还真不如我厉害，我心想他能休息，但是我要休息的话，餐厅就乱套了，因为基础的活儿都在我手里。"（FTZL-FYC-2）

"我觉得最早你不跟普通员工拉开一个高距离（工作能力）的时候，他们会攻击你。服务的时候，我们组的人好，领导指挥就行了。"（FTZL-FYC-2）

"你做事还是要记着的，因为你不记着的话，你是没有办法反馈的。比如大家要注意什么；在什么情况下，他个人（某老客户）的忌讳是什么，根据单位的性质和标准，谁的餐标就要按这个起步，低了就不合适了。"（FTZL-FYC-2）

（二）晋级受挫：换了 4 任总经理没有轮到我

"整个饭店数我最忙了，所以我就有点不明白：我 3 个月就做了经理，我在经理的岗位上待了将近一年，为什么没升我做总经理。我们的总经理天天都在办公室睡觉，整个饭店就看见我忙了，怎么还让他在那儿睡觉，已经换了 4 任总经理了。"（FTZL-FYC-3）

"他们觉得最清楚家底的就是我了，让我留下来把这个活儿给他交接完。老板家的亲戚说你要是去那边做领导的话，你一定要注意一下其他部门。平常他要是说别人可能得训一顿才管用，而他要跟我沟通就这么简单，他一说我一下就明白了：我终于知道为什么换了 4 任总经理也没换我了。"（FTZL-FYC-3）

五、创业初期的艰难与突破：丰富管理经验的多重盘活

（一）入职经营国企饭馆：折腾好几个月生意就起来了

"1999 年，我来这里（J 市郊区）。当时，我跟我爱人在餐企上班，但不在一个单位，现在做的也是餐饮行业，其实没跨行。刚好有个国企餐厅（餐企 E）没人经营了，老板也不太会。领导觉得我认真，所以推荐我过来，嘱咐我来了以后好好干。"（FTZL-FYC-2）

"我干了陆陆续续不到三年，也生了孩子。那会儿上班时候生的老大，学这个的经验就更足了。原来的时候可能只负责管理就行了，反正我就当店长，别的我也不管，但是我来到国企餐厅以后，里里外外我得给他干，就练了一些经验。"（FTZL-FYC-2）

（二）解决公务用餐问题：被表扬好多年

"2003 年'非典'那时候，疫情管理不像现在，社区就发挥作用了，都不用大量的人了。那个时候如果出一个疑似非典村，就不让这个村里的人出来，但是村里人是不服的，就要出去，所以就有公安、派出所警车之类的过来看着。"（FTZL-FYC-3）

"维稳的这几个月，公务人员得吃饭，而且来维稳就不能再回去住，只能在单位或是外面吃……镇政府书记给我打电话，问能不能接下这个活儿，我说保证安全行，咱可不能耽误事，保证用餐供应。书记说这么贵你可怎么算，我说你本身就够忙的了，要是我能吃上饭，就免费供餐。"（FTZL-FYC-3）

"我跟镇书记说，也甭说钱了，说要是将来活着，该给人家加钱；如果我们要死了，这钱也都不要了。书记说你们看看人家（冯亦诚夫妇）这个精神，值得你们好好学习。后来，整个区的餐馆全关门了，能吃饭的就我家了。"（FTZL-FYC-3）

（三）管理层的"老带新"：从"有章可循"到"顺理成章"

"说你想升官，我就定了个规矩：要没带过三个徒弟，你连升部门主管的权利都没有，而且要让徒弟给你一个评价，为什么要看评价？如果徒弟觉得你教得不好，原因有两种，一种是专业知识没教好，另一种是人品不行。"（FTZL-FYC-3）

"你说逮谁批谁，跟谁都合不来，带个徒弟还带不好，可能人品有问题。刚开始的时候表述了很多，但是到后期就不用了，后期这些基本上就是有章可循，就像法律似

的，实际管理是这样。"（FTZL-FYC-3）

六、首次成为店长：与员工共同画饼并实现它

（一）建立共同愿景：当领导是需要练的

"接手新店以后，我了解了一下工资情况。虽然我没有权利给员工加工资，但是我会跟老板说，我需要帮助，这一块我希望你改成新的；我觉得哪几个员工还是不错的，但是工资太低，如果再不涨，他们跳槽了，咱们就白培养了。"（FTZL-FYC-3）

"初步调整之后，我们就召开员工大会，比方说大家工作很长时间了，现在面临着选择，一是听我指挥好好干，虽说不能加太多工资，但是我们的客流量增加，就会增加推销提成；二是如果有好的机会，可以再次选择自己喜欢的工作。"（FTZL-FYC-3）

"我们在经营中会积累很多经验，对人、对物都是这样。我觉得当领导也是需要练的，否则如果有一天让你当领导，你是没有领导思维的。假如有一天别的地方再开一个新店，需要挖领导，你依然不在挖的范围之内。"（FTZL-FYC-3）

（二）搞定特殊员工：团队搞定了，生意就上来了

"对于那些能力相当的人，比方说原来的经理，他不听你的，还弄几个老员工给你添乱，这个时候你还得聊，对抗是不行的，你一定要想自己工作中有没有瑕疵。"（FTZL-FYC-3）

"餐厅管理方面，如果你做得不好，团队和整个生意就好不了。这样的话，老板把你请来干吗？你坐这个位子不用产生任何效益吗？咱们再想想老板，他把这个店开了，肯定是想把这个地方做好，他得有面子才可以。"（FTZL-FYC-3）

"实际上，老板觉得没错那就没错。如果你做得很好，我就不可能有这个机会，老板也不会出去找人，怎么会找到我头上？既然我能来，肯定我有比你强的地方。你不服是很正常的，但是不影响你好好干。"（FTZL-FYC-3）

（三）做管理的要有高度敏感性：三秒钟给人定一个社会位置

"我看人，三秒钟给人定一个社会位置，基本都能定准。比如我跟你一见面，你在社会上是什么阶层，从事什么职业，性格怎样；然后再经过几番不经意的沟通，基本上能把你看透，然后我就能很好地处理问题了。"（FTZL-FYC-GXR-4）

"每个人身上都有独特的气质。做老师的人、做警察的人、做买卖的人和当官的人，气质都是不一样的，差别也很明显。他说话的语气和别的职业都不一样，也是因为看的人多了，但是你得用心看才行。"（FTZL-FYC-GXR-4）

"我觉得要做管理人员，你的敏感度要高，在你的大脑处理器里面，要整合各方面的信息。不是每一个事都要一一处理的，我们做餐饮行业，不能通过长时间观察慢慢了解，一定要在非常短的时间内把这个人了解清楚。"（FTZL-FYC-3）

第三节　刘煜人物像素描：技术管理的"多面手"

有家的地方没有工作，有工作的地方没有家，他乡融不了灵魂，故乡安放不了肉身，依然成了这个看似美好时代的辛酸写照。

——刘煜

刘煜的主要职业经历如下。

2010—2015 年，某中美合资企业 A，其间从一线操作工晋升为代理主管；

2015—2021 年 5 月，某中德合资企业 B，其间从线长晋升为工程师；

2021 年 5—10 月，返乡就职民营企业 C，从生产部长晋升为总经理助理；

2021 年 11 月，从企业 C 辞职，在家乡开始自主创业。

一、毕业入职合资企业：从头开始学东西

（一）从"农村孩子王"到"城市打工人"：也没觉得怎么苦

1. 散养长大：从小动手能力就很强

"我家里比较贫困，人比较多，都需要照顾。我真是散养长大的，家里并没有重男轻女。我有两个姐姐，她们到结婚都不会做饭，因为我很小的时候就会做饭了。我爸是老师，他喜欢讲故事，给我讲了很多传统文化小故事。我爸爸做人特实在，家里还一直

挂着'吃亏是福'四个字，对我的影响比较大。"（FTZL-LY-1）

"小的时候，跟村里小伙伴一起玩，都是我比较有想法，他们就会跟着我一起跑来跑去地玩。比如，我可以用树枝树叶做一些好玩的玩具，大家一起做、一起玩；农村很多东西都可以设计成玩具，大家跟着我总是有新鲜的玩意儿，我总是带着他们玩，他们都会听我的。"（FTZL-LY-1）

2. 从小就比较喜欢机械类的：感觉有天赋这个因素

"从小我就比较喜欢看发动机机械。自行车、摩托车，好的能让我拆坏，后来谁家三轮车、拖拉机坏了，我就帮人家修一修。这类似于'读书破万卷，下笔如有神'，因为操作多了，动手能力就强，别人需要10分钟解决的问题，我可能5分钟就解决了。"（FTZL-LY-12）

3. 偶然的机遇：带着女朋友去大城市工作了

"来到J市以后，我们对于自己的第一份工作，都很认真很努力地去做。当时也没觉得怎么苦，因为都在一线干活，回忆起来看看那会儿还是可以的，没苦到什么程度。我们都是农村长大的，一般都能接受，跟现在的孩子不太一样吧。"（FTZL-LY-GXR-9）

（二）进厂后从头开始学：通过实操反过来再想理论就简单了

1. 最开始的时候"干大修"：一点点摸索发动机的原理

"刚开始进公司的时候，我就干大修，就是发动机测试中有一些大问题现场处理不了，就把它放到一边来了。我们就把它拆零碎了，比如说功率低，就先分析是不是自燃气的问题；再看一些漆面，是不是喷油漆的问题，这样一点一点去摸索。"（FTZL-LY-12）

"他在测试区是做装配测试，需要有一些测试的时候，就需要拆一些东西、装一些东西，大概就是全都在装东西、拆东西就这种。"（FTZL-LY-1）

2. 开始理论方面不行：学的时候啥也记不住

"刚进入公司，我最开始理论方面不行，动手能力可以，我拆装过的东西，基本上几遍就记住了，但是理论东西我记不住，通过实操反过来再想理论，就简单了。"（FTZL-LY-12）

3. 最好的班组长：切实为了员工的利益去想

"那些跟过他（干活）的人，都说他切实为员工的利益着想，不是仅仅为了讨好上级而把自己的弟兄全都给（批评）意见什么的，不是一点都不听（弟兄们）的声音的（班长）。他如果有好项目，会想着让大家共同去做，结果大家分享。"（FTZL-LY-GXR-9）

（三）不喜欢舒服的地方：想结识一些新事物

1. 经验饱和：整个生产线都待过了

"2015 年，他在公司 A 工作第 5 年的时候，整个生产线都待过了，而且跟每个领导处得也挺好的。后来得到提拔，成为代理主管，但是再往上也上不去了。"（FTZL-LY-GXR-9）

2. 企业文化差异：工作氛围完全不一样

"公司 A 制度流程非常完善，工会确实能为一线员工着想。2020 年年初，刚发生新冠肺炎疫情的时候，出门买菜都很费劲。那会儿公司给所有员工的盒饭都有富余。工会挺贴心的，冬季送温暖，夏季送清凉，让员工很有责任感和归属感。"（FTZL-LY-GXR-9）

"企业 A 的人都比较开明，领导和管理层对员工比较好，一起出去吃饭、唱歌呀，总监包括总经理都和我们一起，都是很简单的吧。他们没有小餐厅，总经理、党委书记都在一个餐厅，所以饭菜质量特别好。如果开会，就算只有一位老外，都是讲中文，而且有助理帮助老外翻译。现在这个公司（企业 B）科长是一个餐厅，科长经理是一个餐厅，总监是一个餐厅，都不在一起。"（FTZL-LY-2）

3. 再出去闯一闯：不是很喜欢太舒服的地方

"他总是想认识一些不同的（人），想结识一些新事物，在这边当时其实做得还是挺好的，因为之前好像有很多同事也去了（公司 B），因为那边（公司 B）在生产新的发动机，觉得可能自己（这边的生产情况）了解差不多了，想出去再闯一闯。"（FTZL-LY-GXR-9）

"公司 A 太舒服了，我不是很喜欢。我不是待不下去才离职的，公司 A 离我住的地方步行 5 分钟，而且我还不用加班。但是那时候我才 25 岁，不想太安逸了，然后就来这边（公司 B）了。我之前待了 5 年，绩效一直都是第一（走了之后，还是第一）。"

（FTZL-LY-1）

"公司 A 的流程和制度体系都是比较健全的，然后来到这边（公司 B），发现什么都没有，员工制度都是我建立起来的，比如新入职的经理，都是 985 高校毕业的学生，他们的现场实习都是我带的；代理经理培训，也都是我带的。但是他们学历高，主外（与外资方沟通协调），我主内（发动机生产、装配、测试等）。"（FTZL-LY-1）

二、解决问题是一门学问：团队管理和生产工艺两手都要硬

（一）成为"特殊空降兵"：专业知识要强一些

1. 建章立制：发挥专业知识优势

"他之前在发动机工厂工作，后来跳槽过来了。他的发动机专业知识，要比我们现有的这些人员水平高一些。比如建厂初期，这边（企业 B）发动机生产方面好多信息（指流程和制度等）都不健全，他帮助领导一起解决这一块的主要问题，撰写标准性业务文件，组织发动机专业培训。"（FTZL-LY-GXR-13）

"发动机从生产线下线之后有一个测试台架，它有一个热机测试。在测试过程中可能会出现一些问题，测试人员就会来生产车间找我们过去查看问题。针对测试显示的故障，刘煜在排除故障这一块基本上是一次性到位，直接能找到问题的根源，都不用琢磨。"（FTZL-LY-GXR-13）

2. 搞定团队：灵活运用管理策略

"领导说，既然把你空降过来，没有从内部车间提拔，说明你有特质。刚来的时候不光别的班长不听我的，我手底下的人都不听我的。后来我跟他俩解释为啥要执行，就讲了很多。这样的话他俩免不了内斗，因为只能有一个（班长），你俩通过竞争获得吧。其中一位上来之后（当上班长），虽然正式文件没有下来，我也跟领导请示了，他俩待遇也一样吧。"（FTZL-LY-2）

3. 指导技能比赛：牢固树立个人威信

"当时我在那边（企业 A）也是做技能提升这些事。我跟人力部门提建议，工厂在试生产阶段，可以考虑参加总公司的技能比赛。经理很支持，我说比赛活动我可以组织，但是这个活动必须让班组长参加。比赛的时候其中两个班组长直接拿了高级工，还

在集团拿了名次。他们拿了奖之后，评价说刘工（刘煜）这么厉害，别人（获奖班组长）说出来（刘煜的优点），大家就会比较信服嘛。比赛的时候，总公司的主管、人力经理等，我们特别熟悉，我去了特别给面子。"（FTZL-LY-2）

（二）解决生产问题：既要"磨人"，又要"磨事儿"

1. 反反复复解决生产现场问题：自己得到了很大的发展

"他们（企业 B 管理层）发现问题后，工作思路并不是去解决这个问题，而是要证明问题和自己没关系，还要我们（产品主管）拿出解决方案来……其实这种环境挺适合我学习专业知识、快速成长的。第一你得磨人，第二还得磨事儿。有时候每天下午都开会，每天的问题可能重复处理好多遍，今天问问题解决有什么新的进展吗？没有。"（FTZL-LY-15）

2. 全程关心问题解决进度：最终目标是真正解决

"他遇到一件事的时候，甭管是工作上的还是生活上的，都是非常关心、非常热情的。他每天跟人家通电话或者是去同事家里看看，工作上遇到问题也是这样，从头到尾跟着最后把这件事解决了。"（FTZL-LY-GXR-10）

（三）带团队需要管理智慧：人人有事干、事事有人干

1. 领导力是未被授权却能让别人愿意干的能力

"我认为领导力不是说作为领导他有多大能力。（公司 A）当时我们搞活动，那时候我还不是工会主席，工会主席看参加活动的人多，需要订饭店、买酒水什么的，就把这件事交给我了，让我去看看活动组织方需要啥帮助。我去了之后一看不就是吃饭吗，这还不简单，我给你订个酒店，大概多少钱标准，完了之后我去超市拿酒水。"（FTZL-LY-12）

"我去找领导，搞几个活跃气氛的活动，建议领导参与一下。领导说挺好的，这个是谁想出来的，我说和工会主席一块想的。其实是我自己想出来的，但是我这样一说领导心里就明白了，下次搞活动，还是你们一起做活动。我感觉这叫领导力，在没有赋予权力的情况下，我让你干而且你愿意干。"（FTZL-LY-12）

2. 建立人才梯队：画思维导图指导班组管理

"我跟班组长说，班组管理做到'人人有事干、事事有人干'的时候，你就轻松

了。这方面我就给他们画思维导图，他们按照这种模式去做，然后就闲着了。"（FTZL-LY-12）

"班组管理要建立人才梯队。比如我是个班长，整个班就我说了算，我和某人关系不错，我不在的时候他说了算。其实不能这样，这是团伙思维，你要让这个人去负责，必须得大家伙能服他……我说你们管理人的时候，像马一样的人要重点培养，不管和你关系好不好。"（FTZL-LY-12）

3. 学会讲道理：占领员工的思想阵地

"我讲道理都是练出来的。上学的时候，我在学校当学生会主席，可能是做学生管理的经验吧，有好多学生违规违纪问题需要我进行协助处理。后来接触的形形色色的人，为了让这些人配合工作，我就要去说服他们，就要跟他们讲道理。"（FTZL-LY-2）

"到企业工作以后，我发现通过讲道理占领他们的思想阵地，这一点非常重要。（B公司）时期，最开始的培训也不仅是说让他们学知识，就是想通过这个东西占领思想的阵地，怎么说，你不占领就会被别人占领。"（FTZL-LY-12）

三、学习汽修知识：经验多了，学得自然就快

（一）考取人社部高级技师：自学理论知识

1. 实现了自己的技能愿望：让家人过上更好的生活

"当时我们准备考高级技师证的时候，公司是很支持的，会有奖励政策，就是每个月会补贴800元。现在我们公司也有几位通过辛苦的复习，考上了高级技师证。说实话，确实不好考。"（见图4-1）（FTZL-LY-GXR-9）

"考证书能证明你的技能高，公司也有物质奖励。其实，就是为了拿这个证书挣钱，改善生活呗。按照公司的规定，二级技师一个月800元，一级技师一个月1600元。我是二级技师，每月才800元，今年准备考一级技师证；他是一级技师，去年考的。"（FTZL-LY-GXR-10）

2. 收集也是学习工具：随时随地学知识

"从培训活动、汽车技术维修操作的语言表达来看，他的知识量还是挺丰富的，所以他业余时间也会看一些汽车发动机方面的知识，因为他有看书的兴趣爱好，也是一个

习惯吧。"（FTZL-LY-1）

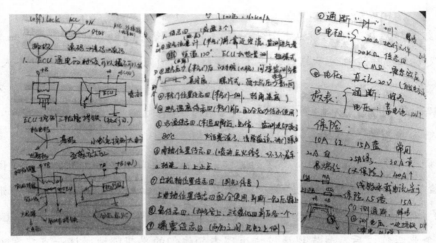

图4-1　刘煜个案——高级技师证备考笔记

"他看文章的时候，感觉都是正能量的东西。他有时候在朋友圈转发一些心灵鸡汤的东西，也有他自己为人处世的感想体会，是比较用心的爱学习的人吧，带给别人的也都是非常阳光、积极的东西，做人很大气，也很有格局。"（FTZL-LY-GXR-13）

（二）出国进修培训：收获专业与生活经验

1. 汽修方面的理论性知识收获不多

"在德国学习的时候，我们有一个生产软件的学习任务，是一个理论性的培训。其实，他们培训的都是很基础的东西。我们去的都是班组长以上的技术工人，肯定都有一定的技术工作经验了。假如我们是初中生，他们给我们讲的就是幼儿园的东西，比如游标卡尺的使用、力矩扳手的使用，都是特别简单的技术知识。"（FTZL-LY-2）

"除了针对（他们介绍的）这款产品，我们不太了解，其他的一些理论知识，比如质量意识、安全生产之类的知识，对我们来说都很简单。"（FTZL-LY-2）

"实地参观的收获还是很多的，德国合资方带我们参观了生产流水线、自动化工厂，还是比较先进的。最关键的还是学一些企业管理文化和生产理念吧。"（FTZL-LY-2）

2. 感受不同文化环境中的产品特点

"他们那边一线工人的工资要比管理人员高很多，他们觉得管理人员是服务人员。

发生问题的时候，国内是这样，从上到下找负责人，经理问工程师这个问题是怎么发生的；工程师找班长，问这个问题怎么发生的；班长找操作工，了解这个问题。但是在德国，一帮工程师、经理和技术专家组成问题解决小组去解决问题，一线操作工该怎么做还是怎么做，不受什么影响。他们认为一线操作工啥问题都不会出现，出现的问题肯定是管理问题，所以是一帮管理人员去解决问题。他们认为，这个一线操作工年龄比较大，工作经验丰富，是不会出问题的，肯定都是其他地方异常了。"（FTZL-LY-2）

（三）个人经验其实是一把"双刃剑"

1. 解决问题的经验：过去的故事都是经典案例

"解决问题过程中，不只有问题分析，你还得有解决方法，而且方法上得灵活。至于怎么灵活，大概也没有固定的模式，事儿赶事儿赶到那之后，自然就想到方法了。看书嘛，我有一本问题解决的书就叫《刘煜解决问题》（哈哈哈），所以翻一翻你过去的故事都是问题解决的经典案例。"（FTZL-LY-12）

2. 专业技术其实不难：用生活经验理解会容易很多

"生活经验会告诉我们很多道理。比如说你开车的时候发现车温高了，如果行车电脑提示你的防冻液少了，其实是可以加水的，最好是烧开的纯净水，里面没有杂质或杂质少。保养的时候不会加防冻液，反正只要不缺就不用加。"（FTZL-LY-12）

3. 经验也可能不好用：需要专业论证

"我提出自己的看法和问题解决方案之后，有一个领导提示让我学会归零，就说不要拿你之前的经验来做现在的事情。这个问题出现了，相关的问题可能在哪里，需要做一个怎样的测试，验证一下问题，然后再想怎么解决，其实问题本身是特别简单的。他们（公司 B）的思维方式不一样，认为只是我自己的经验而言，没有采纳。"（FTZL-LY-2）

四、成为组织学习的设计者：最重要的是服务一线生产

（一）打造生产车间的学习园地

1. "标杆"思维：最起码要有分析问题的能力

"当时领导想在生产现场做一个学习的地方。我明白领导想树立一个标杆，通过标杆辐射其他班组。各班组都是各自为战，自己做自己的。我建议领导要树立标杆就要把

资源倾斜一下，打造出来后再往外辐射。领导说现在先拿你这个为试点，所以我做了一个学习空间。"（FTZL-LY-12）

2. 设计要实用：要成为公司的景观和门面

"我们之前去另一家汽车发动机厂参观。看到一个工作室，功能也是比较多、比较强的，有利于生产功能的发挥。回来，我们跟领导一提，领导挺支持的。设计思路贴近一线使用，一个是理论知识的推动，还有一个是技能的实际操作。"（FTZL-LY-GXR-13）

"我就带领同事们打造了一个学习空间（见图4-2）。我们先讨论设计方案，必须做成一个标杆，要成为公司的门面。"（FTZL-LY-11）

图 4-2　刘煜个案——带团队设计的工学一体空间

"学习园地材料全部来自废旧料箱，集全体同事之智慧，精雕细琢最终成型。阁内点缀枫叶绿色植物更添加了家的感觉，为同事们增加归属感。"（GC-LY-4-WZ）

"机器人是主装线的又一倾情力作。机器人身材高大坚固，眼睛刚毅有力，这也体现了员工在工作中不怕困难挫折、勇敢前行的品质。"（GC-LY-4-WZ）

"会议桌渗透了主线对员工的一个期盼和要求，就是每位员工都可以适应多个岗位工作，有跨岗位操作的能力使线上的员工流转起来，达到每个人都是全线通，让安全、质量、效益三驾马车齐头并进。"（GC-LY-4-WZ）

"愿景树是学习园地最色彩缤纷的景观，最有特色的是我们的树叶，它是利用废旧的铭牌制作而成，每一片树叶都对应承载着主线每一位员工的期望。"（GC-LY-4-WZ）

"工位展示围栏由废旧的木质包装箱通过锯割、打磨、抛光等工艺制作而成。根据主线的布局把每一个工位的主要工净和工艺展示在上面，这让每个参观过我们班组园地的人都可以对主装线各个工位有个大致了解。"（GC-LY-4-WZ）

（二）成立创新工作室：设计组织学习活动

1. 灵活设计培训课程和学习活动

"我的创新工作室实际上就是挂了个名，公司也没有投资，除了培训活动外，我自己每周设计一些班组长培训……经理、线长和部分班组长共同参与课程的开发，包括理论课程和实操课程，很多培训是没有课件的，都是直接这样说，非常考验讲师的水平和能力。"（FTZL-LY-8）

"我们生产现场的5S培训，意思就是整理、整顿、清扫、清洁、素养，哪个区域都有。比如，'整理'就是不要的东西该扔就扔；'整顿'就是把一类东西放在一块；'清扫'即是'清洁'；'素养'就是反复循环做。"（FTZL-LY-GXR-10）

2. 新入职员工培训：通过课程统一操作标准

（1）培训方法方面，"新员工先学习理论知识，我们有一个新人快速进入工作岗位的'七步法'，有时候先演示，再让员工独立做，最后有考核认证，员工在创新工作室学会了以后，就可以分到工作岗位了。"

（2）培训课程开发方面，"研发课程的时候都是刘带头，三四个人一起做。一个人的力量还是小，有工作室以后，这些精英可以开展头脑风暴，做出更好的东西（培训或学习活动计划）。"

（3）培训效果方面，"每个人（新人员工）学到的工作标准都一致了，对于整个车间管理是有利的，在操作方面咱们就可以快速地、保质保量地完成任务。这几年时间，工作室培养过好几百人了。"（GC-LY-1-TP；GC-LY-1；FSBW-FTFS-1；FSBW-GCFS-1；FTZL-LY-GXR-10）

3. 白领阶层培训：更多采用互动学习的方式

"我们（公司B）有高级经理、总监这些白领阶层的培训。培训内容有理论知识，还有一些实操。理论知识我讲得比较多，比如安全生产，基本上都是自己开发课件。还有一个装配五步法，安全发动机的技术支持，白领培训基本就这么多。"（FTZL-LY-GXR-10）

"给白领培训和给蓝领培训的方式不同。像白领培训，他们不懂的地方，就说得比较详细。培训过程中，跟有发动机基础知识的人员会有一些互动。"（FTZL-LY-GXR-13）

五、职业态度很重要：工作中不要传播负面能量

（一）多承担一些：要坚持做人的原则

1. 属于自尊心比较强的人

"你作为基层领导也好，我作为大领导也好，都不能有负面的想法，也不能把负能量传播出去。你心里再不愿意，也不能跟下面人说（诉苦），这个比较重要。我有时候说话比较直，自我感觉是属于自尊心比较强的人。"（FTZL-LY-12）

"我感觉我如果能够把心态放得再低一点，稍微趋炎附势一些，那就失去了做人的原则了。"（FTZL-LY-4）

2. 钻研工作问题比较专注

"在生产线的时候，他干活麻利，执行力很强，工作成绩真是干出来的。他在干活过程中还能自己发现一些问题，就是他能提出来那种与众不同的问题，可能比较专业一些，他喜欢钻研这玩意儿，比较专注。"（FTZL-LY- GXR-9）

3. 通过沟通培养同事感情

"在工厂里边，只知道干活是不行的。我就是这样，见到领导就打个招呼，聊两句什么的。你把领导真的当成领导的时候，他永远是你的领导，而且他只能是你的领导，你也就上不去了。在工作方面，领导是领导，你要尊重他。但是业务范围之外，和领导们私下还有一种兄弟感情在里边。"（FTZL-LY-14）

（二）跨城乡生活：异乡人的忧愁

1. 返乡就业和发展：看尽繁华还是要下车的

"现在回忆起在大城市的 10 年，感觉就像上了错误的班车，主要是你坐着这列班车看到了繁华的景象，最后发现还得下车，是谁也会难受。"（FTZL-LY-14）

"从公司（公司 B）离职的原因也有几个方面：第一，他户口不是这边的，可能是考虑到现在年龄还比较小，不是特别大，如果回到他们家乡找工作还要容易一些；第二，因为现在也是上不去，英语是他的弱点，其他的工程师英语这一块都能跟老外进行

沟通，他比较吃力。"（FTZL-LY- GXR-13）

2. 城市打工人的情感纠结

"我有两个孩子在老家，2020 年因为新冠疫情也回不了家。上次见还是国庆假期的时候（叙述时间 2021 年 1 月），我父母也来不了，他们还没有退休。"（FTZL-LY-1）

"'本地人上班，是想找个事儿干，下班了回家才是生活；外地人上班时间是上班，下班时间也是上班，因为家不在这里'，跨城乡生活的十年，让他认识到大城市生活带来的无限可能，也看到了大城市'排外思想'的不兼容。"（FSBW-SWFS-LY-1）

六、民营企业的短暂经历：高压环境下的"急流勇退"

（一）设计员工培训和学习活动：内容比较新颖

1. 利用已有的工作经验开展员工培训

"他教我们好多，以前没人教过这些东西。我记得第一次培训的时候，他基本上都是脱稿，一直到晚上 10:30；还有一次培训，跟我们分享他曾经的工作。"（ FTZL-LY-GXR-6）

"他结合自己的工作经历及平时做的那些图给我们讲解，培训的主要是安全质量现场提升，让我们识别哪些有安全隐患，为公司避免一些损失。"（FTZL-LY-GXR-7）

2. 培训关注员工互动与交流

"他确实挺有方法的。不像有的培训上面讲，下面可能只是听；讲课也不举例子，讲完就完事了。其实这种效果还不如发 PPT 自己查看。刘煜基本上没有特别多的理论知识，更多是现场提问或者做一些互动小游戏，让我们尽快明白这件事。"（FTZL-LY-GXR-6）

"公司一直都迅速发展，对于班组长或者员工培训都很少。比如他带我们玩的扑克牌游戏，以前没这么搞过：我们分小组，每个小组好几个人一起玩。说实话，团队这个概念，以前我们真不知道，也没人搞这个东西。"（FTZL-LY-GXR-6）

3. 通过各种方式指导下属员工

"他没来的时候，我这个人反正挺轴的（意思是固执）。他给我讲故事，告诉我一个道理：遇到事得学会变通。他刚来应该就是 5 月，记得那时候我犯了个错误，从那件事

之后，沟通好了之后我们就认识了，正式开始接触了。"（FTZL-LY-GXR-6）

"他写生产报告挺细致的，比如写今天完成返修发动机任务，我们就不懂，写本月完成返修多少台就完事了。（刘煜）就写返修共计多少台，返修出零轴多少台，返修飞轮壳多少台，返修某型号多少台，让领导知道你都返修了什么任务……内容写得清晰，一看就明白了，领导说以后你们得按这个方法写。"（FTZL-LY-GXR-10）

（二）艰难的职业适应：承受来自各方面的压力

1. 被平级领导针对：不断有找麻烦的

"我记得他刚来的时候，针对他的有好几个。可能他来了，别的领导都感觉到威胁了。那个过程在微信群里边基本上都能看见，还有业绩考核，考核不会考核我们，直接罚他钱。"（FTZL-LY-GXR-6）

"有一天，我想着看有啥活给他干，还能早点下班。他说一天没喝水了，中午有人给他买的饮料，但不知道怎么变成防冻液了。然后他就喝了，喝了一直在吐，晚上还坚持加班，他非得等我们弄完再走。第二天他一直拉肚子、冒虚汗。"（FTZL-LY-GXR-6）

2. "小有名气"：其他部门班组长带团队来请教

"我是自告奋勇找他，我有我的部长。其实我是一直没有在生产上，之前在采购部门，刘主任是车装配件；我现在负责仓库和配送，当大班长管着物料供应。他刚来的时候是主管，提了一级之后，他有这个权利把我收过去，但是得看我自愿不自愿，我就这么归他管了。"（FTZL-LY-GXR-7）

3. 每天坚持最晚下班：与下属共同解决难题

"那时候是一个螺栓断了，夏天很热，我自己在外边，他也一直跟我把油箱弄出来。我们一直到修好，从来没有领导跟我们一起干活的。他真的帮我弄，一边弄一边问我问题；或者这个问题应该怎么修、怎么来，我们就一直在聊。"（FTZL-LY-GXR-6）

"担当这方面我很佩服他，真是尽心尽责。早上六七点来开班组晨会和部门晨会，公司级领导汇报，昨天下多少台车、上多少台车、入库多少台车等；有时候遇到质量问题，每一台车各种指标和数据都得汇报，要忙到晚上十点吧，他一心全在生产上了。"（FTZL-LY-GXR-7）

（三）升职第二天离职：工作氛围太压抑

1. 工作强度大，身体健康受直接影响

"他工作强度特别大，虽然给的工资也不低，但是天天熬得那么晚。工作了一个多月以后，他说可能真的坚持不了了，入职的时候体重70多公斤，3个月下来瘦了30多斤吧。"（FTZL-LY-GXR-9）

2. 兴趣是干实事：不喜欢天天写报告

"有一段时间，他每天要写大量工作报告。他说让我干点实事，你让我写一篇又一篇，写多少页PPT的工作报告，写那么多有什么用？其实，他属于比较实干型的，如果写那么多PPT，做这么多汇报，我都觉得烦得慌。"（FTZL-LY-GXR-9）

3. 管理风格粗暴：从内心里比较抵触

"副总卷人（山东话'卷'就是'骂'的意思）、骂人特损，你只要是被他骂凶了，保证在一个月或者两个月他不会接触你，不会正眼看你，这样你就真的不受待见了，而且经常给员工穿小鞋。"（FTZL-LY-GXR-7）

"他可能没遇见过这种领导，自尊心很强，就觉得受不了。"（FTZL-LY-GXR-9）

第五章 研究个案职业成长故事解读与分析

第一节 方圆个案故事解读与分析

一、技术专长建构分析

（一）方圆职业专长的整体特征

从职业专长的结构特征来看，方圆的职业专长是"技术专长主导型"的综合性职业专长。方圆的职业专长属于"知识盘活主导型"，即工作过程知识的结构变化对个体经验、情感记忆的盘活，重构了学习者的"意义视角"，影响工作问题解决的过程，其职业专长发展的整体特征有以下方面。

（1）理论知识和工作实践有机融合。从高等职业教育院校毕业之后，方圆经历了两家产权性质不同的生产型企业，始终把理论知识学习作为职业发展的基础和支撑，以促进工作实践和理论知识的融合。在勤奋努力完成工作任务之余，他通过持续接受在职学历教育（在职本科和硕士研究生），系统学习专业理论知识，通过与个体积累的实践知识之间的对话，逐步建构个体的"工作过程知识"（work process knowledge）。从工作过程知识的结构形态来看，方圆个案的知识构成是以工艺知识为主体的。我国《成人教育辞典》提的"工艺教育"，是指对职工进行的有关工艺知识的教育，包括产品生产的工艺过程和要求，产品结构的工艺性审查，工艺方案的编制，工艺规程和其他工艺文件，工艺装备的设计、使用和管理，工艺试验研究制度，工艺纪律，工艺管理等。[①] 工艺知识的价值和意义在于生产过程改造和技术维护的经济性，进而提高劳动生产率和产品质量。

（2）问题导向学习模式，即"将问题辨识的结构及问题解决的结构作为基本要素的一种学习"[②]。工作过程中，方圆始终把专业知识的学习与应用技术问题结合起来，形成了"产生技术问题、分析问题产生的原因、查阅专业工具书验证分析或与同事交流自己的分析、完善问题原因分析、重新设计实验方案"的问题解决循环，反复练习、验证、比较和应用，让问题解决过程成为工作与学习的"连接桥梁"，充分体现了非正式学习的智慧。

（3）坚守"匠人匠心精神"的职业情感。"工匠精神建立了人与物的亲密关系"[③]，技术学习的过程是艰苦的、单调的、孤独的，但是对匠人而言，产品的设计和制造过程凝聚着个人的心力与智慧。方圆认为，技术的学习需要长期反复地学习与磨炼才能达到某种理想境界，无论是跟老师傅学，还是自己主动学，都能够"数十年如一日"地坚持，这是一个不怕犯错、反复学习的艰苦过程，体现了刻意练习、有效思考和追求极致的工匠精神。

（二）方圆职业专长建构的阶段性

根据方圆职业专长的整体特征，以及不同阶段"知识盘活"呈现的特点和方式，可以将其建构过程划分为四个阶段。

1. 新手期：专业知识相对扎实与工作经验绝对匮乏

这一阶段主要发生在方圆从高职院校毕业后入职企业，持续了 5～6 年。由于就职的两家企业业务内容差距较大，确切地说是横跨两个职业领域（畜牧养殖、疫苗生产），而且从事的技术工作内容相差甚远。因此，如果把二次择业后的职业专长建构作为分析依据，方圆经历了相对比较长的新手期。该阶段方圆专长建构的典型特征是"专业知识

① 关世雄. 成人教育辞典 [M]. 北京：职工教育出版社，1990：14.
② 姜大源. 职业教育学研究新论 [M]. 北京：教育科学出版社，2007：266.
③ 肖群忠，刘永春. 工匠精神及其当代价值 [J]. 湖南社会科学，2015(6)：6-10.

盘活"阶段，即工作过程知识建构的主要来源是理论知识，包括就读高职院校，以及入职国企 A 之后续读本科的专业理论知识学习；而实践性知识处于密集积累期，事实上，方圆实践性知识积累的起点是在校期间参加的实习工作经历，而非入职以后"从无到有"的过程。

与专业理论知识相对扎实相比较，该阶段方圆处于"工作经验绝对匮乏期"，即由于缺乏相应的技术实操的经历体验，亲自动手操作技术工艺时（尤其是指导老师或者老师傅不在场时）表现出来的"极度紧张导致全身出汗""害怕犯错所以小心翼翼"等情感体验让新手感觉"一切都很神秘，雾蒙蒙的""总是感觉措手不及、不知从哪里下手"。方圆在新手期的认知困境体现在以下两个方面。

（1）"专业知识盘活"的方式困境，即"专业知识的宽泛性"与"产品生产知识的微观性"之间产生的冲突和矛盾。区别于专业知识的系统性，嵌入在组织运行过程的知识很难被编码并提供给需要获得这种知识的其他成员，或者是因为他们执行互补的过程，或者可能需要接触所有的工作过程。[1] 在校学习过程与企业生产过程的典型区别在于，"学校学的都是非常基础的东西，很宽很大，但是我们的产品生产知识可能是专业学科里面特别细小的部分，可能只是某个专业教材某个章节的一小段文字"，所以如何灵活利用（即"盘活"）专业基础理论解决具体的生产工艺是缺乏经验的新手经常遇到的问题。对于职初产业工人，尤其是作为特定领域的专业实践工作者，系统的理论知识是他们"最突出的优势"。

（2）"经验有效转化"的受挫风险，即"经验传授者的娴熟性"与"自主操作过程的笨拙感"两者鲜明对比产生的负面体验——受挫感。作为新手，接受指导者进行知识讲解、技术演示是必需的过程，然而扮演新入职员工"指导者"角色的老员工，可能由于多种因素导致"指导不力"。例如，"指导者"考虑员工之间的利益竞争而有所保留，或者不擅长语言表达导致讲解缺乏条理性，或者主观认为操作过于简单而敷衍了事地讲解等。这些都可能导致来自"指导者"的经验很难客观而全面地展示，遗漏非常关键的

---

[1]　Bajaj A and Bates M. WPKT: Work Process Knowledge Template for Codification of Organizational Process Knowledge[J]. Journal of Organizational and End User Computing (JOEUC), 2017, 29(3): 24-48.

操作环节，让新手在独立操作中经常产生受挫的体验，很难把观察到的间接经验有效转化成自己的直接经验。

2. 熟练期：工作经验大量积累与专业知识大幅转化

方圆职业专长建构的熟练期主要在民企 B 成为班组长之后，一直到升职车间副主任，这一段时间也是他成长性最强的时候，职业角色主要是"学习管理者"，负责组织班组和车间员工的培训和学习人员安排、沟通协调等行政事务工作。这一阶段的典型特征"工作经验盘活"阶段，即个体工作经验和专业知识的密集碰撞期，专业知识开始接受工作经验的询问、互动、质疑甚至是反驳，也是个体工作过程知识建构的重要阶段。

随着个体职业学习经历的增多，解决的技术问题越来越多、越来越复杂，问题处理方法越来越熟练、越来越有创造性，工作经验仿佛进入了快速成长的"青春叛逆期"，呈现强烈的变革性和发展性。在经验和知识的碰撞过程中，方圆的专长建构突出表现在以下方面。

（1）个体的工作过程知识体系初步形成。工作经验唤醒的专业知识越来越多，方圆经历大量的问题解决全程，"在事儿上磨砺""处理不少技术难题"，对专业知识应用的灵活度明显增强，工作过程知识开始分类分层，专业知识被不断解构、重组和整合，开始出现朴素的工作过程知识体系。这个阶段工作过程知识的"朴素性"主要体现在专业知识转化的片面性，由于工作经验涉猎的范围有限，专业知识向实践性知识的转化还没有贯穿问题解决的全过程或者不同情境，因此工作过程知识尚在有限范围内具有指导意义。

（2）个体工作经验建构的自主性开始显现。方圆成为班组长以后刻苦勤奋，长期坚持"腿勤、手勤、眼勤"地跟着有经验的老师傅、大姐们学习技术操作，也开始自己动手设计实验、验证设想。于是，随着独立解决问题经历的增加，时常觉得"挺简单的""师傅的方法也不一定对"，于是通过各种方式挑战师傅的经验与认知，努力争取技术问题的自主决定权，"尝试改造师傅的方法"，修正师傅积累的工作经验。方圆不断思考经验和知识之间的连接关系，开始提出自己独到的见解和看法，并进行多种方面的"试错"；怀疑学习指导者的工作经验，也出现了一些超越师傅的"小成就"，建立了技术自信心。

（3）经验和知识有效碰撞的条件是反思自觉性。这一阶段的专长进阶需要克服的困难越来越多、越来越棘手，所以"只有情感化的、投入的、体知合一的人类才能达到熟练和专家阶段"[①]。工作经验能否盘活个体的专业知识，最关键的是提升行动反思能力，方圆主要通过两种形式进行职业活动反思：①共享式反思，即在公开场合表达的对工作经历、技术学习的感受和看法，例如传统文化读书会的读书心得、管理知识培训的总结等形式（SW-FY-24-WZ）；②内隐式反思，即通过"尽自己可见"的工作日记随时记录对技术细节的思考，对工作过程的记录和省思，对实验方案的大胆猜想，甚至包括情绪低落时创作的"散文诗词"等（SW-FY-27-WZ、SW-FY-28-WZ）。

3. 胜任期：个体经验的局限性与工作过程知识整合化

这一时期的典型特征是进入"个体经验的高原期"，职业专长建构过程是通过"工作过程知识盘活"而实现的，即基于情境化的个体认知——工作经验，开始呈现出更多的局限性，个体的工作过程知识体系基本形成，并且主导专长建构的过程。这个时期，方圆的职业角色发生了明显变化，开始成为企业培训和学习活动的"内部讲师"，实现了从"学习管理者"向"学习指导者"的身份转化，开始指导单位的"大姐""技术骨干"和"学生"。随着个体专长水平的提升，工作经验与专业知识相辅相成、互相成就，个体的认知水平进一步提高，认知灵活度不断提升，专长建构呈现特征体现在以下方面。

（1）感受到个体经验局限性带来的挫败感。在熟练期，"试错"过程带来的有正面经验，也充斥着杂乱的、主观性的负面经验，方圆也因为"想当然"的想法遭遇了一些挫折，"对老师傅的想法最多只能小改动，大的变动还是不可行"。于是，方圆对经验产生了"不迷信"的态度，"盲目相信经验就会犯大错误"。

（2）吸收"高阶专业知识"优化工作过程知识体系。这一时期方圆认为，个体工作经验积累进入高原期，"打铁还需自身硬"，而且"仅凭经验是肯定不行的"，只有深挖工作过程的专业知识应用，才能获得技术专长方面的成长和发展，从两个方面突破了自

---

① 伊万·塞林格，罗伯特·克里斯. 专长哲学 [M]. 成素梅，等译. 北京：科学出版社，2015：179.

己的专业知识壁垒：通过自主学习，考核合格，正式成为公司为数寥寥的最高技师，树立了"技术权威的标签"；通过继续学习，攻读在职硕士研究生并成功毕业，由于公司还没有博士学历的员工，于是他获得了"绝对学历优势"。由此，方圆实现了"技术身份"的变化，专长建构进入新阶段。

4. 实践专家阶段：经验和知识的共生期

这一时期，方圆的职业角色从"学习指导者"变成了"学习设计者"，开始在员工学习中发挥更加重要的角色，典型特征是高阶专长情感驱动下"经验和知识的共生期"。休伯特·德雷福斯（Hubert Dreyfus）提出了专长发展的七阶段论，认为专家阶段之后存在着大师阶段和实践智慧阶段，而晋级大师阶段的一个必要条件是"学徒必须离开最初跟从的大师，再去和另一位不同风格的大师合作"，晋级实践智慧阶段则不仅需要个体超越具体领域的技能，更要"获取某种属于自身文化的风格以形成亚里士多德所说的实践智慧"。[1]事实上，个体到达实践专家阶段，可能会维持很长一段时间；同时，在这个阶段基础上重构个体专长需要再一次整合经验、知识，以及更多的情感投入，才能达到一个新的专长高度，成为"卓越的实践专家"。事实上，方圆也认为自己并没有超越专家阶段。

（三）方圆职业专长建构的影响因素

个体的职业活动总是发生在一定的工作情境中，职业专长的建构也受到了多方面的因素影响。具体而言，从个体情境、组织情境和社会情境三方面来看，方圆职业专长的建构过程主要受以下因素影响。

1. 个体情境因素

首先是个性特质，方圆认为自己"比较傻比较笨"，而且不喜欢"人情世故"，所以不喜欢做管理，也没有晋升管理层的"企图心"，即使会遭遇很多困境和难题，依然很享受技术学习的过程。其次是职业理念，方圆认为工作和生活需要一个平衡，所以就职的国企迁址外地，他便选择了重新择业，兼顾家庭生活和职业发展。除此之外，方圆把

---

[1] 伊万·塞林格，罗伯特·克里斯. 专长哲学 [M]. 成素梅，等译. 北京：科学出版社，2015：177-179.

在职教育作为职业成长的阶梯，在工作之余刻苦努力、勤奋好学，完成了高职毕业生向硕士研究生的学历晋升。从员工结构来看（见表 5-1），方圆属于有丰富工作经验、学历优势非常突出的"学生"。

表 5-1　方圆个案——公司 B 员工构成情况

常用称呼	特 征 描 述
学生	从中专、大专、本科院校相关专业招聘的应届毕业生，属于公司重点培养的员工。相比较而言，学生的优势就是基础知识比较丰富，也就是"底蕴"厚实；但是他们入职初期缺乏工作经验，需要多练习才能掌握技术操作过程。近年来，招聘的员工基本都是本科及以上学历，专科学生极少
大姐	特指 40～50 岁的本地（北京）女性员工，基本都是建厂初期招聘的，最初负责做些辅助工作，比如洗洗涮涮、打扫卫生之类的杂活儿，以及一些重复性的、技术性不是很强的一些工作，观察时间久了就学会了一些技术操作，开始做技术操作。大姐一般没有生物制药专业背景，但她们积累了丰富的经验，操作很熟练，经常向新入职学生传授技术操作方法。她们一般 50 岁退休了，如有专业背景公司考虑返聘，合同一年一签。一般大姐对公司的忠诚度很高，愿意付出额外的时间、精力，配合公司的生产需要。近年来，随着员工招聘提高了专业要求，大姐就越来越少了
骨干员工	主要包括班组长和学生，还有一些队长及班组长下面一级的段长，都是班组里不可或缺的干活的老手。其中，学生应该是最主要的骨干员工，算是人才梯队的骨干员工，也是公司发展的原动力；有很多经验丰富的大姐也是骨干员工
阿姨	对辅助工很早以前的称呼，她们岁数比较大，可以上保险也可以不上，阿姨的辅助工序技术含量更差一些（跟大姐相比）
老师傅	公司中部分从事多年兽用生物制品行业、岁数较大的员工，建厂初期由其他生物制品厂聘用过来，生产经验十分丰富，在生产过程中培养了一批又一批的学生和骨干员工，属于兽用生物制品生产领域专家，退休后也被返聘录用
临时工	公司中较少出现的劳务派遣员工，属于临时工，主要负责保洁工作，几乎不参与技术型工作

2. 组织情境因素

从企业组织的人才观念来看，公司以"打造幸福员工队伍"为思路，对员工成长的关注包括岗位晋升、精神成长和家庭成员共同成长等方面，体现了"家文化"的情感辐射力（GC-FY-3-TP/SP、SW-FY-25-WZ/TP）。在最核心的岗位晋升方面，公司设置了上下融通、分门别类的岗位晋升通道。企业设立了"阳光化员工成长通道"制度体系，即建立完备的价值提升体系，通过培训课程、竞赛活动、岗位练兵等形式把企业建成员工成长的学校（SW-FY-42-WZ/TP）；建立科学的岗位学习制度（SW-FY-1-WZ），每个员工都有个性化定制的岗位计划，明确工作目标和奋斗方向；建立有效的激励考评制度（SW-FY-45-WZ/TP、SW-FY-46-WZ/TP），对工作表现优秀的员工给予表彰和奖励，以提高员工的工作积极性；建立长期的师徒指导制度（SW-FY-29-WZ），让有经验的师傅辅导新员工快速适应职业环境，为员工快速成长引路。

从国家政策来看，我国鼓励企业自主制订员工职业技能晋升制度，《技能中国行动实施方案》（人社部发〔2021〕48号）明确提出，支持企业结合生产经营特点和实际需要，自主确定评价职业（工种）范围，自主设置职业技能岗位等级，自主开发制订评价标准规范，自主运用评价方法，自主开展技能人才评价。方圆所在民企设置熟练工和技术工两种晋升通道（见表5-2），目前方圆的职业技能认定为"技师五级"，已经成为公司最高技师，保持了技术专长方面的优势；虽然技术工种和管理工种可以融通，但是目前公司车间主任向上的人员梯队已经年轻化、相对稳定，所以方圆也几乎达到了职业成长的"天花板"。2021年，人社部办公厅印发的《技能人才薪酬分配指引》主张对企业技能操作中的基本生产技能操作工种、辅助生产技能操作工种和熟练服务工种等，一般应设置差别化成长通道；同时，在满足任职资格条件的基础上，不同职业发展通道可以相互贯通。所以，方圆的职业发展路标指向了管理岗位（车间管理岗位和副总），成为中高层管理骨干。

表 5-2　方圆个案——公司 B 岗位晋升通道

比较项	熟练工种	技术工种
专业背景	不具有生物制药相关专业背景	具有生物制药相关专业背景
招聘条件	通过社会招聘和校园招聘两种途径，筛选学习能力强、基本素质相对高一些，而且有学习意愿的。因为在企业里还要接受再教育，如果没有文化基础，学习技术实操是很难的，所以学习能力是一个很大的限制因素	这个工种必须有理论基础作为专业底蕴，而且要有解决问题的能力，具备方法实操方面的悟性，例如产品遇到技术问题时如何设计实验方案这样具有综合性的、创造性的问题处理能力
等级设置	三级制：三级、二级、一级。其中一级熟练工为最高级别，如达到该工种的最高级别，可继续升任车间管理岗位	五级制：工艺员、技术员、初级工、高级工和技师五级。其中五级技师为最高级，可继续升任车间管理岗位和副总

续表

比较项	熟练工种	技术工种
时间间隔	参加每个级别考试需要间隔相应时间段，例如晋升二级一年后可报名一级	每个级别考试需要间隔相应的时间，一般员工达到最高级需要 10 年左右
考试内容	侧重于技术操作，也涉及相对简单的专业知识，需要记忆甚至"硬背"一些基础理论	专业知识的深度和宽度有更高的要求，其中高级工需要撰写工艺论文，技师需要发表专业领域的核心期刊论文
奖励标准	等级间每月奖励相差 300～500 元不等	等级间每月奖励相差 500～1000 元不等

3. 社会情境因素

目前，我国正处在工业化进程之中，同世界上其他先进的工业大国一样也进入了"学历社会"的历史时期。[1]方圆所在的生物制药主要服务农村养殖户或大型养殖场，属于专业性比较强的大农业领域（SW-FY-41-WZ/TP）。作为高等职业教育毕业生，而且本科和硕士都是在职学历，这一点对方圆技术专长的学习是一种促进和提升，在一定范围内拓展了他的职业生涯发展路径，但同时"在职学历"的标签很难获得行业领域专家们的能力认可，而且在公司内部的上升通道也会因此而受到限制。目前的学历社会中，这有可能成为方圆职业专长建构的受限因素，尤其是跻身行业领域的专家甚至大师阶段，会产生非常消极的影响。

二、非正式学习分析

（一）方圆非正式学习的基本特征

自 2003 年高职毕业以来，方圆经历了国企 5 年、民企 15 年（就职时间截至 2022 年）两个大阶段的职业发展。21 世纪初期，方圆因为国企迁址外地而离职，见证了 20 世纪末一线城市产业结构转型的时代背景；接下来，方圆大部分的职业经历都在民营企业，而且他入职企业 B 时，恰好处于该企业创建初期，他的职业成长历程植根于一家民营企业的发展全程。因此，本研究根据方圆和其关系人的多次访谈，通过实地观察及实物资料收集，按照人物参加工作的时间顺序，梳理和列举了方圆各职业阶段的主要学习

---

[1]　李敏 . 论"学历社会"的不可逾越性 [J]. 湖南师范大学教育科学学报，2004(1)：25-29.

形式，包括工作过程中的非正式学习行为，以及正式学习过程中的非正式学习行为。

1. 整体特征和表现形式

方圆属于晋升速度快、岗位阶段性明显的"高成长型"产业工人。根据不同职业角色时期的非正式学习行为表现（见表5-3），可以看出其学习行为发展的整体特征如下。

表5-3　方圆个案——非正式学习主要形式

职 业 角 色	主 要 学 习 形 式	学 习 环 境
乳牛养殖技术员 / 在职攻读本科	主动帮助老师傅承担工作，获得认可，让老师傅愿意传授经验和知识； 跟师傅学东西，做到"腿勤、手勤、眼勤"，即跟紧师傅、经常动手做、仔细观察； 多看专业书，带着工作遇到的问题去看书	国有企业 A "师带徒"文化：新员工入职主要通过"师带徒"的形式学习生产管理流程、基本技术常识等；老师傅是技术权威，具有丰富的养殖经验
畜牧队队长	抓住管理的核心，"以对牛的出发点来干事"，让各位老师傅配合工作； 管理就是服务的角色，尊重别人就能获得尊重，而不是用套路让手下人听话	
X 车间组员	写工作记录，记录实验数据、产生的新想法及对工作内容的反思和总结； 看问题要"超前一点"，站在班组长的角度想事； 用自己的思路和眼光，钻研、琢磨技术问题； 对困难要有韧劲，不能怕实验失败，要反复做； 工作遇到技术问题，想研究这个问题，就翻看工具书	民营企业 B "情感转化学习"：鼓励员工把个人成长、家庭幸福和职业发展相结合，努力实现自身价值最大化，报答家人和社会 "学习管理机构"：成立员工幸福规划机构，通过提升员工内驱力，打造员工幸福成长体系 "终身学习理念"：鼓励企业员工终身学习，充实内心，提升内驱力
X 车间班组长 / 在职攻读硕士研究生	写工作记录，记录实验数据、产生的新想法及对工作内容的反思和总结； 做事要"冲在前头，才能带领别人"； 鼓励组员提出新想法，共同进行试验论证； 查阅专业文献数据库，学习专业基础知识； 克服一切困难，每天坚持写工作记录； 向班组内经验丰富的"大姐"们请教技术难题	
H 车间主任助理 / 在职攻读研究生 / 内部初级技术工	写工作记录，记录实验数据、产生的新想法及对工作内容的反思和总结； 自主学习知识，参加公司内部技术技能考试； 上课期间，与同班同学、导师交流技术问题； 以从事的技术工作为基础，撰写硕士毕业论文	

职 业 角 色	主要学习形式	学 习 环 境
H 车间主任助理 / 农业部初级技师	写工作记录，记录实验数据、产生的新想法及对工作内容的反思和总结； 跨部门请教"老师傅""大姐"和技术骨干； 与车间主任做好沟通，协助做好车间管理； 自主学习专业知识，考取技师职业技能证书	"学习空间"：通过游学、读书会、研修班等多种集体学习形式，灵活建构组织学习空间，营造学习氛围 "学习示范"：公司领导层和管理层非常关注员工培训与学习活动，亲自充当传统文化经典作品领读者 "学习制度"：总公司和分公司统一实施每周、每月、每季度、每年学习活动设计，围绕专业理论知识、实操程序及企业文化等主题 "学习激励"：企业设立熟练工种和技术工种的等级考试，通过考试可以获得相应绩效奖励
H 车间副主任 / 农业部初级技师 / 内部中级技术工	写工作记录，记录实验数据、产生的新想法及对工作内容的反思和总结； 验证自己在技术方面的新想法，通过实验论证； 与新入职的年轻"学生"共同讨论交流，带着他们去养猪场实地学习； 用情感进行工作沟通，只有面对细胞时，才会只用专业知识； 建立行业人脉，时常交流技术问题	
H 车间副主任 / 农业部中级技师 / 内部高级技术工	写工作记录，记录实验数据、产生的新想法及对工作内容的反思和总结 参加员工读书会，撰写读书心得，发表在总公司的在线平台； 学习国家新技术标准，一个字一个字地去解读，一条一条地去读； 以"最高技工"角色，"手把手"指导员工准备技术实操考试，通过后可以加薪升职； 以"师傅"角色，辅导"学生"完成科研论文； 以"内训师"角色，为员工讲解专业知识，采用案例讨论、游戏互动、实战演练、讨论交流等方式； 以"实践专家"角色，起草公司车间改造以后需要实施的最新技术生产标准	
G 车间副主任 / 中级技师	写工作记录，记录实验数据、产生的新想法及对工作内容的反思和总结； 学习新技术岗位职责，辅助生产疫苗产品； 转变工作思路，做产品不能只考虑生产环节	

（1）非正式学习与正式学习相互促进。可以看出，方圆在不同职业成长阶段，完成了在职本科和硕士研究生的正式学历教育，在系统的专业学习中积累了扎实的专业知识，同时结合工作中遇到的实际问题，所学知识迅速应用于工作问题，在正式学习和非

正式学习的交叉叠合过程中，融合了专业知识的学习过程和工作问题的解决过程，促进个体专长发展"意义视角"的不断优化。

（2）自主学习贯穿职业发展历程。长期坚持"自我反思"，方圆入职公司 B 以来，坚持写工作日志 14 年，不仅如实记录实验过程数据，而且随时记录自己的工作思考，把出现的技术问题、创新的实验方案记录下来，为解决问题提供参考，这种"日记式"的工作反思，帮助他去粗取精、去伪存真，通过"有意鉴别正反经验"而不是"机械式反复实验"盘活了已有专业认知和工作经验。

（3）学习交流的对象范围不断拓展。"从别人那里吸收经验"是方圆非常注重的学习策略和方法，基于多年的工作经历，他请教问题和学习交流的对象越来越宽泛，包括有工作经验的同事（如老师傅、阿姨、临时工、技术骨干等）、因在职学习而结识的专业领域内老师和同学（如本硕班主任、论文导师、同班同学）、单位领导和管理人员（如直属上司、业务管理部门主任），以及行业领域内结交的朋友（如研究机构的技术专家、其他公司的同行、行业协会人员）。

（4）保持积极的职业态度。无论是本人访谈还是关系人的叙述，从入职初期"什么都敢操作、什么都敢干"的闯劲儿，到后来"反复试验总是失败，但是失败了还是反复试验"的韧劲儿，"别人说十遍不如自己练一遍"的干劲儿，以及"修改文件一字一句琢磨"的钻劲儿，高涨的工作热情、积极的学习态度都是方圆独特的发展优势，体现了百折不挠、深入钻研、行稳致远的匠心精神。

（5）寻求"专长情感"的向下兼容。方圆处于每一个职业角色时都让自己"超前思考"，站在更高的专长水平和阶段，以高阶的专长情感作为"支点"，撬动职业专长的不断跃升，盘活个体的所有经验和知识，实现高水平的转化学习。

2. 学习历程和阶段特征

根据方圆职业专长建构经历的新手期、熟练期、胜任期和专家阶段的阶段性特征，方圆职后非正式学习行为模式可分为四个阶段。

（1）第一阶段：作为一线操作员的"自主学习者"（2003—2009 年）

这一阶段方圆作为技术车间的普通组员，属于职业的适应期，这个适应期分为两个阶段。①从高职院校毕业后，作为职初产业工人，在一家老国有企业生产基地环境中，方圆开启了职业生涯，这段时间通过"跟老师傅学习""在职读本科"适应工作环境，提升职业发展能力。②民营企业环境中的重新择业适应期。方圆的典型特点是工作场所的非正式学习与正式学习交叉进行，体现了职后学习方式的"价值归一"，即为了解决工作中的问题迅速吸收专业知识和实践知识，这一段时间知识学习速度最快、学习效果最明显。

方圆在某国企 A 就职的 4 年期间，利用 3 年时间攻读了在职本科，在民企 B 就职的第 6～10 年攻读了在职研究生学历。方圆在职初阶段，充分发挥了正式学习和非正式学习两种学习方式相辅相成的优势，为个体职业专长的建构奠定了扎实的理论知识基础，增强了理论知识和实践知识相互盘活的可能性。该时期非正式学习的"自主性"主要体现在以下方面。

①"渴求经验"的学习意愿。这一时期方圆初入职场，还处于职业专长建构的新手期（"工作经验匮乏期"），他积极主动、敢于担当，抓住了一切机会吸收同事们的经验，尽快建立自己的工作经验。

②"追求学历"的学习目标。方圆为了不给家庭增添经济压力，选择在职读本科学历，所以入职第二年开始续读本科，系统学习专业理论知识。

③"深度共情"的学习策略。方圆充分利用与有经验同事交流的情境，善于倾听、乐于助人，创造了工作场所的学习环境，获得了非常宝贵的学习机会。

（2）第二阶段：作为技术管理人员的"学习管理者"（2009—2015 年）

方圆成为民营公司 B 的车间班组长之后，主要职业角色是"一线技术管理人员"，开始统筹协调班组人员的集体学习活动，以"学习管理者"身份，按照企业组织的培训和学习安排为员工工作场所学习提供制度化、流程式的学习支持和服务。虽然这一阶段方圆主要负责事务性的班组学习管理，但是"一线技术管理人员"的新职业角色改变了方圆对学习行为的观察视角（即意义视角），他的非正式学习行为模式发生了第一次根本性变化。

这一阶段方圆"学习管理者"的角色体验主要体现在两方面。①班组学习的事务管理。专业技术培训是方圆所在企业的核心学习内容，班组长的主要职责是按照公司安排协助车间主任和副主任做好基本的培训事务管理，配合组织、协调组员积极参加技术学习活动等。②问题解决的过程统筹。作为班组长，方圆要牵头完成生产过程中遇到的技术问题，吸取组员的建议和意见，确定问题解决方案，最终解决问题。

（3）第三阶段：作为专业技术指导师的"学习指导者"（2015—2021 年 9 月）

这是方圆承担"学习指导"职责的阶段，个体职业专长积累到一定阶段后的"输出"阶段。成为车间主任助理以后，方圆的主要职业角色是"专业技术指导师"，开始参与一些学习设计活动，为一线技术人员和各班组长研制学习制度、学习内容，设计学习活动和学习评价，以"学习指导者"的身份，对员工工作场所学习提供更专业化、个性化的学习指导。"技术指导师"的新职业角色让方圆的非正式学习行为模式发生了第二次根本性变化，以内部技术讲师的身份开展员工培训、知识演练等多种多样的学习形式，通过讲述专业知识、技术操作过程不断增强自身的知识和经验理解能力。

方圆"学习指导者"的角色体验主要体现在以下方面。

① 指导组织学习活动，以内部培训师身份，开发专业技术培训课程和员工学习活动。方圆获得了技术工种的最高技师等级，开始为各部门员工和班组长开设培训课程、组织技能比赛，需要开发和设计员工培训课程体系，指导员工学习理论知识和实操。

② 拓展自己的专业学习圈，提高自己的专业指导能力和水平。方圆以自身技术专长建构为目标，通过在职攻读硕士研究生，结合所从事的产品生产工艺，系统学习行业专业知识，真正做到"打铁还需自身硬"。成为主任助理以后，方圆的工作内容增多，同时继续提升自身的专业水平和核心竞争力，合理规划和设计学习计划。

（4）第四阶段：作为技术创新带头人的"学习设计者"（2021 年 9 月至今）

这是方圆"学习指导"的更高阶段，也可以称之为"学习设计阶段"。学习设计阶段是学习管理的高级阶段，体现出学习设计者的自主性、创造性和统筹能力。这个阶段的典型特征是开始做企业组织学习和培训活动的"顶层设计者"，结合公司的发展战略规划，开始从企业组织的学习理念、学习制度、学习活动、学习过程和学习结果评价等方面改进和完善公司的学习和培训体系。

调任至其他技术部门后，方圆的主要职业角色是"技术创新带头人"，开始带领团队研发新工艺流程、设计新产品技术实验方案、实施产品试生产等多项具有创新性、创造性的技术工作，兼有"自主学习者""学习管理者"和"学习指导者"三个新职业角色，成为"学习设计者"，用更加主动积极的方式优化自身和公司的学习活动。这是方圆非正式学习行为模式的第三次根本变化。

这一阶段方圆"学习设计者"的角色体验主要体现在两方面。①参与设计企业的培训理念和制度框架设计。硕士毕业以后，由于公司还没有专职博士员工，方圆成为公司员工中学历层次最高级，专业技术认可度明显提升，成为企业培训和学习制度的设计团队成员。②进入深度学习阶段。方圆带领团队开展技术研发工作，在特定领域开展深度研究、专项学习和成果转化，开始进入公司的核心价值链。

（二）方圆非正式学习的影响因素

纵观方圆高职毕业以后职业成长中的学习行为，可以从个体层面、组织层面和社会层面分析影响其非正式学习的因素。

1. 个体因素——意义视角

成人学习的基本素材来源是丰富的个体经历，包括生活经历和学习经历，正是这些独特的经历影响着个体的认知理念和思维模式。为了更深刻地解释影响方圆非正式学习的个体因素，本研究结合转化学习理论对意义视角的界定和分类，从认识论（对应方圆个案工作过程知识的学习和使用）、社会语言学（对应方圆个案工作经验的建构、重构和转化）、心理学视角（对应方圆个案情感和精神方面的定向参考框架）分析影响方圆非正式学习的因素。

（1）认识论类型的意义视角：学习和使用知识的方式

在认知能力方面，方圆和同事们经常提到"底蕴"和"悟性"两个重要的本土概念。其中，"底蕴"是指"专业基础"（或"基础能力"），是基于在校和在职学历教育积累的专业理论，也是其个体工作过程知识建构的"理论知识"来源。"悟性"是指"再学习能力"，指个体毕业以后在工作中继续学习的能力，是工作过程知识建构的"实践知识"来源。一般来说，从事技术的"通透程度"取决于"底蕴"和"悟性"的融合程度。

"底蕴"和"悟性"产生有效联结的条件是解决工作问题过程中的反思行动。"学历证书""职业资格证书"代表从学校到工作场所的一种连接能力，也成为社会筛选的一种标准。[①]出现技术问题时，方圆诉诸个体的专业基础知识、工作经验进行反思和判断，通过问题诊断、制订方案和解决问题的过程，盘活"专业底蕴"和"方法悟性"，在工作场所实现知识和经验转化，提升专长水平。

在认知发展阶段性方面，方圆认为技术工艺（即"工作过程知识"）学习的过程遵循"曲线式波浪"：第一阶段，在学校的时候，老师"讲的专业理论知识都是特别基础的，比较宽泛"，但是技术工作跟"在学校学习专业是不一样的"，"都是需要动手的操作"。参加工作后，技术工艺的初学阶段，"什么都不懂""一切都很神秘"，所以"很小心，也特别紧张""'大姐'和'师傅'教我怎么做我就怎么做"；第二阶段，"实践工作和理论知识结合到一定程度""觉得工作太简单了"而且"没意思"，开始"有自己的想法"，于是"按照自己的意思来"，挑战别人"千篇一律"的做法；第三阶段，因为"大胆挑战遭遇职业困境"，产生了"对自我认知的怀疑"，导致"越干胆子越小"，反而"什么都不敢干了、什么都不敢变了"，看到的前方"一片雾蒙蒙"，所以还是"需要学习"，而且要"往深里学习"。虽然"往上爬升的过程"非常艰难，但总体而言，个体的认知水平"其实还是上升的，在往上走的"，最后会觉得"天空更开阔了，海更深了"。

在学习风格方面，学者施良方（1991）和贾维斯（1983）把成人学习风格的表现形式主要分为场依存和场独立、整体性和序列型、求同型与求异型、冲动型与慎思型。[②]从方圆在正式学习和非正式学习的具体行为表现来看，他属于"场独立性""序列型""求异型"和"慎思型"。其中，"场独立性"是指方圆对环境的敏感程度比较低，受影响程度弱，"算是后知后觉的""消息比较闭塞"，对于接收到的"小道消息"和"私下传的事儿"也不是很"上心"，"过耳就忘"；"序列型"是指通过解决一系列子问题建构个体整体性认知，方圆遇到技术难题，是通过"环节排查方式"解决的，即从初试环节的技术测试和问题分析开始，"一步一步"解决每个阶段的故障，最后"找到和确

① 严霄云.符应理论视角：职业教育与中国新产业工人的生产 [D].上海：上海大学，2013.
② 亓莱滨.成人的学习风格策略及其优化 [J].中国成人教育，1995(4)：31-33.

认问题的根源"; "求异型"是指方圆在解决工作问题时，对组员和班组长的"技术故障提示"和"工艺流程优化"的建议保持开放态度，首先"不置可否""不评是非"，而是带着大家一起通过"设计实验"和"文献查阅"核实后，决定是否采纳和使用; "慎思型"是相对于冲动型而言的，方圆的性格"属于沉稳型"，不急不躁，"像大哥那种范儿"。

（2）社会语言学类型的意义视角：社会角色对个体经验的塑造

方圆在专长建构过程中，经历了技术岗位和管理岗位的多个职业角色，这些角色是在不同阶段他所承担的最主要的社会角色之一。"职业角色的切换"对方圆个体工作经验的塑造起到非常关键的作用，主要有两种途径。

① 入职初"横向学习间接经验"，主要发生在专长建构新手期的非正式学习过程中，具体通过"眼勤、手勤和腿勤"获得老师傅的信任，通过"以牛为中心"的管理思路获得同事们认可，通过"开放交流讨论"与新入职学生讨论专业问题等多种灵活的学习方式，最大限度地吸收各种职业角色的"间接经验"。

② 长期坚持"纵向转化直接经验"，方圆从入职公司 B 之后，开始以"工作日记"形式记录每一天进行的实验数据、细节观察、创新想法和工作体会等内容（SW-FY-27-WZ、SW-FY-28-WZ），这个坚持了 15 年的工作习惯让方圆随时可以"像查阅自己编写的工具书一样"去翻看"20 多本工作日记"，回顾特定职业角色时期的客观记录和工作反思。这个习惯让方圆各阶段职业角色的工作经验得到了最大程度的有效整合、转化和应用，让专长建构过程中的个体经验不断经历去伪存真、去粗取精的重构，更具有价值和意义。

个体的工作经验是个体通过不断磨炼所达到的一种能力成熟状态，方圆的工作经验特征包括：特定社会角色对特定环境的主观性识别，如在技术实操方面，个体对刻意训练中正面经验的吸取和负面经验的剔除; 在社会学习方面，个体对他人行为进行甄别，选择吸取或摒弃; 经验具备某种特定的共通性，依托个体的经验积累，可以帮助个体快速适应环境的新变化; 经验具有片面性，个体在职业活动中积累的经验受个体意义视角、组织环境因素和社会心理因素等方面的影响，具有典型的情境特征，可迁移性尚待进一步考察。

（3）心理学类型的意义视角：自我认知影响专长情感指向性

方圆的自我认知从两个方面影响了他的职业专长建构过程和非正式学习行为指向性：从个性特质方面，自认为"特傻特笨""不怕吃亏、吃亏是福"，不喜欢"人情世故"及对人际关系的迟钝感，因此对管理岗位"没有太大的企图心"；从职业兴趣方面，方圆很喜欢"钻研技术"，即使"实验不顺利"，也"从来没厌烦过技术工作"。

从职业成长的情感体验来看，方圆从事管理工作"经历过非常痛苦的时期"，也遭遇过"水火不容的矛盾""组员觉得跟着我吃亏"等负面情感体验。专注于技术学习虽然也会经历"不知道为什么总是不顺"的时候，但是方圆真正收获了"自信""成就感""技术敬畏感"和"细胞的美感"等多维度的正面情感体验。其中，方圆和同事们经常提到作为专业技术人员的"技术敬畏感"，它是一种心理状态，是在长期工作中形成的一种情感情绪状态。在个体面对技术问题时，这种敬畏感表现为：①客观的心理暗示，时刻提醒自己对产品生产存在认知盲区，可能因个人盲目的经验判断引发不可预测的结果；②持续的记忆加持，技术问题往往是动态流程构成的系统，任何细节的忽略都有可能产生，客观的心理暗示需要不断强化；③积极的问题诊断，敬畏感让个体保持对技术的细节敏感性，克服刻板印象与认知，是对个体经验的一种甄别；④刻意的经验识别，相对于无意识的机械式态度，敬畏感以面临的客观事实为基础，盘活个体认知、不盲从于经验和常识。

2. 组织因素——"学习形式""学习空间"和"组织气候"

个体的职业活动总是发生在特定的工作场所，是由一定的工作环境、组织制度和组织文化等因素构成的。因此，分析方圆所在组织的学习环境，有助于深刻理解其非正式学习行为的规律性。方圆的职业经历主要包括国企生产基地 A 和民企子公司 B 两家企业，均位于国内一线城市 J 市的近郊工业区（SW-FY-41-WZ/TP）。其中，企业 A 是知名乳制品品牌的生产基地，创立于 21 世纪初期，为了提升企业经济效益、提高新产品新技术开发能力，企业 A 重视从普通高等学校、高等职业院校机构招聘应届毕业生，提供大学生职业成长系统培训项目，让"学生的职业成长"与"企业的创新发展"同频共振（SW-FY-65-WZ/TP、SW-FY-66-WZ/TP）。在该企业从事畜牧养殖是方圆的第一份工作，他选择了与高职就读专业（畜牧兽医）相关的行业领域，在职业生涯发展的"第一站"，以积极主动的工作热情和学习态度，开启了职业成长的适应期。该生产基地于2005年外迁，作为J市本地人的方圆考虑家庭原因，没有跟随企业离开一线城市，于是面临重新择业。企业B是从事生物制药的民营企业分公司，总公司于1999年在北方某省会城市创立，五年后在一线城市J市创业分公司，即方圆"二次择业"就职的企业。

（1）方圆就职企业的典型组织学习形式

结合研究关注的非正式学习问题，这里把方圆就职企业的组织学习活动主要分为正式学习活动（公司或委托第三方机构举办的课程化、提供结业证书的培训活动）和非正式学习活动（公司为了加强员工队伍建设，开展的游学、读书会、岗位练兵和技能比赛等活动）两类。

一类是正式学习活动的开发、设计和实施。为了适应市场需求的变化，企业对生产工艺的创新性要求越来越高，通过引入专业力量（如科研专家团队或委托专业培训机构）对职工进行技术辅导、知识普及等内容是企业培训常用的方式，在方圆就职的两家企业都有体现。这些正式学习基本以"项目化"形式操作，主要特点包括以下方面。

① 总公司统筹所有分公司的培训管理，培训班学员来自不同地区、不同分公司，围绕特定主题进行系统课程学习、开展充分讨论和交流，展示、整合各分公司员工的发展智慧，凝聚组织发展能量，是一种组织内部治理形式。

② 培训活动由总公司专门培训机构或第三方培训机构，经过前期充分的企业发展调研、员工学习状况调查和学习需求分析，以新员工、班组长、中层管理、高层管理为培训对象，分层分类开发培训课程，提高培训内容与工作难题、学习需求的匹配程度，真正"把专业课建在产业生产线"，体现了"工学专业一体化"的人才培养理念。

③ 培训形式融合了大量非正式学习的要素，包括分组研讨交流、集体讨论成功案例、实景演练展示等，在公司真实场景中建立"培训课堂"和"实操车间"，把"培训过程"和"工作过程"融为一体，最大限度地帮助学员完成专业知识和工作经验的有效转化、个体职业情感和集体发展愿景的有机结合。

④ 学习结果认定的多样化，培训项目通过考试考核、实操考核认定专业学习情况，通过撰写反思体会、制订行动计划促进学习结果的转化，通过颁发合格（或优秀）证书、举办表彰仪式表扬学习典型，通过纳入岗位晋升、绩效奖励考核内容提升学习活动

的投入度。

从企业培训的发展历程来看，方圆就职公司 A 作为乳制品企业的生产基地，主要业务是奶牛养殖，企业员工学历水平较低，只有极少数技术员是大专以上学历（包括方圆），所以企业正式培训活动很少，基本都是总公司主办的专项培训，各生产基地的技术员在总公司参加专业学习。方圆就职的企业 B 是经历了 20 年发展历程的民营企业，公司的员工培训经历了三个阶段。

① 正式学习活动绝对主导阶段。公司成立初期，大概持续了五年。集中开展专业技术知识和生产过程知识培训，这一时期企业要适应市场发展需求，尽快建立核心技术团队，员工培训内容相对比较单一，主要围绕技术研发、生产、包装等工艺流程进行知识讲授和实操演练。

② 非正式学习活动逐渐增加阶段。公司成立后 5～10 年，企业生产的产品占据了一定的市场份额之后，特色产品的量产压力很大，车间员工的工作压力相应增加，围绕生产问题产生的员工心理疏导、人际关系等问题开始浮现，于是企业开始引入了企业文化建设，员工培训内容逐渐增多，围绕团队建设的学习活动形式也逐渐增多。

③ 正式学习活动和非正式学习活动一体化发展阶段。公司成立 10 周年至今，以"增强企业文化底蕴"为主题，通过对内的员工人文关怀、对外的市场价值两条线索提升企业文化底蕴。一方面，在企业内部，提倡"心力建设模型"，通过愿力、念力、定力提高个人的能动性和积极性促进队伍建设。近年来，公司企业文化培训和学习活动倾向于普及传统文化常识、建设和谐家庭关系、关爱员工子女教育成长、关心员工身心素质等主题的企业文化课程。另一方面，企业在市场营销中，密切关注"一站式"技术服务方案和市场反馈效果，通过有效实验验证优化技术方案，提升企业的可持续发展能力和水平。

另一类是非正式学习活动的开发、设计和实施。方圆就职的公司 A 和公司 B 是不同所有制形态的下属公司，组织学习形式除了正式组织的培训项目，也包括形式多样的非正式学习活动，而且非正式学习活动往往穿插在正式培训的开展过程。

其中，公司 A 除了技术员参与总公司的正式培训活动之外，非正式学习活动主要体现在以下几个方面：①"新员工—老师傅"一对一指导，新员工入职时，公司配备具有丰富工作经验的老师傅，指导日常工作、传授生产常识，在共同完成生产任务的过程中，帮助其快速适应工作环境；②开展"新技术实验"，根据畜牧养殖的最新研究进展，把选择的奶牛样本分为两组（实验组和观察组），观察某种饲养技术对产奶量的影响，每天记录饲料成分、喂养频率及奶牛的状态，形成动态数据，验证新技术的实际效果；③自主学习工作过程知识，方圆经历了岗位调整，成为兽医技术员之后，学习和钻研公司印制的"兽医工作手册"，结合正式培训的理论知识学习，建构个体的工作过程知识；④自主学习专业理论知识，工作之余通过复习高职院校学习的基础知识，考取和攻读在职本科、顺利取得本科学历。

（2）方圆就职企业的学习空间建设

方圆就职的两家公司都是生产型企业，企业环境具有相对封闭性。企业 A 作为畜牧养殖基地，而且正式培训主要以总公司作为学习空间。因此，从方圆非正式学习的组织环境来看，企业 A 有利于职初的工作经验积累，体现在以下方面。

① 高频率的人际互动，由于生产基地仅有 50～60 个工作人员的规模，日常工作中相互之间的业务来往密集，相互熟悉度高，对初入职的方圆而言，可以接触生产基地所有的"老师傅"和管理人员，非常有利于专长建构"经验匮乏期"的经验导向学习。

② 丰富的经验学习机会，由于生产基地是老国有企业，员工构成都是本地年龄较高、学历水平较低（甚至没有接受学校教育）、家庭条件还不错，而且"不是太有上进心"的"老人儿"，他们的工作状态"很松弛，跟玩儿似的"，共同工作的同事也是"生活伙伴"，工作之余都是娱乐休闲活动。方圆新入职时期，由于公司离家远，所以基本工作、生活都在公司，与老员工在一起交流的时间特别多，能学到的工作经验自然就特别多。

③ 相对较低的学习"试错成本"，以高职毕业生身份入职以后，方圆可以按照总公司的技术方案，借助基地养殖条件，发挥自己的专业优势，经常性开展各种养殖实验，在老师傅们的帮助下，快速将理论知识转化成工作过程知识。

作为生物制药公司企业 B，细胞培养和疫苗生产需要保持高度清洁的无菌环境，工作环境的相对封闭性对学习空间的建设是一项现实挑战。随着企业的市场影响力不断拓展，企业的学习空间逐渐完善，形成了多元性、多层级学习空间（见表5-4），具体体现

表 5-4　方圆个案——企业学习空间的层级分布

学习空间层级	具体特征描述
班组级 / 科室级	技术班组所在办公室（含线上联络群），主要开展小组学习活动
生产车间级 / 技术部门级	生产车间所在办公室（含线上联络群），主要开展内部学习活动
分公司级	各分公司自行建设，方圆所在分公司以"家文化"作为主题，整合公司党建活动室、员工食堂、常用会议室等内部公共空间作为公司的学习空间，定期开展员工培训、技能比赛和学习活动
总公司级	企业 B 主张通过"以文化人"的理念实现内部善治，为了方便全国各地分公司管理层、员工层之间的互动交流，在总公司建设了企业大学，作为总公司的学习空间，定期开展内部学习和交流
行业联合级	作为行业引领品牌，企业 B 发起或参与的专业技术、企业文化或管理能力学习活动，通常以某个同行公司作为固定学习基地，定期开展跨企业的培训活动，选定的同行企业成为外延学习空间

在以下方面。

① 整体学习目标的分层规划。班组和车间级的学习空间属于基层空间，以各自的工作环境为基础，致力于提供"读书看报的学习空间、工作问题的交流场所、业余时间的人际交往空间"，让员工在熟悉的工作环境中放松心情，与同事们交流工作难题和生活小事，形成工作情境、学习情境和生活情境相融合的一体化空间。分公司的学习空间属于中层空间，区别于基层空间的"熟人圈子"，是分公司的相对公共空间，致力于"学习和体会企业文化、理解和领悟公司发展战略、共享和交流内部业务问题"，让员工充分理解和支持公司的长远发展，凝聚内部发展能量。总公司和行业联合级的学习空间属于核心空间，是企业组织一体化发展的战略谋划机构。

② 组织知识系统的分层整合。基层学习空间重点关注工作过程知识的学习与实践，以生产工艺的实操过程作为技术学习任务。中层学习空间重点关注工作过程知识的创新与优化，按照总公司和分公司的技术发展规划，整合各技术部门的力量，实现产品生产过程、内部管理流程的升级，创造高市场价值的产品。核心学习空间重点聚焦工作过程知识的拓展与重建，根据市场和行业发展趋向，企业高管和行业引领者，以及专业领域专家共同研讨前沿技术应用，拓展或重构生产工艺，体现企业存在的市场价值。

（3）方圆非正式学习的组织气候分析

组织气候是一个组织在较长时间的功能运行中，通过组织成员的集体行动积淀而成的相对稳定的组织氛围。从方圆非正式学习的行为特征来看，组织气候主要通过以下方式产生影响。

① 组织学习氛围——"活到老学到老"。公司的企业文化是影响员工学习行为的关键因素。组织学习气候的构成，首先是企业核心人物的学习理念和行动。一个组织中，主要领导者和管理者对学习的基本态度和学习习惯，是内部学习氛围的直接决定因素。公司领导和管理层从两个层面影响员工学习：a.学习态度，公司领导和管理层的学习态度决定了工作场所学习在组织日常工作中的制度和活动设计，即员工可获得学习时间和学习机会的组织条件；b.学习示范，公司领导和管理层的学习行为所起到的典型示范作用，对组织学习风气的引领起到关键作用。其中方圆所在分公司的总经理是首都市民学习之星，是重视终身学习的典型代表，对公司的培训和学习活动设计有着深远的影响。其次是企业培训设计理念，专业技术人才的成长需要工作以后持续的学习过程，企业培训内容主要包括专业知识和操作规程，对一位专技人才的成长而言，需要更加刻苦地付出和努力才能实现。而现实中，培训目的只能达到"督促员工学习，创造一个学习氛围"的有限目标。

② 组织精神气候——"精神软实力"。通过开展"心力资源建设研修活动"，凝聚员工的职业情感能量，形成企业发展的"精神软实力"。公司B提倡的"心力模型"提升企业员工参加学习和工作的意愿、正确方向和专注力，即愿力、念力、定力。某种程度上，"心力资源"的内在逻辑是从管理者和普通员工两个维度实现企业治理效能，一方面，普通员工通过户外徒步、冥想练习等方式体验和感受"人性欲望降低后甚至归零后的释然"，获得积极向上的"心理自愈"，获得更高思想境界层面的"自我监督"和"自我管理"；另一方面，通过管理层的"领导力打造"，关注中高层管理人员的"心力心性"，即提升对员工职业行为和态度的引导能力，实现"自上而下"的有效治理。

③ 组织情感气候——"情感转化"。方圆就职公司的组织情感气候，主要通过"同事关系亲情化""客户关系情感化"两种途径实现。其中"同事关系亲情化"的本质是

"同事就是家人"，公司在班组、车间的人员配备方面综合考虑学历背景、工作经验、年龄结构和性别比例，"学生""技术骨干""老师傅""大姐"和"临时工"构成基层生产单位的多元化结构。通过日常工作交流与互动，从"家人之间"的"情感转化"角度整合所有员工的个体经验、知识背景和情感记忆，汇聚形成积极向上的职业情感，营造组织情感气候。"客户关系情感化"是指挖掘客户关系蕴含的情感含量，把客户关系分为交易型、产品型、方案型、温暖型、心灵型五种类型（见表5-5），从交易型到心灵型的客户关系典型特征是产品和服务交流中蕴含的情感浓度，这种情感浓度的变化是通过两种方式实现的，一种是客户接受产品和服务的情感体验视角——从冷漠的理性到心灵的舒展，另一种是公司提供产品和服务的情感意义视角——从普通的产品到超越产品和服务情感能量。

表 5-5　方圆个案——五种客户关系对应的情感意蕴

客户关系	主 要 特 征	情 感 意 蕴
交易型	一手交钱、一手交货的商业交易关系	几乎没有情感交流的体验，客户关系平面而淡薄
产品型	通过卓越产品表达敬意	对客户多了一层体贴和关心，客户关系更加厚实
方案型	超越产品向客户提供服务	客户视角思考解决问题，通过产生共情实现心力一体化
温暖型	超越产品和服务，提升客户情感体验	客户获得难忘的暖心体验，客户关系充满情感厚度
心灵型	通过产品和服务向客户传播了正能量，减少了负能量	给客户带来工作和生活上的便利，让客户感受到心灵的滋养和生命的光辉

④ 组织制度文化——"幸福员工文化体系"。方圆所在的公司 B 经历长期的市场探索之后，逐步形成了比较完善的企业文化思想体系和企业文化执行机构。"企业文化体系"围绕员工幸福、客户价值、团队建设和行业发展问题展开，其中"员工—幸福文化"指工作的价值和意义在于个人和家庭的幸福生活；"客户—价值文化"指坚定不移地为客户创造价值，提供问题解决方案；"团队—和谐文化"指达成团队共识，形成企业员工共同的发展愿景；"同行—共生文化"指注重行业协同发展，提升行业整体实力，

避免内卷。为了宣传贯彻企业文化，总公司和分公司策划实施了一系列的仪式活动，包括企业内部培训和学习活动的思想理念、形式设计、结果反馈，联合行业公司举办的技术发展研讨会，以及户外徒步等活动。

3. 社会因素

从区域政策环境因素来看，方圆所在的行政区是 J 市的学习型城市示范区，所在 J 市是国际化的学习型城市，与国家层面"建设技能型社会"战略相契合，在推进产教融合、城教融合方面走在全国前列，新时代产业工人培养方面的政策支持日趋完善。市区两级产业工人和企业培训政策环境对生产型企业的影响主要体现在以下方面。

（1）政府部门重视教育培训对产业转型升级的服务作用。方圆所在市围绕产教融合和校企合作，制定了系列政策文件，优化区域营商环境，为企业发展创造良好的社会环境；围绕"技能中国"设计的技能型人才培养模式，为高技能产业工人的职业成长搭建绿色通道。

（2）提供更多的学习机会和学习资源。近年来，方圆所在行政区教育部门主要依托成人继续教育机构，采取学费补贴形式支持企业职工参加本科学历教育，通过委托专业机构开设"线上企业大学"，为区域生产型企业搭建线上交流平台，与国内外知名企业家在线互动，共同研商企业管理和战略规划等问题。

（3）树立市民学习典型。评选市民学习之星是建设学习型城市的重要措施，方圆公司总经理在 10 年前因出色的业务成绩和扎实的学习事迹被评为"全市市民学习之星"，引领了员工在工作中不断学习、追求进步的组织氛围。

从企业发展与社会发展的融合情况来看，方圆所在的公司主要通过两种途径实现"企业公民"的社会责任，使组织发展融入社会发展的潮流。

（1）把"报答家人、回报社会"的责任理念融入企业文化（SW-FY-10-WZ/TP、SW-FY-52-WZ/TP），对员工家属、灾区群众、贫困人群表现出责任感，抽取企业经济效益的一部分，用于履行社会责任。

（2）充分发挥企业品牌实力，推动行业人才培养。方圆所在总公司在行业协会中发挥主导作用，通过联合行业公司、行业协会、科研院所，整合各方面的社会力量，避免"行业内卷"，发挥各自的技术优势，努力形成差异化竞争的行业发展格局（SW-FY-

5-TP、SW-FY-55-WZ/TP）。

（3）参与社会公益活动，通过捐资助学帮助贫困地区儿童完成"大学梦"（SW-FY-8-WZ/TP、SW-FY-44-WZ/TP），为地震水灾等自然灾害地区提供物资援助，为新冠肺炎疫情地区提供医疗物资等多种方式，积极履行企业的社会责任。

三、个案分析总结

（一）专长建构与非正式学习阶段对应关系

从方圆职业专长建构和非正式学习的发展历程对应关系（见表 5-6）可以看出，其专长建构依次经历新手阶段、熟练阶段、胜任阶段和专家阶段。

表 5-6 技术专长建构过程和非正式学习历程的对应关系

专长建构过程	非正式学习历程	个体经验	工作过程知识	专长情感能量
新手阶段	自主学习阶段	经验匮乏期	准工艺过程知识	"专家阶段"高阶情感
熟练阶段	学习管理阶段	经验转化期	碎片化工艺过程知识	"胜任阶段"次阶情感
胜任阶段	学习指导阶段	经验高原期	模块化工艺过程知识	"本位阶段"整合情感
专家阶段	学习设计阶段	经验再生期	整合性工艺过程知识	"卓越阶段"高阶情感

（1）新手阶段——自主学习阶段。该阶段的特征是方圆工作经验匮乏，专长建构的已有基础来自在校学习的理论知识、实习经验，包括与个体职业专长相关联的生活中积累的实践知识、生活经验，这些因素构成了方圆职初阶段个体层面的"准工艺过程知识"。因此，方圆非正式学习的典型任务是：以"普通操作工"的职业角色，借位"专家阶段"高阶情感的向下兼容，通过自我导向学习（即自学）和"向有经验的老师傅和同事们学习"有效转化他人知识和经验，启动"知识盘活主导机制"，把"准工艺过程知识"转化成"工艺过程知识"。

（2）熟练阶段——学习管理阶段。该阶段的典型特征是知识和经验密集碰撞，工作经验开始发挥越来越主动积极的作用，"实践知识"开始逐渐积累，"理论知识"开始向"碎片化工艺过程知识"转化。因此方圆非正式学习的典型任务是：以"学习管理者"的职业角色，借位"胜任阶段"次阶情感的直观指向，通过组织、协调班组生产和学习活动，参与更大范围的工作过程，启动"工作经验盘活主导机制"，开始建构个体的"碎片化工艺过程知识"。

（3）胜任阶段——学习指导阶段。该阶段的典型特征是工作经验进入高原期，个体工作经验的局限性开始显现，个体因为"经验主义"遭遇挫折并付出"试错成本"，开始怀疑经验的作用，重新认识知识的价值。因此方圆非正式学习的典型任务是：以"学习指导者"的职业角色，立足"本位阶段"的整合情感，开始系统学习专业理论知识，结合丰富的"实践知识"积累过程，对工作经验持审慎的鉴别态度，启动"工作过程知识盘活主导机制"，逐渐建构"模块化的工艺过程知识"。

（4）专家阶段——学习设计阶段。该阶段的典型特征是知识驱动下的经验理性阶段，即随着个体工作过程知识的结构合理化、迁移灵活性明显提升，方圆具备了工作经验的识别和判断能力，成为"实践专家"。这一阶段的典型学习任务是：以"学习设计者"的职业角色，借位"卓越阶段"的高阶情感，启动"专长情感主导盘活机制"，即灵活迁移、转化和应用"整合性工艺过程知识"，通过更高难度的有效练习，超越"专家阶段"，实现专长发展的再次跃升。

（二）"受益人"专长建构的基本过程

从个体经验、工艺过程知识和专长情感能量三个维度来看，方圆的工艺专长建构过程主要体现在以下方面。

1. 个体经验

从个体经验角度，职业专长建构过程由于经验特征的不同，依次经历经验匮乏期、经验转化期、经验高原期和经验再生期四个时期，非正式学习行为表现的经验形态发生了三次转变。

（1）从"工作经历"到"工作经验"的有效积累。事实上，并非所有的经历都能成为个体经验，单调反复的机械式经历无法成为个体认知的有效参考，只有经过思考、验证和付诸行动的经历才能成为有效的经验。

（2）从"狭窄的经验"到"宽泛的经验"的积极转化。随着工作内容和领域的增多，个体经验也经历着"经验建构循环"。首先是工作过程中对事实和现象的观察，尤其是遭遇问题的情况。当问题出现时，个体对问题出现的原因、过程和结果进行诊断，包括可能产生问题的前兆预测。这个过程可能是个体的诊断，也可能是同事参与、领导给予技术点拨或业内同行提供问题解释的组织内共同诊断。在问题诊断基础上，问题解决方案形成并经过反复论证，最终成为执行方案。其次是特定方案的实施过程，即问题解决的核心过程。问题解决产生一定结果之后，个体通过自我反思、同事反馈或组织认可等方式形成结果评价，完成了一次经验建构循环。这个过程反复进行，即个体经历从观察事实、思考问题、反思自我的思考、付诸行动、验证思考的过程，逐渐让"一个经验"变成自己的"一套经验"。

（3）从"宽泛的经验"到"不太重视经验"的有限利用经验阶段。经验是基于个体的意义视角、特定的情境形成的，是个体对事物的感知，缺乏科学论证的过程，无法称之为真理。因此，个体专长发展到一定程度之后，经验的局限性体现在真实场景中，问题表征总是基于特定的现实条件，相应的问题解决过程积累的经验也不可能无限制扩展。

2. 知识建构角度

从知识建构角度，方圆的工作过程知识包括技术（或工艺）过程知识和管理过程知识，并且管理过程知识居于次要地位，服务于技术（或工艺）过程知识。

（1）从知识建构的纵向过程分析，技术过程知识主要经历准专长知识、碎片化专长知识、模块化专长知识和整合性专长知识四个知识建构阶段（见表5-7）。"准工作过程知识"是以方圆就读高职院校学习的系统理论知识为基础，与农村生活和学校生活积累的与职业专长建构有关联的"实践知识"相互融合、碰撞过程产生的工作场所非正式学习的"学习准备"。"碎片化工作过程知识"和"模块化工作过程知识"分别代表方圆职业专长建构的不同阶段，是随着个体工作经验的增加，工作过程知识呈现的结构完整程度而言的，"熟练阶段"到"胜任阶段"的专长跃升是非常重要的"学习质变"，包括个体的意义视角和具体学习方法。专家阶段的"整合性工作过程知识"最大的特点是知识要素的灵活性，即模块化知识的应用情境还原性明显增强，个体知识的迁移性、转化性帮助方圆在新工作岗位的适应过程中快速建构新领域的工作过程知识。

表 5-7　方圆个案——工艺过程知识的阶段性特征

专 长 阶 段	工艺过程知识的典型特征
准专长知识 （新手阶段）	尝试唤醒类似工作过程的生命体验，理解工艺过程的基本原理； 听取有经验同事的工作指导，按照技术指令操作； 体验组织的工作过程知识与个人已有理论知识的碰撞过程
碎片化专长知识 （熟练阶段）	基于某个特定工作岗位的职业学习体验； 参与工艺过程的不完整，导致过程知识建构的碎片化、片面性； 逐渐脱离技术指导，应对自主解决问题的压力，建立个体认知
模块化专长知识 （胜任阶段）	基于若干个工作岗位的职业学习体验； 特定生产环节，开始形成完整的工艺过程知识模块； 开始具备一定的情境敏感性和认知灵活性
整合性专长知识 （专家阶段）	伴随完整的多类别工作岗位职业学习体验； 具备高度情境灵活性，解决问题时能够根据需要进行知识重组； 形成驾驭工作过程的创造性思维，随时能够处理棘手问题

（2）从知识结构形态分析，参考宏观经济学对"技术知识"的界定，即社会对世界如何运行的理解，知识有多种形式：一种技术是公共知识，即在某个人使用这种技术后，每个人就都了解了这种技术；另一种技术是由私人拥有的，只有发明它的公司知道。[①]可以把技术工作过程知识分为公共性工作过程知识（相当于原理性专业知识）、组织工作过程知识（企业组织私有的工艺过程知识）和个体工作过程知识（个体自主建构的工作过程知识）三个维度（见图 5-1），相互交叉重叠的部分构成了个体技术专长建构的知识样态，是个体自主性和组织创新性相互影响和作用的结果。

3. 专长情感能量角度

从专长情感能量角度，情感研究学者柯林斯认为，情感能量是指人们进入一个情境时的感受、情操和感情。[②]本研究中，专长情感能量特指个体在工作世界中，以职业专长建构为价值目标，在工作问题的解决过程中，因个体有意练习或社会互动行为

---

① 格里高利·曼昆. 经济学原理（第七版）：宏观经济学分册 [M]. 梁小民，梁砾，译. 北京：北京大学出版社，2015：56.

② 乔纳森·特纳，简·斯戴兹. 情感社会学 [M]. 孙俊才，文军，译. 上海：上海人民出版社，2007：68.

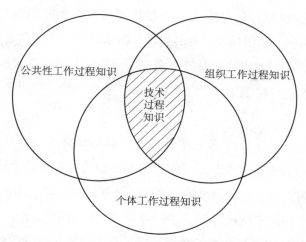

图 5-1　方圆个案——工艺过程知识的结构特征

而付出或获取的情感能量。方圆在新手阶段，为了更顺畅地与身边的"实践专家"（老师傅、有经验的同事及领导和管理人员等）沟通，试图踩住"专家阶段"的高阶情感，像"专家一样思考"，最大限度地积累工作经验。熟练阶段，方圆开始做学习管理方面的工作，为了像"成功的管理者"一样思考，他试图踩住的是"胜任阶段"的次阶情感，树立作为管理者的"形象权威"。胜任阶段，方圆开始体会到工作经验的局限性，为了突破这个"经验高原期"，开始整合新手阶段和熟练阶段的工作经验，重新学习理论知识，进一步优化个体的工作过程知识。专家阶段，方圆已经建立了自己的经验体系、工作过程知识体系，借助跨阶专长情感能量才能晋升到专长发展的更高水平。

（三）"手艺人"非正式学习的"盘活机制"

结合方圆职业成长故事和解读，本研究尝试建构"手艺人"技术专长的非正式学习"盘活机制"理论，可以从职业角色切换进程中的"纵向盘活"和不同学习情境中的"横向盘活"两个维度进行理解。

1. "纵向盘活"——基于个体专长建构过程的分析

如前所述，方圆专长建构的新手阶段、熟练阶段、胜任阶段和专家阶段四个阶段，分别对应个体工作经验的匮乏期、转化期、高原期和再生期，工作过程知识的准工作过程知识、碎片化工作过程知识、模块化工作过程知识和整合性工作过程知识阶段，专长情感能量的"专家阶段"高阶情感、"胜任阶段"次阶情感、"本位阶段"整合情感和"卓越阶段"高阶情感。从职业成长的阶段来看，基于方圆个体工作经验、工作过程知识、专长情感能量的动态发展和变化，可以总结出非正式学习的"纵向盘活机制"的运作过程和规律。

2. "横向盘活"——基于非正式学习核心过程的分析

从专长建构视角分析，方圆非正式学习的发生情境主要包括个体情境的意义视角、组织情境的转化学习空间、社会情境的关联因素相互影响、相互作用，共同形成了方圆个案非正式学习的"横向盘活机制"（见图5-2）。其中，个体情境的"意义视角"（包括个体工作经验、工作过程知识和专长情感能量）在方圆非正式学习的"横向盘活机制"中处于核心位置，直接作用和影响个体的非正式学习过程（问题框定、方案制订、过程实施和结果反馈的问题解决过程），由于学习行为发生在组织情境中，因此非正式学习的问题解决过程也是"学习空间"中"个体意义视角"和"组织气候"相互影响、相互作用的过程。社会情境的"学习型城市""技能型社会""学历社会"和"人情社会"是弥散性存在的社会因素，通过影响组织气候、组织学习空间间接影响产业工人，或者直接对产业工人个体产生影响和作用。

组织情境的"学习空间"是方圆非正式学习发生的环境因素，包括"组织学习空间"和"组织气候"。其中，"组织学习空间"包括方圆的具体工作场所（封闭性的生产车间、组织学习空间），以及总公司为提高核心技术人员和管理骨干开设培训项目时形成的组织学习空间。"组织气候"包括组织学习氛围、组织制度文化、组织情感气候和组织精神气候四个方面。

社会情境的"关联因素"是指影响方圆非正式学习的社会因素，主要包括"学习型城市""技能型社会""学历社会"和"人情社会"四项关联因素。

（1）"学习型城市"是方圆所在区域政府部门主导的终身教育和终身学习服务体系建设工作，目标是营造人人皆学、时时可学、处处能学的全民终身学习文化，方圆公司积极参与学习型企业建设工作，其主要管理者是"市民学习之星"，引领着公司的学习文化。

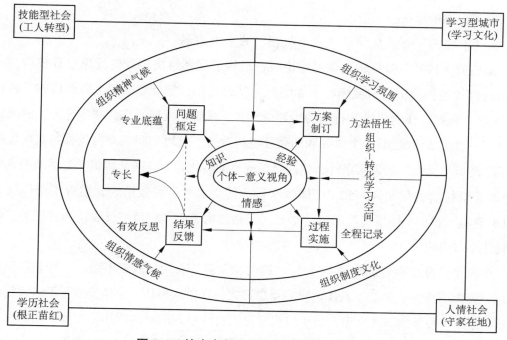

图5-2　技术专长建构的"横向盘活机制"

（2）"技能型社会"是国家发展战略的重要组成部分，培养高技能产业工人是推动我国产业转型升级的关键因素，方圆所在区通过成人继续教育机构开展高技能产业工人培训，通过学历教育和非学历培训为区域产业工人提供了大量学习机会和学习资源。

（3）"学历社会"主要以"文凭"作为人才筛选的重要标准，现实社会中"文凭"时常与"第一学历"和"第二学历"、"在职"或"全日制"、"普通高校"或者"职业院校""大专中专"等相联系，方圆认为"在职研究生的含金量就是差点"，跟正经高校毕业的行业技术专家"差远了"，从专业背景方面不太属于"根正苗红"，而真正"根正苗红"的是高校毕业的行业技术人才。

（4）"人情社会"是中国传统乡土社会的"熟人社会"，是一个相对比较固定的圈子，方圆自出生就生活在郊区县的农村社区，更愿意接受"钱不多够花的、急不多够着的"相对慢节奏的生活，选择"守家在地"，目前的公司"钱还可以、离家特别近、工作内容很喜欢"，能够满足他基本的职业发展诉求，即使已经触及职业"天花板"，也不会轻易放弃工作重新择业。

3. "手艺人"专长建构的"盘活机制"的基本内涵

麦兹罗（1991）解释转化学习理论时，建构了问题解决过程的反思过程模型，从问题内容和过程分析的角度解释个体层面的反思行动，把反思结果（即形成的"新认知"）纳入记忆，作为决策和行动的指导原则。[①] 本研究发现了作为"手艺人"的反思模型——"跨情境反思"。个体任职的企业组织营造了反思空间，为自我批判式反思提供了"跨情境反思"的现实条件，建构组织成员的转化学习空间。组织学习活动中，把"个体反思行动的强制性"和"个体分享行为的自愿性"有效结合，实现了个体反思"组织情境"和"个体情境"的错位结合，于是建构了以"跨情境反思"为特征的"组织转化学习空间"。

根据个体反思内容的情境差异性，"跨情境反思"有两种表现形态：一种是共享式反思，需要与组织成员共享具体内容的反思形式，反思内容从"个体情境"汇入"组织情境"；另一种是独享式反思，由于组织学习内容或形式的刺激作用，个体产生的反思内容，不需要与组织成员共享具体内容的反思形式，反思内容从"组织情境"汇入"个体情境"。根据个体反思内容的存在形式，"跨情境反思"包括两种形式：隐性反思，存在于个体的内隐性思考，尚未作用于个体行动；显性反思，个体输出的反思内容，可能影响或改变其他组织成员的社会行动。

"组织转化学习空间"区别于"组织学习空间"，其"转化性"主要表现在：①发生认知冲突事件（源于工作过程中出现问题），个体意义视角受到挑战，发生了改变的可能性；②个体已有认知（包括个体经验、工作过程知识）被盘活，进入学习情境，促发跨情境反思行动；③记忆在跨情境反思中发挥。方圆个案中，跨情境反思中个体的情感情绪状态决定了记忆的"色彩"，这种"色彩"让个体经验、知识建构的过程以"技术美感"的形式存入记忆，因此方圆的"记忆"可以理解为"情感记忆"。同时，记忆的强弱程度决定了个体已有认知进入学习情境的具体内容、呈现形式和转化程度，同时

---

① Mezirow J. Transformative Dimensions of Adult Learning[M]. San Francisco: Jossey-Bass, 1991: 95.

也决定了新建构"新意义视角"加持后继行动的强弱程度。所以，把个体经验和工作过程知识纳入意义视角的考察范围，把组织转化学习空间作为个体解决工作问题的组织情境，进一步发展了转化学习理论。

综上所述，基于技术专长（或工艺专长）的建构过程，非正式学习盘活机制的闭环过程（见图 5-3）可以描述为：在工作场所的非正式学习活动中，由于认知触发事件的发生（即个体已有的意义视角无法解释事件和解决问题时），个体通过跳跃性的跨情境反思（主要指个体情境、组织情境），发挥情感能量对专长建构过程记忆的加持作用，最大限度盘活记忆系统中的个体经验和工作过程知识，以独享式反思和共享式反思、隐性反思和显性反思等具体过程，建构个体的新意义视角，再次通过情感记忆的加持作用，对个体学习行动产生作用的过程。

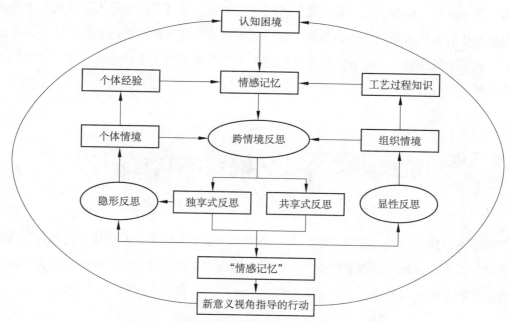

图 5-3　非正式学习"跨情境反思"的基本过程

结合方圆的专长建构过程，"跨情境反思"的主要环节包括两方面。

（1）个体意义视角的转变——"意义建构边界的拓展"。从方圆个案非正式学习体现的转化性来看，意义建构边界的拓展是意义视角转变的必要过程，这个过程往往始于工作过程中的认知冲突和矛盾。在寻求问题解决的过程中，方圆以"专长情感能量"（与企业倡导的"心力"相关联）为支点撬动了以往所有的个体经验和工作过程知识，盘活了个体的工作经验系统和工作过程知识系统，丰富了个体的专长情感系统，拓展了个体意义视角的边界，实现了专长阶段的跃升。

（2）组织转化学习空间——"通过情感转化实现组织管理"。一个组织在精神上的成长支撑依靠的是组织成员在精神世界的成长，而精神世界的成长是通过个体对经验、知识的盘活而形成的。具体是从家庭亲情、职业情感中转化而来，形成个体职业成长的"专长情感"。"以情治理""以文化人"是方圆所在公司重要的"家文化"核心价值观，即"员工为公司尽忠、公司为员工尽孝"的方式，推行普通员工的情感自治，整合家庭亲情、同事友情、职业感情等情感类型，帮助员工走向幸福生活，实现精神成长。公司崇尚"家国情怀"作为企业"家文化"的情感升华版，通过"以文化人"体现对中华优秀传统文化的敬畏，通过"实体发展"体现对国家和民族未来发展的关切，让个体的发展汇入国家和民族的战略发展，让个体情感汇入组织情感的主流，融入"家国情怀"的民族发展。

第二节　冯亦诚个案故事解读与分析

冯亦诚是典型的高成长型产业工人，经历了产业工人阶段的专长建构过程，实现了职业身份的变化，属于非现职产业工人，所以本研究重点呈现和分析的是其作为产业工人阶段的职业成长与发展。

一、管理专长建构分析

（一）冯亦诚职业专长的总体特征

从职业专长的结构特征看，冯亦诚职初时期就把管理专长建构作为职业生涯的目标。冯亦诚属于高成长型产业工人，每个职业角色的成长张力都发挥到最大限度。冯亦诚作为产业工人的成长与发展阶段，经历了多个职业角色，获得了丰富的经验和知识，其职业专长建构的特征体现在以下方面。

（1）专长建构阶段的"超前性"。步入工作世界之前，冯亦诚在乡土社会的朴素管理经历和体验，已经具备了类似管理过程的特征，由于缺乏正规的教育经历，其"准管理专长"的建构过程起始于此。

（2）学习方式的"完全非正式性"。由于冯亦诚"小学正式毕业，初中肄业"（SW-FYC-64-WZ），几乎没有接受正规的管理专业，工作后也一直没有接受普通高等教育的专业学习。冯亦诚最初的职业体验来源于城市工厂的生产流水线。在她作为产业工人的成长阶段，无论是生产型企业还是餐饮服务企业，冯亦诚对职业角色的理解是迅速而深刻的，解决工作问题方面"比较通透"，总是预测最好的生产效果，并按照这个标准去要求自己，迅速成为一线管理者。

（3）专长建构阶段的"相对清晰性"。在食品加工业、制造业和服务业，冯亦诚从"操作工"到"管理者"的成长速度快，业绩也非常突出。起初，她努力把生产流程完成到最好，目标是迅速驾驭职业角色。

（4）专长情感能量的"跨阶性"。在管理专长建构的每个阶段，冯亦诚都能"站在领导的角度"想问题、办事情，用"领导"的方式管理自己的工作过程，总体呈现了超越特定专长阶段的"本位情感"，借助了更高专长阶段"高阶情感"的向下兼容性。

（5）基于问题解决学习的"连贯性"。区别于学校教育毕业生，冯亦诚拥有丰富的生活经验，所以其职业成长历程也都是围绕"问题解决"而展开，工作环境中的技术操作问题、车间管理问题才是她的"专业教材"。

（二）冯亦诚职业专长建构的过程

根据冯亦诚的职业成长和发展历程，围绕管理专长的建构过程，她作为产业工人的管理专长建构以"1995年进入T市食品加工企业A""2000年进入J市某民营餐饮企业D""2001年进入J市某国营企业食堂D""2005年创立J市餐饮企业E"为时间节点，主要经历了五个阶段。

1. 新手阶段：丰富的生活经验与匮乏的工作经验

新手阶段的典型特征是"专长情感能量盘活期"，即冯亦诚借位"乡村管理者"的实践专家型情感，尝试体验乡土社会的"管理与协调"，但是这种"管理与协调"是冯亦诚孩童时代自我定位的"替天行道"和"替天行善"。从冯亦诚管理专长的建构过程来看，在乡土社会的生活经验让她提前进入了"经验匮乏期"，把自己作为"乡村社区管理员"的日常生活经历让她积累了朴素的"管理常识"，在不谙世事的孩童时期，大胆地"试错"，发挥自己的"管理天赋"，带领乡村小伙伴一起横冲直撞，通过家长里短的人情世故的处理、协调和沟通获得管理常识。

冯亦诚在"熟人社会"积累的"准管理过程知识"，主要包括：①树立"管理威信"的个人特质和具体方式，冯亦诚以"胆大包天""聪明伶俐"的性格特征、"习武出身"的体能优势在乡村小伙伴群体中成了"舆论领袖"，拥有"一呼百应"的话语权和号召力；②激励"小跟班"的原则和方式，冯亦诚以"适当的小恩小惠"奖励跟着自己一起"努力干事儿"的同伴，特别是在做生意过程中，通过"发小额奖励金"等方式让"小伙伴"给自己干活儿，自己只要"动嘴、动脑"想事儿就够了；③规避"团队风险"的预备方案，和小伙伴一起"惹事儿"的时候，想好"逃命"的方法，带大家伙儿躲起来。

进入职场之前，冯亦诚在日常生活中充分体验了类似"团队管理"的过程，具备了某些"工作经验"的结构要素，为开启职业生涯备足了个体经验，这种个体经验审慎植根于冯亦诚的工作思维和理念，影响着她的管理专长建构过程。一定程度上，冯亦诚在尚未进入职场环境时，就完成了"专长发展新手期"的个体经验积累。

2. 熟练阶段：生活经验向工作经验的"定向转化"

熟练阶段的典型特征是"经验定向转化"，即"生活经验"开始向管理工作过程的"工作经验转化"，主要体现在：

（1）在两家生产型企业中，个体从生活经验到工作经验的最初转化，丰富充实的生活经验为工作经验的建构提供了扎实的基础，这一阶段也是冯亦诚成为产业工人的初期阶段。

（2）在异地就业的第一家餐饮企业中，冯亦诚开始接触各行业的管理精英，在个体敏锐的观察中，实现间接经验向直接经验的转化。对他人专长的吸收、整合、创新和再生成的过程，让冯亦诚管理专长的建构过程充满了成长张力。

冯亦诚的职业专长建构有一个不可忽略的时代背景，20 世纪 90 年代普遍存在的企事业单位餐饮招待服务，让冯亦诚长期经常性接触行业管理精英，对他们行为的日常观察是冯亦诚最好的学习机会，也是建立社会人脉资源的最好契机。从"刻意练习"理论的角度解释，冯亦诚通过与这些管理精英的交流互动，对自身的认识和理解能够获得及时的效果反馈，由此判断自己观察的精准程度。因此，冯亦诚通过间接经验的观察学习、领悟理解和实际行动，吸取、应用和转化着"高阶专长"管理精英的间接经验，迅速开始建立自身的工作经验体系。

这一阶段也是冯亦诚以产业工人身份，体验快速职业成长的时期。在她看来，做技术操作是给别人打样，最终还是为了做管理者。生产型企业阶段（企业 A 和 B），冯亦诚作为产业工人的突出优势在于以下方面。

（1）理解事情比较"通透"，能够换位思考，站在领导的角度思考工作、设计工作，提高工作效率。

（2）动手能力比较"强"，实训实操能力比较强，能够迅速学习和掌握技术技能，产出更多产品，体现独特的操作优势。

（3）能把问题处理得比较"明白"，善于观察别人的需求、做法和经验，快速处理生产车间里的问题。

（4）愿意主动承担责任，除了把生产操作做好，积极主动地承担更多的事务，替领导分担任务和责任，体现了良好的担当。

（5）快速成长跃迁"打样意识"，对待生产车间的每一项技术环节，冯亦诚都努力把事情做到最好，至少在同类人群中成为"标杆"和"样板"。所以，在两家生产型企业中，她都以最短的时间从一线工人迅速成长为车间管理者，快速实现了产业工人的身份转型。

"经验定向转化期"对于冯亦诚职业专长建构最大的意义在于：通过个体在工作场景中对"生活场景中的管理精英"日常观察获得间接经验，这种"场景错位"带给冯亦诚的学习机会集中体现在以下方面。

（1）有机会观察"管理精英"在非正式场合下的自然行为表现。由于"高端商务餐厅"不是正式的工作场所，而是他们商谈事务、娱乐休闲的社交场所，通过观察餐桌文化，并在与各级领导们的频繁交流和互动中，学习领导们的管理智慧、领悟察言观色的技巧方法，迅速应用到自己的管理工作中，实现间接经验和直接经验的转化学习。所以"管理精英"的行为表现对冯亦诚来说，更像是内容丰富的"专业管理教材"。

（2）有机会得到"管理精英"对自己观察行为的结果反馈。冯亦诚作为餐企主管，在与"管理精英"频繁交流中建立了经常性的互动交流，可以通过"有意无意的交流"向他们请教一些问题、获得关键社会信息，以及对自己观察内容的适当反馈。

（3）有机会通过"管理精英"结识"交际性学习资源"，遇到很多"实践管理专家"，拓宽了冯亦诚的职业成长通道，这一点可以通过冯亦诚后续的职业发展和自主创业的过程体现出来。

3. 胜任阶段：个体工作经验与管理过程知识

胜任阶段的典型特征是"管理过程知识盘活"，冯亦诚工作经验的"重新建构期"，即通过系统学习管理过程知识，开始经历"个体工作经验和行业服务知识"密集碰撞的阶段，开始形成模块化的管理过程知识。

由于这次业务学习是围绕餐馆管理而开展的非正式学习活动，并没有职业技能证书，整个学习活动的开展都是在一家准备营业的餐馆进行的。餐企邀请的南方发达地区的专业讲师，系统讲解了餐馆管理的基本知识、常识，而且是在真实情境中的学习活动，这个学习的过程也是餐馆建立经营团队的过程（SW-FYC-41-WZ/TP）。这一时期是典型的知识经验密集碰撞期，随着专业知识的积累，冯亦诚的乡村生活经验、企业工作经验和餐饮企业工作经验都得到了某种程度的激活、唤醒，个体经验得到深度盘活。

这一阶段也是个体知识和经验的密集碰撞期，而且是有效碰撞。根据刻意练习理论，有效练习最重要的就是获得学习反馈，冯亦诚这一阶段的学习，从多方面获得了学习反馈：培训讲师、餐馆管理人员、其他有经验的应聘者等。冯亦诚已有的工作经验与专业知识学习密集碰撞，而且在专业知识的学习过程中，冯亦诚带着个体丰富的生活经验和工作经验，随着培训学习的过程也进入"集中反思阶段"，个体意义视角发生了一次根本性变化。

4. 专家阶段：专长情感升华与整合化管理过程知识

专家阶段的典型特征是"专长情感盘活"。该阶段冯亦诚的专长情感转化主要体现在三个维度：①个人情感的丰满，异地就业遇到自己的爱情，结为夫妻，获得了情感能量；②职业情感的拓展，对工作能力的充分自信滋养了冯亦诚坦诚而开阔的职业情怀；③社会情感的升华，特殊时期对社会问题的贡献，拓展了事业发展的格局，职业发展的视野再一次得到拓展。

2003年非典型肺炎的疫情防控时期，冯亦诚和她的爱人做了两件事情。

（1）积极援助外地务工人员，为他们提供基本生活条件，这些务工人员刚好是前单位的同事们，也是一家餐馆的整体厨师班子和服务人员。

（2）特殊时期向公务人员提供免费工作餐。疫情时期，在冯亦诚所在区域的餐馆都不营业的情况下，她还是正常营业并且为周围的公职人员免费提供工作餐，吸引了一大批客户前来。在特殊时期的社会发展需求下，冯亦诚带领团队积极服务公职人员的餐饮问题，获得了各方社会力量的认可，她的良心举动超越了小经营者的一般思想境界，履行了难能可贵的社会责任（SW-FYC-59-WZ/TP）。这是她个体职业情感得以升华的阶段，获得升华的专长情感汇入了社会情感因素，拓展了个体的专长的发展空间。经过这一段特殊的时期，冯亦诚的事业格局再次打开，积攒了更多的经济资本、经历经验，最终迎来了职业专长的更高阶段。

冯亦诚开始相对独立地经营企业员工食堂，前期积累的餐饮企业服务管理知识在实践过程中得到灵活运用，在特殊时期接受了社会环境的考验。该时期"整合性管理过程知识"的典型特征包括：①积累的管理知识逐渐形成体系，贯穿一个餐饮企业运营的各个环节，而不是上一家就职企业"只管前厅，其他的部门管理缺乏经验"的模块管理知识阶段；②管理方式明显呈现"灵活性"特征，冯亦诚对管理知识的情境性理解更加深刻，渡过"非典疫情"时期餐厅运营的艰难时刻，对餐馆运营过程的管理开始"游刃有余"（SW-FYC-58-WZ/TP）。

这一阶段是冯亦诚"产业工人"阶段的关键时期，正是长期积累的工作经验、管理过程知识和专长情感的升华，让她逐渐走到了服务业产业工人的最高境界，获得了丰盈的创业资金。这也是她作为产业工人的最后一段职业经历。

5. 卓越阶段：个体工作经验的跨界应用与创造性管理过程知识

卓越阶段是冯亦诚开始创立自己餐饮企业品牌的初期，即通过产业工人阶段的完整积累，获得了事业转型发展的"资本"和"底气"。在后续的职业发展阶段，随着工作经验的持续丰富，冯亦诚开始进入自主创业阶段，实现了"产业工人"到"成功企业家"的身份转型（SW-FYC-61-WZ）。作为"农民""产业工人"和"自主创业者"所具有的个体经验、管理过程知识和专长情感能量都再次被"盘活"，尤其是作为产业工人阶段的管理专长发展过程，参与冯亦诚的新职业生涯，也让她从"自主创业者"变成了"著名企业家"，真正实现了社会阶层跃迁（SW-FYC-70-WZ/TP、SW-FYC-64-WZ）。

这一阶段是冯亦诚职业专长建构的更高阶段。与"实践专家"阶段相比较，这一阶段管理过程知识的"创造性"体现在以下方面。

（1）独立设计企业管理过程和管理制度，盘活以往所有的管理过程知识，建构创立企业的特殊企业制度文化和管理体系（SW-FYC-69-TP、SW-FYC-70-WZ/TP）。

（2）在社会发展语境下建构企业的管理过程，履行作为"企业公民"的社会责任，把餐饮企业的发展与区域社会的进步融为一体（SW-FYC-61-WZ），让企业的管理过程更加契合时代发展的需求，谋求可持续的个体事业进步和长远发展，这也是冯亦诚职业情感再次升华的体现。

（三）冯亦诚专长建构的影响因素

1. 个体因素

影响冯亦诚管理专长建构的个体因素，主要通过影响自我认知、社会关系认知的角度而产生的，具体体现在以下方面。

（1）出身贫困家庭，面临生存压力带来的"精神压抑感"，引发了冯亦诚改善生活处境的迫切愿望，开始主动选择个体发展的环境，从"出生地"（从贫困村走向农村小市场做生意）、"二线城市"（从民营企业走向合资企业）到"一线城市"（从成熟民营餐企、创立期民营餐企走向国有企业员工餐厅），最终进入个体自主创业阶段。

（2）熟人社会中司空见惯的宿命论，触发了冯亦诚主动选择生活环境的"叛逆感"。尤其是冯亦诚生活中出现的一位农村老太太，直截了当地告诉她，人都是要认命的，贫穷的人天生就是穷命，这一点改变不了（FTZL-FYC-1）。这个论断让她开始思考自我存在的意义，用实际行动（"从大树上跳下来"）挑战不可改变的宿命，驳斥了老太太的荒唐观点，加深了对人性本质的理解，体验"重生"的感觉。

（3）长期习武健身，在农村"人情社会"的生活经验中，冯亦诚练就了强健的身体素质和强大的心理素质，塑造了豪爽直率、敢于挑战和超越自我的精神气质，于是"重生"后的冯亦诚决定走出农村地区，走向城市和工厂，开启了产业工人的职业生涯。

2. 组织因素

冯亦诚进入城市，以"产业工人"身份谋生的阶段，主要经历了20世纪90年代后期和21世纪初期的5家民营企业、合资企业和国有企业（见表5-8）。根据各企业的用人制度和员工职业发展通道来看，各企业基本都设置了技术工种、管理工种两种类型，冯亦诚在各企业的职业经历都属于"管理工种"，持续培养和提升自身的管理能力和水平，应对各种复杂的工作环境，处理各种复杂的工作问题，在每一个环境中汲取最多的成长智慧和能量。

表 5-8　冯亦诚个案——就职企业的员工发展通道

就 职 企 业	企业员工发展通道
T市某民营食品加工厂A	员工职业类型：包括生产人员、销售人员、技术人员、财务人员和行政人员系列 股权激励：企业稳定管理层和核心人才的制度设计
T市某合资电视零件加工厂B	特殊政策：适用于极少数（少于5%）顶级高端人才的培养 薪酬体系：以综合能力和业务实绩作为评价的基础依据 兼容原则：要求管理层学习与创新人才顺畅合作，为创新人才拓宽能力发挥的空间，反对权力制约 双线晋升：分离职称和职务，构建双线职业生涯发展通道，管理人员通过管理能力晋升职务，专技人员通过专业能力晋级职称 胡萝卜理论：以奖赏而不是惩罚主导奖励激励体系 阳光化招新：打破"血缘、地缘、学缘"的传统用人观念
J市某民营餐饮连锁企业C	管理工种：员工、主管、副经理、前厅主管经理、营业主管经理、实习店长、店长、区域店长主管 技术工种：初级工、中级工、高级工、技术主管、副厨师、实习厨师、厨师长、区域厨师长 精英培养系列：基层店面员工、直营店中层管理人才、直营店总经理 奖励等级：基本合格、一级职工、示范职工、员工标兵、劳动模范、业绩二等功、业绩一等功 薪酬透明：建立公平合理的薪酬制度，提供清晰的努力方向

续表

就 职 企 业	企业员工发展通道
J 市某民营餐饮连锁企业 D	管理系列：普通服务员、领班服务员、服务主管、副总经理、总经理、店长 厨艺系列：普通厨师、实习厨师长、厨师长，公司也会对厨师进行管理培训，掌握计算机数据分析技术 扁平化管理：员工可以直接向高层领导反映问题，寻求帮助
J 市某国企员工食堂 E	管理系列：服务员、业务主管、副总经理、总经理 人才观念：把用人、育人和留人相结合，给予员工"集团内部跳槽"的机会，鼓励选择更具挑战性的工作；敢于偏高使用，合理授权，让员工发挥个体主观能动性；靠激励机制和内部环境留人，给予离职后吃"回头草"的职工公正公平的待遇
J 市创立餐饮企业 F	管理：普通服务员、领班服务员、服务主管、实习店长、店长 厨艺：普通厨师、领班厨师、实习厨师长、厨师长、首席厨师 两个序列中，除了普通员工晋升，再向上晋级硬性要求培养出优秀的接班人，成为店长要通过"师带徒"培养出三个服务主管

3. 社会因素

冯亦诚职业专长建构的社会因素，主要包括三方面。①特定时期的社会流动因素。改革开放以后，我国加工业和制造业的发展需要大量的劳动力，不少贫困地区人口由农村流向城市工厂，从"农民"变成"流水线工人"。②学历社会的"文凭限制"。由于冯亦诚的学历局限，在城市工厂管理岗位上升的空间受限，所以选择民营企业和合资企业都无法拓展她的职业晋升通道。③户籍制度的限制因素。冯亦诚从"二线城市"走向"一线城市"，由于自身学历和户籍限制，选择了"准入门槛较低"的餐饮服务行业。

总体来看，冯亦诚的专长建构呈现的特点有三方面。①专长进阶方向的一致性。最显著的特征是个体的专长进阶方向统一，即都是聚焦管理专长，在两家生产型企业中也迅速从普通操作工变成车间主任，主要时间都在做管理工作，三家餐企工作经历都是在服务员到管理岗的晋升过程中。②社会管理精英的引领性。冯亦诚任职的餐饮企业都是20世纪90年代至21世纪初期高端商务餐饮企业，典型特征是社会环境的开放性，冯亦诚接触了大量的管理精英，包括行政管理、工商管理、教育机构、部队系统等行业单位的引领性人物。③社会事件的塑造性。冯亦诚职业发展的关键阶段，经历了社会突发事件，影响了整个行业的发展动向，她抓住了这个时代机遇，盘活了个体所有的工作经验和生活经验，释放了个体干事创业的巨大能量，融入了社会发展骤然转型的特殊事件。

二、非正式学习分析

（一）冯亦诚非正式学习的基本特征

冯亦诚的社会角色经历了"农民""产业工人"和"企业家"的身份转变过程。其中，冯亦诚作为产业工人的职业经历，主要发生在 20 世纪 90 年代和 21 世纪初期这一段时间，本研究也重点关注"产业工人"和"自主创业者"两个职业角色时期非正式学习的行为对比分析，并围绕两个时期开展了深度访谈、实物资料收集和实地观察。根据冯亦诚不同阶段非正式学习的表现形式（见表 5-9），可以总结出冯亦诚非正式学习的典型特征如下。

表 5-9　冯亦诚个案——非正式学习主要方式

学 习 环 境	职业角色	主要学习方式
T 市某民营食品加工厂 A	普通操作工	操作顺畅、速度快，总是给别人打样； 做人比较机灵，办事麻利
	车间主任	安排好操作工的工作； 做好每天的收尾工作
T 市某合资电视零件加工厂 B	普通操作工	分析产品流水线运行规律； 反复练习，做错了需要重新做
	车间主任	利用和善的方式管理员工； 与同事处理好各种利益关系
J 市某餐饮企业 C	普通服务员	能深刻理解、分析现场观察到的现象； 换位思考领班希望服务员怎么干； 仔细观察、快速思考，形成行动方案
	服务员领班	观察餐桌的"人情世故"，理解人际关系； 让每个服务员发挥自己的优势； 听有经验的服务员分享工作故事

续表

学 习 环 境	职业角色	主要学习方式
J市某民营餐饮企业D	经营主管	学会说"善意的谎言"； 每天提前10分钟上班，了解餐馆情况； 跟同事们处好关系，被大家喜欢和认可
J市某国企员工食堂E	经营主管	整合每一个员工的专长组成团队； 在工作情境中学习服务知识； 设计员工之间的业务演练
	副经理	每天忙工作，被平级同事攻击； 负责门店转让的交接工作； 获得总经理的工作指导和发展建议
J市创立餐饮企业F	企业创始人	学会给员工"画饼"，建立共同目标； 详细了解分店情况； 召开全体员工大会、管理人员会议； 搞定特殊员工，如老员工、叛逆员工； 观察新员工培训中的个体表现； 建立企业的规矩体系； 鼓励管理层"老带新"，纳入升职条件

（1）"对他人专长的解构"。卓越的识人能力，让冯亦诚接触的众多领域具有管理专长的人物，快速定位某种情境下的观察，能够通过短时观察甚至瞬时观察，分析别人的个性特征、思维特点等，找到与其沟通的最佳方式。

（2）"对他人专长的转化"。基于"对他人专长的解构"过程，让"别人的专长"迅速转化成"自我专长提升"的基础素材，也可以被称为专长转化能力，并且这种能力体现为冯亦诚的专长水平稳步增强、逐渐提升，让她获得持续的职业成长与发展。

（3）"对专长碰撞的盘活"。在转化他人专长和优化自我专长的碰撞过程中，通过识别个体经验、工作过程知识的情境性，通过体悟他人的专长情感能量，冯亦诚不断提高自身管理专长的"伸展度"和"灵活性"，盘活了个体专长可持续发展的空间。

从职业成长中的经验、知识和情感特征来看，冯亦诚个体经验获得的典型特征体现在以下方面。

（1）对自身经验的盘活能力。生活经验、工作经验在新经验的建立中发挥着基础作用，个体的"意义视角"不断优化，思维模式呈现出超常的灵活性特征。

（2）对他人经验的识别能力。通过观察别人的行为表现、与别人对话交流、共同解决问题的过程，对他人经验进行鉴别，吸收有利于个体经验重构的因素。

工作过程知识学习的典型特征有两方面。

（1）缺乏学校专业教育的规范性，完全依靠工作过程中基于问题解决的非正式学习过程。冯亦诚相对系统的服务行业基础知识来自"情境体验式培训"，通过营造真实的问题情境，借助集体智慧共同解决问题。在培训活动中，把真实情境中出现的问题以及解决问题等过程在体验式培训中模拟出来，进行"实战演练"，找寻解决问题的方式方法，在参与餐饮企业的筹建过程中同时学习了工作过程知识。

（2）学习情境的融合型，由于冯亦诚工作场所（餐饮企业）的开放性特征，区别于企业相对封闭的生产环境，因此参与她工作过程知识建构的服务对象来自社会发展的各个领域。

专长情感能量因素呈现的特点如下。

（1）个体情感情绪的处理，内心坚持自我对事物的判断和处理方式，不轻易受外部环境的干扰和影响。

（2）对他人情感情绪的处理，以人际和谐为根本原则，巧妙化解他人的不良情绪。

（3）对社会情感转化的鉴别，暂时不考虑经济收益，履行企业的社会责任，树立"企业公民"的良好形象。

（二）学习历程和阶段特征

根据冯亦诚职业专长（管理专长）建构经历的新手阶段、熟练阶段、胜任阶段、专家阶段和卓越阶段呈现出来的特征，以及冯亦诚在解决管理问题中的自主程度，可以把"1995 年进入 T 市工厂""1999 年进入 J 市知名民营餐企""2005 年开始自主创业"作为三个时间节点，划分为"高自主管理阶段""自主管理循环阶段""相对自主管理阶段"和"完全自主管理阶段"四个阶段。

1. 第一阶段（"高自主管理阶段"）：乡土社会的"活跃分子"（1978—1994 年）

这一阶段是冯亦诚专长建构的"新手期"，通过积累问题解决的经历，建立个体经验、朴素的管理常识是非正式学习行为的典型特征。主要指冯亦诚进入城市工厂之前，在贫困农村作为"孩子王"的生活经历，以及在当地乡镇作为"小商人"的营业经历。

冯亦诚无论是处理"街坊邻居的人情世故"还是生意场上"商贩之间的利益之争",都体现了自己处理问题的高度自主性,这种自主性来源于:①日常生活积累的"驭人智慧"让冯亦诚建立了稳定的"团队"(农村孩子群体),不仅是小孩子之间的纷争事务,还包括"家长里短"的日常杂事,她都要施展自我的"话语权",参与问题的解决过程;②自主经营生意的"处世智慧"让冯亦诚建立了基层小市场运作的内在规律,即做生意过程中如何讲"人情""和气生财",如何讲"世故""保证利益",对人与人之间的关系理解建立在丰富的生活经验基础上。

2. 第二阶段("自主管理循环阶段"):城市工厂的"高速攀登者"(1994—1999年)

这一阶段主要指冯亦诚在 T 市两家企业工厂和 J 市第一家餐饮企业的经历(见表 5-10),冯亦诚在这三家企业(民营加工企业、中外合资企业和民营餐饮企业)都经历了从"一线产业工人"到"一线管理者"的身份转变过程,短期内实现了管理专长的"低自主性"向"相对自主性"的角色进阶,是企业里的"高速攀登者"。

表 5-10　冯亦诚个案——管理岗位任职时间表

就 职 企 业	入职岗位	离职岗位	管理岗位任职时间 / 该企业任职时间
民营食品加工厂 A	普通操作工	车间主任	10 个月 /1 年
合资电视加工厂 B	普通操作工	车间主任	1 年 10 个月 /2 年
餐饮连锁企业 C	普通服务员	服务员领班	11 个月 /1 年

冯亦诚能够迅速晋升管理岗位,主要体现在问题解决方面的出色表现。

(1)技术操作问题"处理迅速、品质过硬",冯亦诚仔细观察车间的工作表现、找时间交流对话,保证自己能够站在"车间主任"的角度,琢磨她希望员工怎么操作生产过程、要达到什么样的效果,"想清楚了"之后,就按照这个标准"认真干活儿",保证让车间主任满意。

(2)人际关系问题"办得清楚、说得明白",冯亦诚凭借自身丰富的社会经验和对人情世故的通达,对于车间主任交代的事情都办得比较明白、与上级领导趁机交流工作想法,迅速赢得了车间主任和上级领导的肯定和认可,顺利从"流水线工人"晋升为"车间主任"。

虽然冯亦诚很快就进入了"相对自主性"的管理岗位阶段,但是作为车间主任也只是企业的"基层领班"，那些工人"并不好管"，存在"打架骂人"等不好的习气，其他车间主任也存在简单粗暴的管理方法，与平级车间主任的沟通存在很大困难，对个人的情绪情感状态产生极大的消极作用。冯亦诚从民营企业跳槽到中外合资企业，自认为"很快到了上升天花板"，于是放弃了二线城市（T市）来到一线城市（J市）的餐饮企业，还是"迅速到了上升天花板"，职业发展进入"高速攀登期"和"相对停滞期"的不良循环。

3. 第三阶段（"相对自主管理阶段"）：餐饮名企的"空降主管"（1999—2004年）

这一阶段是冯亦诚职业生涯非常关键的部分，是其作为"中层管理骨干"的职业阶段。冯亦诚在J市工作了一年多时间，放弃了待遇还不错的民营餐企C，报名参加餐企D筹建过程中的一次系统培训，为期一个半月的培训结束后直接成为"餐馆主管"，负责餐馆前厅的管理。由于主管直属于副总经理（分店最高管理层），冯亦诚获得了较高的"管理授权"，成为餐馆的中层管理骨干。冯亦诚作为餐馆主管的一年多时间，餐馆换了4任副总经理还没有轮到她晋升，于是她再次择业成为国企餐厅E的经营主管，一年以后晋升成为副总经理。

冯亦诚非正式学习典型特征是：①通过参与餐企D的筹建过程，学习了所在服务行业的"基本专业知识"，丰富了她在餐企工作的基本常识，为以后从事餐企管理储备了大量的工作过程知识；②获得了所在企业组织较高的"行政管理权"，在两家餐企直接以中层管理骨干的身份入职，处理管理问题方面获得了"相对自主权"，主要体现在具体工作过程的管理和优化、下属员工的任务调配；③个体的生活经验和工作经验在这一阶段发挥了关键作用，帮助冯亦诚获得了管理问题解决的"多重视角"，能够"站在上级管理者、平级管理者、基层管理者和普通员工的角度"精准框定问题的性质，深刻分析问题的原因，快速制订解决方案。

4. 第四阶段（"完全自主管理阶段"）：顺其自然的"自主创业者"（2004年以后）

这一阶段是冯亦诚自主创业的阶段，开始成为"管理过程的设计者"。离开了国企餐厅之后，作为企业法人和总经理，冯亦诚开始拥有管理权限的"完全自主权"，进入管理专长建构的较高阶段。这一时期，冯亦诚盘活了之前所有的工作经验、管理过程知识和职业情感，所以非正式学习行为呈现的典型特点如下。

（1）管理过程的设计者。冯亦诚根据自己在生产型企业、餐饮企业工作的经历，根据自己在培训和学习中获取的服务行业基本知识，开发制订企业的管理制度体系、员工职位晋升制度等内容。

（2）问题解决的指导者。冯亦诚作为问题解决的"实践专家"（见表5-11），对管理问题的处理过程兼具灵活性、整合性和创新性等特点。冯亦诚以"资深师傅"角色，通过"一对一"师徒制培养连锁加盟店的店长，帮助解决运营管理中的棘手问题。

（3）职业情感的引领者。冯亦诚在产业工人阶段完成了个体情感的多次升华，通过"管理精英"的表扬，成为区域的学习榜样，建立了个体、企业与社会的有效联结，把个体、企业与地区的发展融为一体。

表5-11　冯亦诚个案——创业初期问题解决方式举例

问题解决方式	具体内容描述
做个问题小本子	冯亦诚这些年养成的习惯，是用一个小本子，发现什么问题就记在上面，先自己思考，然后会问这件事你是怎么想的，你觉着应该怎么处理。她会跟你讲以她的经验，这件事情也可以这样……所有的记录解决一个就打个钩，每一项都不放过。（FTZL-FYC-GXR-4）
换个角度想问题	做事情的时候，她会想几个方面，不会只看一面。比如供应商给我一个报价，我也可以去看看寻寻市场的行情到底是什么样的。她把握比较准，而且不怕辛苦，因为她自己也到市场去询价，属于特别亲力亲为的领导。（FTZL-FYC-GXR-4）
汇融所有知识量	她自己掌握的一部分信息，加上分店实际掌握的市场情况，就是一个把所有的知识融汇的过程。她自己会真的塌下心来，一个一个地去审，再定这个可不可以用。（FTZL-FYC-GXR-4）
学会快速观察	我学东西可能快，我特别善于观察，观察完了我就要看为什么要这么干，这么干快不快，有没有比这个方法更快的，或是说这个岗位是干吗的，我的上级要承担什么样的责任？如果我想变成他，我应该怎么做？可能比他们观察得快。（FTZL-FYC-3）
电话指挥难题	我们向她请教的问题太多了。打比方，处理客人吃完饭不结账问题的时候，有客人要酒疯了，喝多了不结账。（客人）没走就得（向冯姐）请教，面对问题我们冯总很沉稳，都是电话指挥这种闹事的，不需要到场，一个电话就指挥明白了。（FTZL-FYC-GXR-4）
教给你方式方法	冯姐什么情况下会发脾气？这件事你明明不能这么做，不仅违背了原则肯定不成，而且这样做是很愚蠢的。什么叫愚蠢？就是客人不满意、员工也不满意，你这么做就只考虑自己的感受了。哪怕说客人、员工和领导三头，你至少得让其中两头满意。在批评过程中，她教给你方式和方法，而不是骂你。她给你分析这个问题你是怎么错的，你在哪一步、哪一句话、哪一个点有问题。（FTZL-FYC-GXR-4）

问题解决方式	具体内容描述
实习参观学习	她的现场学（能力）也很厉害，她的点和我们的点肯定不一样，老板思维和我们员工思维肯定是有区别的。她是能感受到磁场和气场的，看到员工第一眼，看员工的状态就知道这个店是啥样，她是有感觉的。（FTZL-FYC-GXR-4）
选定学习角色	我曾经到一家养老机构，以一个清洁工的身份进入，方便观察他们的整个运作过程。通过与其他清洁工聊天，做清洁时候的详细观察，有机会再查看一些内部资料，这样很快，也就一个星期左右吧，我就了解他们照顾老人起居生活的全过程。（FTZL-FYC-1）

（三）冯亦诚非正式学习的影响因素

1. 非正式学习的个体因素

影响冯亦诚非正式学习过程的个体意义视角，主要从认识论（对应冯亦诚个案管理过程知识的学习和使用）、社会语言学（对应冯亦诚个案工作经验的建构、重构和转化）、心理学视角（对应冯亦诚个案情感和精神方面的定向参考框架）三个方面进行分析。

（1）认识论类型的意义视角

从非正式学习的典型表现形式来看，冯亦诚的学习风格属于场依存型、整体型、求同型和慎思型。"场依存型"是冯亦诚不管是处于相对封闭的生产型企业环境，还是对外开放型的餐饮连锁企业，都是"特别善于观察"的有心人。她通过观察别人获得充分而客观的信息作为管理过程中的决策依据，她的一言一行都要契合真实的场景，"做好服务才能成为服务管理者"，才能树立自己的"管理者形象"。"整体型"是指"倾向于对整个问题将涉及的各子问题的层次结构及自己将采取的方式进行预测"[①]，冯亦诚的突出职业优势就是"换位思考"的能力，即站在管理者的视角分析所在岗位的职责内容及潜在创新方向，预测自己解决问题的方向之后，制订问题解决方案的"逆向思维"。"求同型"是指冯亦诚在工作场所中寻求"和谐氛围"的职业态度，在生产型企业中，区别于其他车间主任的"暴力监督"，她选择"和善方式"管理下属员工，面临混乱的企业管理体系即使选择离职也不改变自己的管理风格；在餐企服务企业，更要在与其他员

---

① 亓莱滨. 成人的学习风格策略及其优化 [J]. 中国成人教育，1995(4)：31-33.

工、服务客户和供应商的相处过程中，树立"好人缘"，才能"和气生财"。冯亦诚在工作场所的学习活动中，表现出敏捷的思维跳跃性，但并非"冲动型"的决策，而是"三秒给人定一个社会位置"之后，迅速采取沟通策略、交流互动方式的"慎思型"风格。

（2）社会语言学类型的意义视角：职业角色和工作环境

从职业角色的变化角度分析，冯亦诚的非正式学习过程经历了三次意义视角的根本变化：第一次根本变化，是从"贫困地区的农家孩子"转变成"二线城市的产业工人"，实现了个体社会角色的转型；第二次根本变化，是从二线城市的"流水线产业工人"到一线城市的"服务业产业工人"，实现了个体职业角色的转型；第三次根本变化，是从"餐饮企业中层管理骨干"到"餐饮行业自主创业者"，实现了个体社会角色的再次转型。

从工作环境的变化角度分析，冯亦诚建构管理专长的非正式学习过程始于她的出生地（乡村熟人社会），在农村商品市场得到初步发展，在二线城市的民营企业 A、中外合资企业 B 完成两次"流水线工人"到"一线管理者"的身份蜕变，在一线城市核心商业区的民营餐饮企业实现了"普通服务员"到"中层管理骨干"的职业角色转型，最终在一线城市的郊区县创立了自己的餐饮品牌，成为创业成功的女企业家。

（3）心理学类型的意义视角

从自我认知角度，冯亦诚经历了几次比较彻底的自我意识觉醒。第一次是挑战了孩童时代遇到的老太太赋予她的"穷命论"（认为穷人要认命），凭借自身的"习武功底"从高处跳下"与宿命直接决斗"，取得了"身体完好无损"的胜利，完成了自我认知的第一次升华，开始主动选择环境，用实际行动和扎实的努力改变自己的命运。第二次是来自餐企总经理的"一句话提醒"，在冯亦诚最困惑自己"经历了 4 任副总经理而未得到晋升和提拔"的时候，恰巧赶上餐馆易主，她作为交接负责人出色完成任务之后，获得了总经理的肯定和认可，在两个人的"最后晚餐"收获了改变职业方向的"点拨"。第三次是国企餐厅工作期间，由于企业高层领导关系，冯亦诚的管理岗位受到了影响，她本着"外地人没有背景""干生意不能随便得罪人"的基本原则，选择从企业离职，开始了自主创业之路。

从职业情感体验的角度，冯亦诚的职业精神成长经历了"小我""大我"到"无我"

的格局变化，实现了个体情感、组织情感和社会情感的逐级升华。"小我"是孩童时代的懵懂单纯，是乡土社会"高自主性"语境下的自我释放；"大我"是冯亦诚经过一线管理岗位的历练之后，对他人包容和开放的视野和格局；"无我"是开始自主创业之后，将"个体职业成长"寓于"社会转型发展"的更高思想境界。

2. 非正式学习的组织因素

（1）组织学习环境

冯亦诚作为产业工人的职业生涯阶段，主要经历了一线城市和二线城市的五家企业。从冯亦诚就职前后一段时间，这些企业的所有制属性及企业典型的学习方式分析，结合冯亦诚不同职业发展阶段非正式学习的主要表现形式（见表5-12），可以看出冯亦诚经历的组织学习环境特征如下。

① 20 世纪 90 年代，生产型企业环境下基层员工和中高层管理者不对称发展的学习氛围（就职企业 A 和 B 时期）。由于"高生产压力"带来的工作时间饱和，管理层对基层员工工作场所学习的"不了解、不关注"，基本上"不打架不骂人"就是管理得不错了。这种"高压环境"让出身农村、习惯自由的冯亦诚感到"很不舒服""特别压抑"，导致冯亦诚作为一线流水线工人和一线管理者"疲于应对生产事务"，真正参与组织学习的机会"少得可怜"。

② 21 世纪初期，民营餐饮企业初创时期管理体系尚未完善（就职企业 C 和 D 时期）。两家餐企均以营造"家庭亲情文化"作为企业价值观，工作环境相比生产型企业还是要"舒适很多"，还能接触到"社会名流""学习不少东西"。这一时期生活经验和工作经验丰富的冯亦诚迅速在两家餐饮企业完成"普通服务员"到"服务主管"的岗位晋升，抵达"晋升天花板"，然而这时候她才 20 多岁，正是充满职业热情的时候，需要更加宽阔的职业成长空间。

③ 21 世纪初期，国有企业员工餐厅（就职企业 E 时期），企业领导充分授权冯亦诚同时对内、对外经营员工餐厅，并给予了大量的资金支持。这一阶段冯亦诚经历了特殊的社会事件（2003 年"非典"疫情），也是她职业成长和发展的"关键事件"，充分体现了自己在餐饮企业运营中的管理智慧，赢得了"人生的第一桶金"。

表 5-12 冯亦诚个案——就职企业的典型组织学习方式

就职企业	组织学习方式
T市某民营食品加工厂A	与同行企业共建员工学习平台; 分公司之间培训资源充分共享; 举办科学发展观主题研讨活动,关注国家政策、社会发展和企业规划; 组织户外团队拓展训练; 开展"模拟企业运营管理"的体验式培训; 开展员工技能比武活动; 举办员工辩论会; 学习活动开始前举办升国旗仪式
T市某民营电视零件加工厂B	互派员工实地参观学习; 举办员工趣味运动会; 举办员工宿舍文化节; 内训师与员工共同讨论产品失败管理的案例; 培训活动中设置很多团队互动游戏; 闲暇时间在企业阅读区读书; 开展跨文化培训,培养"本土专家"
J市某餐饮企业C	举办管理层商务礼仪培训; 委托专业咨询公司设计和实施企业培训业务; 建设内部公共学习场所,促进员工自主学习和相互交流; 公开展示每次培训活动的心得体会; 打造虚拟情景化互动平台; 邀请培训师讲解餐饮基础知识
J市某民营餐饮企业D	通过一个月的实景操作培训,招聘员工; 召开每日例会,设计团队互动趣味游戏; 举办员工技能比赛,开展技术比武; 开设内部办公平台,鼓励工作沟通和人际交流; 设置员工知识库,随时查阅企业服务流程知识; 员工意见可无障碍反馈至领导层; 举办员工线上沙龙活动; 建立员工培训基地,组织能力拓展、企业文化和服务技能培训
J市某国企员工食堂E	组织企业青年干部特训; 建立企业培训基地,系统开展员工培训; 开设高级专家培训班,讨论成功案例和经验; 开展户外团队拓展培训活动
J市创立餐饮企业F	组织管理层实地考察同类企业; 参加创新创业论坛活动; 组织员工参观红色主题纪念馆

（2）组织核心专长

在世界各国的企业管理研究方面，"核心专长"成为企业发展规划的重要理论框架。冯亦诚的职业成长过程，恰巧见证了我国20世纪90年代不同类型的企业组织发展和变革问题。结合冯亦诚职业专长建构和非正式学习的组织影响因素，从企业的知识系统、经验系统和情感系统（见表5-13）三个维度，梳理其所经历"组织核心专长"的基本构成要素。

表5-13 冯亦诚个案——就职企业的组织核心专长构成要素

企业	组织知识系统	组织经验系统	组织情感系统
民营企业A	学习内容：成立行业技术研发中心；研读企业领导和管理理论；建立子公司知识共享机制 学习环境：相对封闭的食品加工企业	个体经验释放：组建跨部门营销小组，制订全方位问题解决方案；提供经验共享的线上平台；鼓励年轻人担当创新型业务 内部经验传承：渗透式宣教，在工作场所随时体验到公司的文化理念；根据市场需求和发展规划，调整工艺流程	"积极成长"： "自我修养"——学会感恩，培养和谐容人的心理 "成长观念"——保持积极向上的心态，以平常心面对激烈的同事竞争 "视角转变"——从小我、大我到无我的精神境界 "员工关爱"——工会组织团建、困难职工关爱等活动
合资企业B	学习内容：建构组织的专家知识系统；重视高素质专业人才；关注专业知识和技术；具备多样化专业知识 学习环境：相对封闭的零件加工制造企业	个体经验释放：实际工作业绩成就企业核心人才 内部经验传承：基于危机意识的自我创新 外部经验吸收：经营理念随市场情况变动	"以文化人"： "文化管理"——保持企业文化的纯净；坚持文化治理 "以人为本"——激发员工的主人翁意识；开放包容的团队精神；品行端正和作风清廉 "文化营销"——产品和服务融入美感设计理念
民营餐企C	学习准备：关注招聘员工的再学习意愿和能力 学习内容：组织学习管理学知识、服务专业知识和数字化技能；区分非关键性知识和关键知识点 学习环境：领导和管理层亲自设计培训；建立培训基地；建设用户数据收集和分析系统；开展虚拟现实体验学习活动	个体经验释放：开设学习心得展示空间，鼓励共享反思；从业经验是重要招聘条件；选择体验学员、培训师、培训管理者角色 内部经验传承：整合产品优势，形成整体竞争力；利用信息化平台管理服务过程 外部经验吸收：关注客户体验；参观同行餐企	"客情文化"： "小团体文化"——企业内部非正式组织带来的情感分化，给管理带来困难；内耗严重，滋生员工惰性，影响工作人员的工作热情 "人才观念"——为企业培育专业型人才 "客情关系营销"重点在核心用户群中众筹股东

续表

企业	组织知识系统	组织经验系统	组织情感系统
民营餐业 D	学习内容：服务流程的基本知识（服务标准、采取措施等）知识共享方式：开发线上学习交流和平台，实现组织成员个体知识在成员之间的顺畅流动；加强组织知识管理，建立分类知识库，打通各个生产环节的工作过程知识；摒除社交能力的差异性，让所有成员均能够共享个体知识	个体经验释放：创始人讲授新入职员工第一课团队经验传承：设计丰富的员工活动，形成团队经验；需要规范的团队决策；通过扁平化管理，建立无障碍沟通机制；根据餐企运营经验，编制内部顾客服务标准和要求	"亲情文化"："仁爱之心"——热爱工作和生活"守正之心"——品格端正、行为正直"共同成长"——树立大格局、大战略和大思想，发挥个体最大潜能"角色切换"——体察不同客户的真实需求"反职业倦怠机制"——组织团建活动，提高员工职业幸福感
国有企业 E	学习理念：探索正式培训和非正式学习的整合学习模式，打造"学习型企业"学习内容：学习行业领域发展动态，产业发展的新政策、新理念学习环境：营造良好的科研环境，服务科技工作者学习成果：促进科研成果转化和落地，真正转化成企业的核心竞争力	个体经验释放：优秀员工的工作经验交流分享；培养内训师，高效开展员工学习活动内部经验传承：加强企业内部员工交流和学习机会，主推体验式培训外部经验吸收：邀请顶级专家与企业核心技术专家讨论产业发展的成功案例和经验	"匠心精神"：匠心精神成就大国品牌以"心"文化为引领，激发干事创业的热情"正向鼓励"——持续关心关爱员工成长"用心做事"——打造企业核心价值观"价值取向"——创造个人、企业和社会共同的发展空间，实现三者利益的融合
民营企业 F	学习理念：根据工作需要吸收特定知识内容学习内容：服务员客户服务标准流程；管理层定期学习专业管理课程学习成果：梳理形成服务常识资料手册	个体经验释放：通过体验式培训，鼓励个体分享工作经验内部经验传承："老带新"作为晋升条件外部经验吸收：外出游学同行企业，学习新理念	"进取精神"：严谨细致，努力让每天都有成长和进步；以爱引导全体员工，保持工作激情

① 组织知识系统。企业组织的知识系统是核心专长的关键内容，主要围绕组织工作过程知识的建构，具体由知识内容生产、转化应用和创新创造等方面形成。冯亦诚就职的企业组织的知识系统主要包括两大类：一类是内向型工作过程知识系统，主要是早期就职的生产型企业（企业 A 和 B），生产工艺作为企业的核心竞争力是商业机密，同时生

产环境也具有相对封闭性，对外开放度非常低；另一类是外向型工作过程知识系统，主要是后期从事的服务行业企业（企业 C、企业 D 和企业 E），由于餐饮服务面向社会公众，服务过程的开放程度较高，服务客户直接影响企业的工作过程知识建构。

② 组织经验系统。与个体经验建立的过程类似，企业组织运营过程也会沉淀形成自身的经验系统。由组织成员的个体经验相互影响、相互作用而形成的组织经验系统形成路径主要有三种。首先是个体经验释放，企业组织能否尊重成员个体经验存在的合理性，以及能否最大限度营造个体经验释放的空间是组织经验系统建立、发展和优化的"素材基础"。理论上，围绕企业发展问题，组织成员有关联个体经验的全部释放是最理想状态。其次是内部经验传承，指企业组织围绕产品生产过程、内部管理过程形成的经验内容，通过特定的机构设置、制度文件、企业文化或者仪式活动等形式固定下来的过程。除此之外，还包括外部经验的吸收，企业组织总是存在于特定的行业领域、区域环境中，要有效吸收外部同行企业的经验探索、顺应政策制度的市场引导，真正以"企业公民"的身份融入社会发展进程。

③ 组织情感系统。与组织的知识系统、经验系统不同，组织的情感系统呈现多样化、个性化的差异性特征，是构成组织气候的重要方面。冯亦诚就职的企业情感系统的类型主要包括三种：第一种是基于"个体成长和发展"的观念，企业组织对员工精神和情感世界的人文关怀，如"积极成长"和"匠心精神"；第二种是基于"和谐关系营造和维系"的观念，企业组织在员工关系、客户关系管理方面，对我国传统文化"以和为贵"思想内涵的借鉴与拓展，如"客情文化"和"亲情文化"；第三种是基于"现代管理思想体系"的善治理念，企业组织通过"以文化人"的方式，促进员工"反求诸己"的自我治理、富有"人情味儿"的团队协作、强调"文化价值"的市场营销理念，如"文化管理"和"文化营销"。

3. 非正式学习的社会因素

（1）阶层跃迁的"阻力"与"超越"

如今处于中年期的冯亦诚，经历了"农民""市场小商贩""产业工人"和"成功企业家"的社会角色变化，经历了贫困农村、国内二线城市和一线城市的生活环境变化，经历了民营企业、中外合资企业和国有企业的工作环境变化，体验和感受了跨角色、跨地域、跨行业的社会阶层跃迁过程。

在阶层跃迁过程中，冯亦诚首先克服的是生存压力。她从最初离开熟悉的乡村社会，进入大城市之后，都是"每顿饭只能吃馒头"的艰苦日子，最需要解决的是"有地方吃饭""有地方睡觉"这些基本的生存问题，选择成为流水线工人、餐饮行业服务员这种低门槛行业"打工妹"的生活。冯亦诚有了基本的物质基础之后，开始面临的是发展压力，两次进入生产型企业之后，体验一线生产管理者的辛酸历程，放弃了毫无发展前景的职业；进入一线城市（J市），在第一家餐饮企业通过"27天服务员"升级为服务员领班之后，由于"餐馆管理体系不完善"选择辞职，为了获取专业系统的服务专业知识，"零薪酬"加入一家正在筹建的餐饮企业。冯亦诚进入国企员工餐厅赢得业绩之后，为了获取最大限度的自主发展，结束了产业工人职业生涯。

（2）管理精英的"提携"与"考验"

冯亦诚成为服务行业产业工人阶段，由于所在商务餐饮企业的业务性质，接触了来自大型企业、政府机构、教育机构、卫生机构和部队系统等行业领域的管理精英（见表5-14），他们的社会背景、工作经验和管理风格也影响着冯亦诚的职业专长建构（SW-FYC-59-WZ/TP、SW-FYC-74-WZ/TP）。

表5-14　冯亦诚个案——影响管理专长建构的管理精英

关键人物	工作领域	职业专长和学习行为特征	对冯亦诚的主要影响
总经理A	大型国企	卓越的管理能力，丰富的企业管理经验；干事创业的坚定信念和开拓创新的魄力；长期刻苦学习，并把学习当成嗜好；建设学习型企业，通过考核评价制度"逼"员工学习	接受冯亦诚提出的大胆建议，让她的职业发展进入新阶段
总经理B	大型民企	严谨务实的管理风格；拥有企事业单位工作经验；名校管理硕士，专业知识丰富，学习能力强	为冯亦诚长期提供商务餐饮服务的重要客户，经常性业务交流
董事长C	知名民企	有创业魄力、果断干练和包容开放的管理风格；忙累中不忘学习，思想理念要跟上时代发展；长期在商学院学习专业管理课程	实行扁平化管理，与普通员工无障碍沟通，提拔冯亦诚为服务主管
镇领导D	政府机构	以党建引领学习型干部队伍建设，激发干事创业的积极性和工作热情；挖掘集体文化记忆，梳理和发扬本土特色文化	基层村居管理工作经验；宣传表扬冯亦诚"非典"期间免费为公职人员提供用餐

续表

关键人物	工作领域	职业专长和学习行为特征	对冯亦诚的主要影响
县领导 E	政府机构	博览群书，合理选择精读粗读； 十多年一直坚持提前一个小时上班，从网络浏览新闻资讯； 干大事业需要真情实感、真抓实干，绝非趋炎附势、口是心非可以实现的	工作经验：干净利落地处理行政事务问题；从事管理工作的职业情怀
县领导 F	政府机构	推动区域产业结构转型发展的战略决断力； 迅速学习理论方针、政策文件，快速转化成工作举措和制度设计	宏观环境：关注企业职工切身利益，推动区域产业工人政策完善
县领导 G	政府机构	研究性领导，成为本职工作的实践专家； 尊重工作经验丰富的老前辈，感受优良传统和工作精神	宏观环境：制定区域餐饮服务行业发展政策制度、执行标准
中学校长 H	教育机构	建章立制，带领一所学校走向辉煌时代； 崇高的职业情怀和工作热情； 把学习当成人生追求，博学、深学和研学	工作经验：学校管理尤其是教师队伍建设和管理
局领导 I	教育机构	管理的本质是服务，做管理就是做好服务； 专业研究性领导，具有较高的知识水平； 立足社会办教育，推动区域学习型社会建设； 向一线领导干部和教师学习，开展调查研究	工作经验：整合社会资源推动教育事业发展、区域教育辉煌的设计师和见证者
军团长 J	部队机构	坚持正规化、标准化、现代化队伍管理模式； 主动创新、自觉求变，推动管理改革和发展； 持续通过实战管理提高战斗效能，适应现代战争的形态演变	工作经验：管理模式、军民融合方面
局领导 K	卫生机构	重视谋划，依据科技手段预测，实施超前管理； 根据问题找学习方向，为解决问题而吸收知识； 在大量工作事务中筛选有价值、有影响力的问题深入探究	工作经验：区域餐企卫生监管；公共卫生突发事件管理工作

这一时期是冯亦诚"以管理精英为教科书"的学习过程，通过与这些人"打成一片""建立熟人关系"和"保持业务往来"多种联结方式，逐步开始了管理常识的积累、管理风格的形成、管理方式的创新等学习过程。

管理精英作为高成长性精英人才的代表，他们在职业经历中积淀了深厚的个人经验，他们学历水平高而且担任重要管理岗位，一言一行都体现了各自的管理智慧。最重要的是，在管理精英们有意无意的提携下，冯亦诚开始在一线城市中建立了自己的社会关系网，生活也逐渐稳定下来，才有机会从民营餐企顺利进入国有企业的员工餐厅。

这一段特殊的生活经历，让冯亦诚把"谁也惹不得"和"和气生财"作为生意场上的生存准则，一旦"触及了特定群体的利益"，也就只能"选择退一步"和"礼貌地让一让"的方式，放弃国企餐厅的职业，开始完全自主的创业生涯。

（3）突发事件的"风险"和"恩惠"

根据多年的职业经历（见表5-15），冯亦诚对企业履行社会责任也有自己的观察、理解和坚持，餐饮企业的运营每天都迎来"八方来客"，对于上门讨饭的流浪汉、来社会实践的学生等，她都充分考虑他们的难处，用"一碗粥""一道菜"的善意回馈别人、回馈社会（SW-FYC-57-WZ/TP、SW-FYC-64-WZ）。

表 5-15　冯亦诚个案——就职企业履行社会责任情况

就职企业	企业履行社会责任情况
民营企业 A	引进国际化生产标准，提升行业产品品质； 完善企业社会责任体制和运行机制，组建产品问题解决专家组，解决效果纳入绩效考评； 关心慈善事业，发起环保公益活动，资助贫困地区儿童完成学业，关爱养老院老年人群体及农民工子弟（SW-FYC-1-WZ/TP、SW-FYC-4-WZ/TP）
合资企业 B	尊重各方的法律、文化和价值观念； 支持中国在文艺方面的专业建设； 资助群众性公益文体赛事； 积极参与灾害救助方面的志愿工作（SW-FYC-19-WZ/TP）
民营企业 C	资助贫困地区学子接受高等教育，为提高人口整体素质贡献力量； 就业助学计划，提为西部地区优秀青年提供就业平台； 积极参加社会公益项目，体现企业公民的责任担当（SW-FYC-36-WZ/TP）
民营企业 D	联合高校，共同培养行业职业经理人； 资助大型公益体育赛事，获得主办机构的奖励（SW-FYC-47-WZ/TP）
国有企业 E	成为公益性体育赛事的官方赞助商； 参与对口帮扶，资助贫困地区小学生，积极参加脱贫攻坚工作； 通过开发产业项目助力三峡工程库区移民工作，获得国家嘉奖； 赞助社会性文体卫公益慈善事业； 参与地震、冰雪等灾害抢救和灾后家园重建工作（SW-FYC-57-WZ/TP）
民营企业 F	非典疫情期间，为公职人员免费提供工作餐； 资助贫困家庭孩子完成学业（SW-FYC-70-WZ/TP）

社会突发事件，尤其是社会公共安全事件的发生往往是一场蕴含危险和机会的"危机事件"。冯亦诚产业工人阶段的一次"危机管理"彻底改变了她的职业发展方向，是她职业生涯的关键事件。2003年，冯亦诚就职的国企餐厅除了服务国企员工，还获得了对外经营的自主权。冯亦诚刚刚开始经营的时候，员工还没有招聘到位，便遇到了"非典型性肺炎"的疫情暴发，整个中国社会受到了极大的影响。

当时冯亦诚所在的J市是疫情重灾区，隔离措施导致外地人回不去家乡，她和爱人之前就职的餐饮企业在解散了厨师和服务员之后，这些外地人不能返回家乡，又找不到居所。所以冯亦诚和爱人再三考虑后，收留这些曾经的同事加入餐厅的对外经营，解决了员工短缺的难题。

在这一阶段，冯亦诚向公职人员提供工作餐的善意举动，让她在该区域产生了一定的号召力和影响力，餐厅生意也"起来了"，也让她成功积累了创业的"第一桶金"。

（4）社会风气的"压抑"与"自保"

孩童时代的冯亦诚走出"宿命论"的人生旋涡之后，带着对命运的叛逆感，开始主动选择个体的发展环境。为了走出贫困的宿命，冯亦诚对发展环境的选择实现了多次改变。第一次是摆脱"贫困思维"的压抑，从村子走向市场，成为想通过"做生意致富"的小商贩，但是事实证明这种方式无法达成目标。于是，第二次是为了摆脱"出身环境"的束缚，她从农村市场步入了城市工厂，成为通过"做工人挣工资"的产业工人，经历了民营企业和合资企业的"一线工人到一线管理者岗位晋升"循环之后，高压力、低自主、重复性工作依然无法达成自己设定的目标。冯亦诚第三次选择发展环境，进入了一线城市的餐饮企业，从城市生产企业步入了城市服务行业，开始了职业成长的持续推进阶段。为了获得完全自主性发展环境，最后冯亦诚选择创业，冲破了市场竞争的压力甚至包括当地"黑社会"力量的打击，最终完成了行业"自保"，升级了自主创业的发展空间。

三、个案分析总结

（一）专长建构与非正式学习的阶段对应关系

根据冯亦诚管理专长建构和非正式学习的发展进程的对应关系（见表5-16），可以从个体经验、管理过程知识和专长情感能量三个维度解释冯亦诚的职业成长和发展。

表5-16　冯亦诚个案——专长建构过程和非正式学习的对应关系

专长阶段	非正式学习历程	个体经验	管理过程知识	专长情感能量
新手阶段	高自主性阶段	经验匮乏期	准管理过程知识	"卓越阶段"高阶情感
熟练阶段	低自主—相对自主周期循环阶段	经验定向期	碎片化管理过程知识	"胜任阶段"次阶情感
胜任阶段		经验转化期	模块化管理过程知识	"专家阶段"次阶情感
专家阶段	相对自主阶段	经验重构期	整合性管理过程知识	"卓越阶段"次阶情感
卓越阶段	完全自主阶段	经验升华期	创造性管理过程知识	"大师阶段"次阶情感

1. 新手阶段——高自主性阶段

这一阶段并不是冯亦诚正式产业工人职业阶段的开始,之所以把这一时期作为冯亦诚管理专长建构的新手期,是因为这是冯亦诚管理专长建构的"经验匮乏期",也是"准管理经验"的积累期,冯亦诚进入城市工厂后凭借乡村社会的经验积累迅速晋升管理岗位。在熟人社会,作为"孩子领班"的冯亦诚是个活跃分子,自我认定为"村长式的人物",借位基层管理者的卓越高阶情感,在"熟人之间的冲突与纠纷处理"过程中获得了"高自主性"授权;在乡镇小商品市场,冯亦诚也开始自主做生意,想方设法在"小商贩之间的人情世故"中获得一些收益,积累了丰富的社会经验,提前度过了职业专长建构的"新手阶段"。无论是熟人社会的"准管理经验",还是乡镇小商品市场的"自主经营经验",都让冯亦诚积累了"管人、管事儿"方面朴素的准管理过程知识。

2. 熟练阶段——低自主—相对自主周期循环阶段

该时期冯亦诚进入了二线城市的两家生产型企业,正式成为产业工人。面临高强度的工作压力,加上车间管理者简单粗暴的管理方式,冯亦诚从低自主性的"流水线操作工"做起,迅速成为车间管理者。"经验定向期"是指冯亦诚的个体经验开始逐步定向为"管理工作经验",无论是在民营企业还是中外合资企业,那个时代企业严苛的等级管理制度让冯亦诚的"生活经验"开始向"工作经验"转变,把自己对管理的领悟应用在工作过程中,从服务生产管理的角度对以往的生活经验进行"整体盘活"。以管理工作经验的积累为基础，通过工作场所的观察和学习，借位"车间管理者"和"更上层管理者"的次阶情感，反复思考他们对流水线工人、车间管理的基本观念和行为方式，于是冯亦诚开始形成碎片化的管理过程知识。

3. 胜任阶段——低自主—相对自主周期循环阶段

该时期冯亦诚离开了二线城市的生产型企业，进入一线城市的餐饮企业，继续产业工人的职业生涯。冯亦诚为了解决生存问题，进入了门槛低的餐饮服务业，做了"27 天的普通服务员"晋升服务员领班，再一次深描了"低自主性到相对自主性"的管理经验转化。对冯亦诚而言，这一次从"一线工人"成长为"一线管理者"是一个驾轻就熟的过程，能够借位"专家阶段"的次阶情感，胜任"一线管理者"的岗位职责。对比生产型企业的管理过程，冯亦诚开始对餐饮企业的"管理体系"有了一定的思考，认为所在餐馆在运营管理方面存在不少问题，例如前厅管理的流程混乱、人员分配的不合理等问题，模块化的管理过程知识开始形成和发展。

4. 专家阶段——相对自主阶段

该时期最典型的特征是冯亦诚接受了专业的服务管理培训，通过实践性专业管理知识的学习，让冯亦诚的管理经验得到进一步提炼和优化，形成了个体的"整合性管理过程知识"。为了获得持续发展必需的知识储备，冯亦诚放弃了"服务员领班"的不错待遇，重新进入另一家餐饮企业，在参与餐饮企业筹建过程中盘活自己所有的生活经验、工作经验，结合新的工作任务，完成了管理经验的"重构"，直接成为"空降主管"，获得了管理专长建构的相对自主阶段。

5. 卓越阶段——完全自主阶段

该时期冯亦诚开始自主创业，拥有了管理过程的"完全自主性"，超越企业管理者的阶段，成为"餐饮企业品牌领导者"。这一阶段，冯亦诚开始设计企业的发展定位，创造性地运用多年积累的管理过程知识和个体工作经验，进入了管理专长的卓越阶段，体现了来源于生活智慧、升华于工作智慧的个体管理专长智慧。

（二）冯亦诚非正式学习的"盘活机制"

结合冯亦诚管理专长建构的过程、特征和影响因素分析，可以总结出冯亦诚个案非正式学习的"盘活机制"（见图 5-4）。

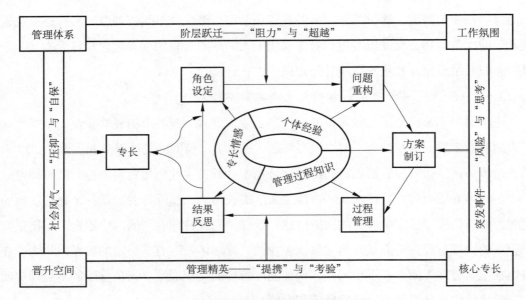

图 5-4　管理专长建构的"盘活机制"

冯亦诚通过非正式学习建构个体管理专长的过程，即问题解决学习过程包括角色设定、问题重构、方案制订、过程管理和结果反馈五个环节，其中"角色设定"是冯亦诚在工作中解决问题的核心要领，也是冯亦诚管理专长建构的"人生关键词"。

"角色设定"在冯亦诚非正式学习中发挥的积极作用主要表现在以下方面。

（1）观察所处环境的"最高管理者"（冯亦诚的目标角色，例如所在村、企业甚至包括管理精英的饭局），思考他们处理管理事务的原则、态度和方式（相当于"意义视角"）。当自己处理特定事务时，把自己代入"最高管理者"的意义视角，尝试像他们一样思考和行动，最后在"个体的意义视角"和"最高管理者的意义视角"的比较过程中，识别行动结果的有效性。所以，"有效角色设定"的基础是个体对同类实践者行为的观察和思考，他人意义视角与自我意义视角的融合情况，以及"角色设定"下的行动结果反思。

（2）盘活个体专长发展的潜在能量。冯亦诚在处理管理问题时，通过"角色设定"盘活了目标角色的专长情感能量，通过解决问题的反复练习，定向转化成自己专长建构的"情感支点"，撬动个体经验、管理过程知识的建构与重构。

（3）根本实质是实现"跨角色反思"（见图5-5）。冯亦诚在每一个职业角色时期，都是通过"角色设定"盘活上位角色、平级角色和下位角色的经验、知识和情感因素，协助建构自己的职业专长。

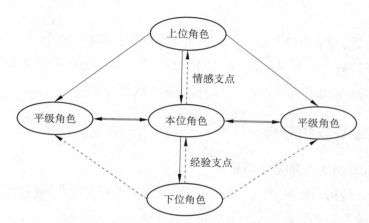

图5-5　非正式学习的"跨角色反思"

　　冯亦诚非正式学习的情境特征表现在个体因素、企业组织因素和社会环境。其中个体因素主要包括个体经验（生活经验和工作经验）、管理过程知识和专长情感能量构成的个体意义视角；企业组织因素主要包括管理体系、工作氛围、晋升空间和核心专长；社会因素主要包括阶层跃迁、管理精英、社会风气和突发事件等。其中服务业产业工人阶段，主要影响冯亦诚的组织因素和社会因素呈现"情境错位"的典型特征，体现在两个方面。

　　（1）专长发展阶段的"情境错位"。冯亦诚尚未进入工作场所便开始了"管理经验匮乏"为特征的新手期。一般情况下，只有进入工作场所才是职业专长建构的"起点"，但是冯亦诚尚未成为产业工人时，就充分体验了"高自主性"的问题解决练习阶段，直接以"熟练阶段"切入个体管理专长建构的过程。

　　（2）转化学习空间的"情境错位"。冯亦诚的工作场所（餐馆）是管理精英的非工作场所，属于工作之余的社交场所。所以冯亦诚观察的管理精英行为表现是他们相对比较自然的个人状态，能看到他们工作之余更多的个体经验、日常知识和职业情感的自然流露，冯亦诚获得大量的学习机会和学习资源，促进自我的认知转化。

第三节　刘煜个案故事解读和分析

　　刘煜是典型的高成长型产业工人。个案追踪的一年时间，研究者与其共同经历了"产业工人阶段"向"自主创业者"的职业身份变化，属于非现职产业工人，所以本研究重点呈现和分析的是他作为产业工人阶段的职业成长与发展。

一、综合性专长建构分析

（一）刘煜职业专长的总体特征

　　从职业专长结构特征来看，刘煜属于技术专长和管理专长共同构成的综合性专长。事实上，其技术专长和管理专长的发展并非同步进行，而是经历了不同阶段此起彼伏、最终形成综合性专长的动态过程。这个动态过程的特征包括以下方面。

　　（1）专长建构起点的非同步性。刘煜的管理专长建构过程的新手期发生在学校学习阶段，即在基础教育和职业院校的学习过程中以"学生会主席""学校招生负责人"这样的管理者身份积累个体经验；技术专长建构的新手期则是入职企业A之后，虽然在职业院校的专业是汽车维修（包括理论课和实训课），但是因为"没怎么上课"，所以根本"没学到啥东西"，上班以后只能重新开始学习汽车发动机方面的基础知识。

　　（2）专长建构过程的相互制约性。刘煜的"管理专长"和"技术专长"两条职业成长线索既相互制约，又相互促进。其中，相互制约主要体现在职初阶段，刘煜入职时期已经完成了"管理专长"的新手阶段，然而产业工人的"第一技能"尚未成熟，只能在入职后"从头开始学"，在操作过程中"琢磨"发动机运作基本原理，练就过硬的技术实力，才能真正在企业生产线上"站稳脚跟"。两者的相互促进主要体现在刘煜职业成长的后期，成为"实践专家"（企业工程师，相当于从"蓝领阶层"晋升到"白领阶层"）之后，需要管理更多的"一线操作工"和"企业技术骨干"，甚至成为名校毕业生的"实习指导老师"。同时具备"管理专长"和"技术专长"让刘煜应对了许多看似艰难的职业挑战。

（3）专长建构目标是形成综合性专长。由于刘煜从事的发动机制造业具有很强的专业技术性，同时企业的管理岗位晋升制度更加标准化，所以同时具备"专业的技术能力"和"过硬的管理能力"才能让个体获得持续职业成长。

（二）刘煜职业专长建构的过程

根据刘煜综合性专长建构的历程，分为技术专长和管理专长两个维度。

1. 刘煜的技术专长建构过程

刘煜的技术专长建构过程可分为五个阶段。

（1）新手阶段：工作经验和技术知识的"双重匮乏期"（2010—2012年）

新手阶段的典型特征是刘煜职初时期职业热情高涨，具有敢于"试错"、善于"挑战"的"专长情感盘活"状态。刘煜在高职院校毕业后，带着"在大城市就业工作"的职业热情和"认真干活、踏实干活"的职业成长动机，"一切都重新开始"进行日复一日的操作演练、技术实战和自我反思，还需要系统学习基础专业知识，大量积累相应的工作经验。除了童年时期帮助街坊邻居"修理三轮车等农用机械"积累的"准技术专长知识"，由于"在高职没学到啥东西"，入职后几乎是"零基础起步"的刘煜主要通过反复拆装发动机测试技术问题，逆推发动机运作的基本原理，通过问题解决的测试过程逐渐建构个体的技术过程知识。

（2）熟练阶段：个体经验和他人经验的"定向转化期"（2012—2015年）

熟练阶段的典型特征是作为一线管理者（班组长）的"个体经验盘活"状态，开始管理技术班组，与更多一线技术工人共同解决技术问题。随着工作时间的增加，刘煜虽然没有扎实的专业理论基础，但是早期生活积累的"实际动手能力""语言表达"和"玩具开发设计"等生活经历中的问题解决经验开始在解决技术问题中产生积极作用，带来了"不少灵光一现的好想法"。这一时期，刘煜的"经验转化"主要包括两个方面：一方面是生活经验向工作经验的转化，也是个体经验纵向维度的"碰撞过程"，让"过去的经验"成为解决现实场景工作问题的"生活教科书"；另一方面是他人经验向自我经验的转化，作为班组长能够借力更多"一线技术工人"的工作经验，在解决实际问题过程中，通过对比分析、批判式反思等方式逐渐转化成自我经验。刘煜通过查阅专业书刊、阅读内部技术资料等方式，学习发动机运作原理、故障排查、常用技术指标等方面的内容，随着工作经验的增多，也开始形成碎片化的技术过程知识（SW-LY-2-WZ）。

（3）胜任阶段：专业知识和工作经验的"密集碰撞期"（2015—2018 年）

胜任阶段的典型特征是"技术过程知识盘活"的专长建构状态。入职企业 B 初期参加了系统的专业知识培训（SW-LY-18-WZ/TP），弥补了刘煜最大的技术劣势，开始进入"专业知识"和"工作经验"相互影响和促进的快速成长期。结合出国技术培训和自主学习的发动机制造专业知识，以及工作过程中的反复演练，刘煜开始建构"模块化技术过程知识"，把"理论知识不够"的劣势变成了"理论知识丰富"的优势，刘煜亲自指导班组长参加集团职业技能大赛，获得多个单项奖和集体奖。

（4）专家阶段：灵活运用专业知识的"经验高原期"（2018—2019 年）

专家阶段的典型特征是"专长情感盘活"的专长建构状态。随着个体技术过程知识体系的逐步完善，刘煜对发动机运作过程的理解更加专业化，通过技能考试和认定，成为"国家一级技师"（SW-LY-3-TP），开始形成"整合性技术过程知识"，开始不断质疑个体经验的"精确度"，包括国外技术专家"模棱两可"的技术建议、"经验主义"带来的问题解决困境，进入了技术过程知识主导专长建构的"经验高原期"。但同时，刘煜觉得"自己距离顶级专家还有很大的距离"，依然需要长期的、大量的和反复的技术练习过程，只有借位"卓越专家"的专长情感，才能让技术专长水平再一次实现跃升。

（5）卓越阶段："经验知识共生期"（2019—2021 年）

卓越阶段的典型特征是专业知识和工作经验都呈现出强烈的灵活性。个体经验（包括生活经验和工作经验）与技术过程知识相互启发，让问题解决的过程更加具备灵活性、创新性特征。这一阶段，刘煜成为公司的高级工程师以后，进入了专长发展的较高阶段。①成立个人工作室。在公司管理层支持下，以个人名义成立了创新工作室（SW-LY-33-WZ/TP）。②学习制度的设计者，安排员工、班组长的分类分层培训，普及专业理论知识和实操技术知识。③学习活动的组织者，发起形式多样、内容丰富的集体学习活动。④成为学习课程的开发者，针对公司新入职员工、高级管理层、技术骨干人员、生产线班组长，开发设计相应的专业理论课和实训实操课程。这一时期（企业 B 和企业 C），刘煜作为企业培训课程的学习设计者，逐渐建构了"创造性技术过程知识"，是超越实践专家阶段的更高阶段。

2. 刘煜的管理专长建构过程

刘煜的管理专长建构过程可以把"2012年班组长""2015年成为线长""2018年成为工程师"作为时间节点，主要经历了五个阶段。

（1）新手阶段："经验匮乏期"（2012年之前）

新手阶段主要包括刘煜在熟人社会中的乡村生活经历，基础教育和高职院校的求学经历，以及在企业A晋升为班组长之前，缺乏工作世界中的管理工作经验。这一阶段的大部分时间都是刘煜尚未入职的时间，入职企业A两年之后，就晋升到一线管理岗位。

（2）熟练阶段："经验碰撞期"（2012—2015年）

熟练阶段刘煜就职的企业实施多元化管理，对员工的个体经验充分尊重，鼓励个体分享和应用生活经验，服务工作问题的解决。刘煜在三个方面实现管理经验的碰撞：①职前生活经验和工作经验的碰撞，尤其是作为乡村社会的"孩子王"、初高中的学生会主席、职业院校的招生负责人的管理经验与多元企业文化环境中的一线管理经验相互作用，刘煜开始重构管理经验；②个体经验和他人经验的碰撞，这是刘煜在直接工作经验和同事们的间接经验之间的分享、交流和互动中产生的思想观点的碰撞，尤其是多元文化对个体经验释放的鼓励和支持；③个体经验和组织经验系统的碰撞，企业A是新成立的中外合资公司，中方企业和外方企业的组织经验相互磨合、相互作用，共同影响企业的多元文化，这个过程也是个体经验和双方组织经验的碰撞过程。

（3）胜任阶段："经验高原期"（2015—2018年）

胜任阶段刘煜入职企业B，直接成为"线长"（相当于"生产主管"，比班组长高一级）。就职环境从企业A"多元企业文化"（SW-LY-74-WZ/TP）转变成"科层管理企业"（SW-LY-30-WZ/TP），刘煜企业A的管理工作经验在企业B经常碰到"不适用""不被认可"的情况，并且因为工作经验问题多次与管理层发生分歧。对于刘煜的日常管理工作来说，工作经验的阻滞作用非常明显，个体管理专长的建构进入了"经验高原期"。于是，刘煜开始适应和学习新企业环境中的管理过程知识，克服"经验主义"带来的沟通障碍、人际关系紧张的局面。

（4）专家阶段："经验重构期"（2018—2021年）

专家阶段，刘煜成为企业B的"工程师"，从蓝领阶层成为白领阶层，进入了公司的管理层（最低一级管理岗）；入职企业C直接成为"生产部长"，再次适应民营企业的生产环境（SW-LY-44-WZ/TP），刘煜开始重构个体的管理经验，仅用3个月的时间从生产部长晋升为总经理助理，再一次实现了管理专长跃升。

（三）刘煜职业专长建构的影响因素

1. 个体因素——"职业情感曲线"

影响刘煜综合性专长建构的个体因素主要是职业情感体验，他认为职业成长的意义是提升思想格局、实现自我价值，所以对工作的基本态度是"不喜欢太舒服的环境"，人生要为了"更好的生活"，要"不断向上、向前"，要敢于挑战自己的舒适圈，要不断地努力和奋斗。所以，刘煜在企业A晋升代理主管之后，分管多个技术班组，工作绩效"连续好几年都是第一"，感觉"工作太舒服了"，还是"不太甘心"，于是"勇敢走出自己的舒适圈"，选择企业B开启职业新阶段；在企业B从生产主管晋升到工程师之后，再次抵达"职业天花板"，无法实现职业成长的新突破，选择离职再择业；入职企业C之后，凭借个体管理专长和技术专长的独特优势，迅速升级为管理层，再次离职重新择业。可见，刘煜的"职业情感曲线"基本趋势是，在一个组织环境中从一线产业工人到一线管理者晋升过程中的"正面情感体验"，包括解决技术问题和管理问题带来的"自我效能感"、工作业绩被肯定和认可的"职业荣誉感"、带领技术团队和班组管理的"个人领导魅力"等；当晋升到"天花板岗位"时（即受到组织权力结构特征、个人学历背景、双语沟通能力等因素限制所能达到的最高工作岗位），刘煜开始体验到"岗位上升没有希望""权力斗争没完没了""被管理层排挤"等各种各样的"负面情感体验"。

2. 组织因素——"组织人才观念"和"员工成长体系"

从三家任职企业的员工培养体系来看，影响刘煜综合性专长建构的因素主要体现在"组织人才观念"和"员工成长体系"两个方面。

企业A是中美合资企业，其多元文化战略体现在：①创造多元化企业运营生态，通过组建多元化的员工队伍、供应商队伍，鼓励内部员工、外部合作伙伴发挥各自的资源和能力优势，最大范围整合所有利益关系人的潜在发展能量，建构文化背景多样化、问题解决方案个性化、沟通交流开放化的多元化发展环境（SW-LY-81-WZ/TP、SW-LY-80-WZ/TP）；②创造知识和经验交流的宽松氛围，通过创造舒适温馨的工作环境，鼓励工作场所的观点分享和交流，能够充分发挥员工的不同背景和个体经验去解决问题，设计开发有创意的产品和服务（SW-LY-88-WZ/TP）；③营造"礼遇他人"的企业文化氛围，主张所有生产运营链条参与者们相互尊重他人的感受，包括上下级、合作伙伴、服务客户、供应商、社区人员等相互理解彼此的思想观念和行为方式（SW-LY-74-WZ/TP）。

企业 B 是中德合资企业，主张建设奋斗者的精神家园，其人才观念主要包括：①充分理解人才的需求，人力资源市场竞争要通过培训、未来发展和轮岗机会等吸引人才、留住人才，让高素质的产业工人能够获得相应的职业待遇和发展机会（SW-LY-16-WZ/TP、SW-LY-28-WZ）；②鼓励员工自我教育，激发员工职业成长的内驱力，鼓励工作过程中的自主学习，企业提供大量的员工学习机会、学习场所和学习资源，让员工在解决工作问题中领悟专业知识、积累工作经验（SW-LY-25-WZ/TP、SW-LY-13-WZ/TP）；③重视企业文化建设，从领导力、行为规范及核心价值观方面对员工提出要求，努力消除中外民族文化差异引起的文化冲突，呼吁所有员工参与企业文化变革（SW-LY-17-WZ/TP、SW-LY-24-WZ/TP）。

企业 C 是非常具有市场影响力的老牌民营企业，把国际化发展和国际化人才放在战略发展首位，推动结果导向和薪酬浮动挂钩机制，实行管理者能上能下、能进能出的末位淘汰机制（SW-LY-44-WZ/TP、SW-LY-51-WZ/TP）。

从刘煜就职企业的"员工发展通道"（见表 5-17）来看，影响刘煜综合性专长建构的因素主要包括三方面。①职级设置依然是主要因素（SW-LY-80-WZ/TP、SW-LY-25-WZ/TP、SW-LY-44-WZ/TP）。刘煜的两次离职都是因为跨越了技术岗位的最高界限、成功晋升管理层，然而企业对于更高管理层的"学历硬杠"要求让刘煜的职业成长通道受阻，高职院校毕业生在合资企业中只能从"技术工种"做起，而普通高校毕业生完成技术岗位的实习阶段之后，便可以直接进入"管理层"。②管理岗位中的"结构性消极情感"。即使在企业 B 和企业 C 进入管理岗位，也属于岗位的最低等级，刘煜需要承受来自管理和领导层的"不信任、排挤"，在合资企业因为语言沟通不畅无法真正融入管理层的"中外沟通"，在民营企业因为"没有总公司关系背景"而遭受"政治打压"，导致上升无望。③企业对管理岗位的综合素养要求与刘煜的个人优势无法契合。例如，企业 C 时期，刘煜觉得"干事儿还行、操作能力强"，非常不喜欢"动不动就做演示文稿、写文字报告"。企业管理层需要经常召开业绩工作会议、日常例会，对管理层报告撰写、语言表达提出了多项要求，这些繁杂的行政事务让刘煜应付起来非常困难。

表 5-17　刘煜个案——就职企业的员工发展通道

比较项	中美合资企业 A	中德合资企业 B	老牌民营企业 C
职级设置	普通操作工、班组长、产品线线长、代理主管、生产主管、副总经理、总经理（中方）	普通操作工、班组长、产品线线长、普通工程师、科级工程师、副总经理、总经理（中方）	操作工、班组长、区域主管、经理助理（副经理级）、二级经理、一级经理
晋升条件	从普通操作工到代理主管属于"蓝领工"，管理岗位（"白领"）是生产主管以上	从普通操作工到线长属于"蓝领工"，管理岗位（"白领"）是科级工程师以上	从操作工到部门主管属于基层管理岗位，经理助理以上属于中高层管理
入职岗位	普通操作工	产品线线长	区域主管
离职岗位	代理主管	科级工程师	经理助理（副经理级）
任职时间	5 年	5 年 6 个月	6 个月

3. 社会因素——"文凭筛选"和"文化碰撞"

刘煜高职毕业以后，选择进入一线城市 J 市的中外合资企业，成为汽车发动机制造业产业工人。学历和文凭对刘煜职业生涯的影响主要发生在晋升管理岗位以后，一方面技术问题解决能力强，一线管理工作特别出色成为发展优势；另一方面跨语言沟通能力差，与中外高层管理者沟通不顺畅也成为突出的"能力短板"，甚至无法与新入职的高校毕业生相比较。任职于外资企业，"文化碰撞"给刘煜带来很大的沟通压力，特别是作为工程师，需要经常召开中外管理层沟通会议，刘煜作为唯一听不懂的"局外人"，即使外方管理层提出技术质疑，也无法"为自己辩解"，最后悔"英语没学好、又难以重新学习"。

二、非正式学习分析

（一）总体特征

刘煜综合性专长建构的"新手期"开始于乡村社会"孩子王"的日常生活智慧，后续依次经历了初高中时期的"学习尖子生""学生会主席""高职院校的招生负责人"等阶段的身份标签。同时，刘煜通过农村地区的"孩子领头"、初高中校园的"全面发展"、高职院校的"社会体验"，基于"问题解决"的长期"试错练习"，积累了丰富的生活经验，也积淀了丰厚的生活智慧。结合刘煜的非正式学习的主要方式（见表5-18），可以总结其非正式学习的总体特征如下。

（1）基于职业角色的学习方式差异，刘煜在担任普通操作工、班组长、代理主管、线长、工程师等职业角色时，由于岗位职责和工作方式的差异性，解决工作问题的非正式学习行为表现也呈现相应的差异性。

（2）个体学习与组织学习的关系变化，随着在企业管理中的权力地位变化，以及在技术生产中的话语权力变化，刘煜工作场所的学习行动对企业组织学习的影响力逐渐增强，经历了"自主学习阶段""学习管理阶段""学习指导阶段"和"学习设计阶段"。

（3）参加有限的正式学习，刘煜从高职院校毕业以后，工作过程中主要通过解决技术问题（即非正式学习）学习专业知识，参加的正式学习主要包括德国合资方组织的专业课程培训、考取高级技师资格证书，在职攻读本科学历（2016年开始读，但是尚未毕业）。

表5-18　刘煜个案——非正式学习主要方式

岗位角色	主要学习方式	学 习 环 境
高级发动机装调工	手机浏览技术知识普及、职场管理经验分享； 自主阅读汽车发动机专业书刊； 反复拆装闲置发动机，了解基本运作原理	中美合资企业A 实施多元化管理，鼓励员工使用和分享个体知识及经验； 主张扁平化管理，鼓励所有员工之间的互动交流； 设立问题解决小组，鉴别和支持一线员工提出的有利于解决问题的意见或建议
汽车维修技师/班组长	与技术骨干、企业领导保持沟通，特别是工作之余的非正式交往； 观察和请教上级领导、有经验的同事	
汽车维修技师/分工会主席/团支部书记	组织工会活动，宣传自我形象； 关注公司领导行踪，抓住交流互动机会	
汽车维修技师/代理主管	参加技术诊断会，与问题解决小组高效处理技术故障	

续表

岗位角色	主要学习方式	学习环境
装调生产线线长	赴德国参加一个月培训，学习发动机原理知识和维修实操流程，实地参观工厂生产线	中德合资企业 B 官僚科层制条件下，态度严谨、高效务实的企业文化； 实行严谨的制度规章管理，按照既定的流程解决各类技术问题； 鼓励员工参加技术学习活动，给予不同级别技师相应的奖励
高级汽车装调工／班组长	发挥个人特长，合作打造班组文化空间； 召开晨会例会，分配班组主要工作任务； 提拔两位副班长，解决班组内耗问题	
高级汽车装调工／工程师	成立个人创新工作室，打造个人专业形象； 辅导新入职员工熟悉生产流程，发展成队友	
高级汽车装调工／科级工程师	参加管理层技术讨论会，提出自己的见解； 与同事共同钻研技术问题，申请了技术专利	
汽车装调高级技师／科级工程师	自学专业知识，考取人社部高级技师证； 打造精英训练营，与技术骨干共同开发课程、设计学习活动，培训公司白领阶层	
生产事业部代理车间主任	自发组织员工培训，共同学习技术知识； 设计学习互动游戏，增强团队凝聚力； 画思维导图，解释分析技术问题； 坚持在生产现场办公，随时处理现场问题	民营企业 C 企业文化建设相对较弱，重视经济效益； 鼓励员工参加专业技能培训和考试； 领导和管理层坚持业绩导向，专注提升生产效益； 工作强度大，几乎没有学习时间
生产事业部车间主任（经理助理级）	指导下属员工撰写工作报告； 利用午餐时间，与同事交流工作； 与领导沟通车间管理方式	

（二）学习历程和阶段

结合刘煜综合性专长建构的过程特征和非正式学习的主要方式，可以把"2012 年成为 A 企业班组长""2015 年入职企业 B 成为线长""2018 年成为企业 B 工程师"作为时间节点，分为四个阶段。

1. 自主学习阶段："一线操作工"和"自主学习者"（2010—2012 年）

自主学习阶段是刘煜入职企业 A 初期，以"一线操作工"的职业角色学习专业知识、工作过程知识。刘煜下定决心，"要在大城市立足和发展""努力实现自己的梦想"，基于生存压力开始工作和学习同步进行的阶段。

2. 学习管理阶段："技术班组长"和"学习管理者"（2012—2015 年）

学习管理阶段是刘煜晋升班组长之后，综合性专长的熟练阶段，开始负责班组日常管理、技术学习活动等工作内容。这阶段刘煜的班组长形象有两个关键词："班组带头人""业绩突出者"和"自我推销者"，通过主动与管理层和领导层沟通，抓住机会宣传自己的工作业绩，获得了广泛肯定和认可。2015 年，刘煜晋升代理主管，根据他的判断自己达到"完全瓶颈期"，不再有上升空间。

3. 学习指导阶段："内部讲师"和"学习指导者"（2015—2018 年）

学习指导阶段是刘煜进入企业 B 的初期，刘煜的管理专长和技术专长发展都进入了胜任阶段。作为"空降产品线线长"，开始为一线产业工人开展发动机知识和实操流程培训，指导班组长参加总公司举办的员工职业技能大赛活动。

4. 学习设计阶段："企业工程师"和"学习设计者"（2018—2021 年）

学习设计阶段是刘煜成为企业工程师之后，真正成为企业的"实践专家"。该阶段刘煜非正式学习的主要特征包括：学习理念普及，开始设计企业员工培训项目（包括"白领"阶层和"蓝领"阶层的理论知识培训、技术实操培训），设计企业的学习空间（建设职工工作学习一体化实践空间）；学习制度设计，通过成立个人创新工作室，开始为企业设计培训制度；设计学习空间，通过团队合作，共同打造企业内部学习空间，成为工作场所非正式学习的重要内部环境；学习活动设计，坚持"培训就是实战"的原则，除了正规的课程培训，也会设计一些员工工作学习一体化的趣味活动。

（三）刘煜非正式学习的影响因素

1. 个体因素——意义视角

影响刘煜非正式学习的个体因素，主要表现在个体的意义视角，包括认知论类型的意义视角（对应技术和管理知识的认知和使用方式）、社会语言学类型的意义视角（对应工作经验的建构、重构和转化）、心理学类型的意义视角（对应个案专长情感方面的认知参考框架）。

（1）认识论类型的意义视角——"反书本主义"和"学习活的知识"

刘煜学习技术和管理知识的途径都不是通过"专业教材"学习的，而是基于自身参与的技术工作和管理工作，认为"书本上的东西"都是纯理论性的东西，严格按照书本是做不好管理的；遇到工作问题，查看书籍"只是一种参考"，就像"查辞典"似的，真正解决问题还是要使用"来源于生活和工作经历的、那些灵活的东西"，只有把自己的观察和思考转化成知识，只有知识"用活了"，知识才能称之为"知识"，否则看得再多也是一种信息干扰，不会有真正的帮助。

通过反复拆装发动机的方式学习发动机基本原理，只有不懂了再去"查书查资料"或者"上网搜索知识"（SW-LY-2-WZ），直到把问题搞清楚、弄明白为止，这样学习的东西可以"记住一辈子"，而不是像背诵书本知识似的，"记住了很快就忘了"。在管理团队过程中，刘煜认为"人格魅力才是领导力""有格局才能长远发展"，不是"照本宣科"地实施日常管理，而是通过"讲故事""做游戏"等多种多样的方式管理自己的团队（FTZL-LY-GXR-13），让大家"从内心里愿意听你的"，而不是"因为害怕你而听你的"或者"为了应付你表面上听你的"。

（2）社会语言学类型的意义视角——"经验自信"和"领头人思维"

刘煜认为，自己在工作中用到的问题解决方式主要来源于"生活经历和工作经历"，而不只是"书上写的东西"。所以，刘煜的个体经验在工作问题解决过程中发挥着主导作用，尤其是农村生活经验、在校学习经验、实习实训经验中积累了丰富的日常知识和专业知识，以及生活体会和学习心得，这些带有知识和情感色彩的经验构成了独特的"意义视角"：从异地就业的职场新手到组织认可的实践专家，刘煜都是基于工作情境，在动手操作中学习专业基础知识、练习实际操作能力，体现了工作场所非正式学习对职业专长建构的现实作用和实际价值。在个体经验建构方面，刘煜的典型特点是个体自主性强，由于他从孩童时代开始树立的"领头人思维"，即"无论做什么事情，都要把事情做好，这样还不够，还要宣传好自己做的事情，要树立自己在大家心目中的影响力，占领他人的思想阵地"。所以刘煜是通过"目标价值取向"来进行"经验筛选"的，"有用的经验就吸收，没用的经验就忽略"，向别人学习间接经验的最终目的是树立自己的形象。

（3）心理学类型的意义视角——"职业情感曲线"

刘煜的重要个性特质是"高度自信"而且"自尊心特别强"，所以职业情感体验是影响其非正式学习的重要因素。刘煜认为"职业情感体验"应该是以"个人成长和发展"为目标的：所以企业 A 营造的"多元环境"即使表现了对员工生活的细致关心关爱，但是一线管理者晋升空间有限、难度大，"缺乏成长可能性"，依然无法带来正面职业情感体验（FTZL-LY-14）；企业 B 的特点是"科层管理"，刘煜虽然成为科级工程师，拥有一定话语权，但是其本身的学历背景和社会背景很难让他在以后的竞争中脱颖而出（FTZL-LY-GXR-10）。同时，"白领阶层"需要撰写工作报告（中英文）、全英文会议、英文邮件沟通等要求让刘煜真正感觉到自己的能力局限，外加工作压力大、学习时间有限，所以"学习外语"并不难，但是短时间达到"语言表达和文字书写都能顺畅沟通"的程度确实有很大的困难（FTZL-LY-GXR-13）。刘煜从 B 企业离职很大程度归咎于"受挫感"带来的成长思考。企业 C 作为一家民营企业，管理方式"简单粗暴"，"我们工人不要生活，只要效益"，员工上班几乎是"早 7 点晚 10 点"的超负荷运转节奏，外加"喜欢当众批评人、骂人"的领导风格（FTZL-LY-GXR-6、FTZL-LY-GXR-7），让刘煜产生"不适感"，仅仅任职半年就选择离职。

2. 组织因素——学习形式、学习空间、组织气候

影响刘煜非正式学习的组织因素，主要包括组织学习形式、组织学习空间和组织气候三个方面。他就职的三家企业均为汽车发动机制造企业。其中，刘煜就职的企业 A 和企业 B 是同一家中方企业联合美国企业和德国企业分别创立的合资公司，位于一线城市 J 市，所以两家企业在管理体系、市场运营方式等方面存在一些共同特征，由于合作方的企业文化差异，形成了两种完全不同的合资企业文化。刘煜和他的爱人高职毕业后的 10 年职业生涯，也见证了两家企业的起步发展过程：企业 A 和 B 的创立时间分别为 2008 年、2012 年，刘煜的任职时间分别为 2010—2015 年、2015—2021 年，刘煜的爱人在企业 A 任职时间为 2010—2021 年。刘煜就职的企业 C 成立于 2012 年，位于北方某省会城市，是一家品牌民营企业的全资子公司，就职时间顺利升职后辞职，选择了自主创业。

（1）组织学习形式——非正式学习活动设计、实施和测评

从刘煜就职企业的主要组织学习形式（见表 5-19）来看，企业培训活动设计主要特点如下。

① 围绕企业管理战略设计培训计划，通过"年度制"（按年设计培训计划）或者

"五年制"（设计长期培训规划）的方式，确保核心流程和关键环节重点培训和学习，学习形式和学习时间灵活设计，真正贯彻执行企业的发展规划。

② 围绕岗位技能提升设计学习活动。总公司或者子公司统筹考虑企业产生生产的工艺流程，采取"工作岗位和技能学习一体化"的实践设计理念，分别围绕生产技术、经营销售和企业文化等主题整体设计企业培训体系。

③ 围绕企业文化建设营造学习氛围。近年来，围绕全球制造业转型升级发展趋势，倡导精益求精的"工匠精神"为发展理念，成为国内生产型企业提高经济效益、实现技能转型的普遍性做法。

④ 围绕问题解决方案管理学习效果。刘煜就职的三家企业培训，基本遵循"先有问题，再有培训方案"的问题导向，以生产过程和市场营销过程中的"一站式问题解决方案"作为企业培训体系和员工学习活动设计的基本依据。

表 5-19　刘煜个案——就职公司的典型组织学习形式

公司	典型组织学习形式	内 容 描 述	参 与 人 员
企业 A	经营销售总结会	展示发展成果，宣教企业文化，明确发展目标，统一全员思想，鼓励团队积极创新、开拓市场	全体职工
	职业病防治宣传教育	职业病防治法规基本知识、职业卫生管理制度和岗位操作规程、主要职业病危害因素和防范措施	主要负责人、职业卫生管理人员
	工匠精神主题活动	公司成立 100 年的庆祝仪式，以弘扬工匠精神为主题，发布最新发动机产品，提出了公司的环保主张和实施规划，培训安全驾驶方面专业知识，举办赛车活动	全体职工
	组织员工定期参加社区公益活动	鼓励每一位员工成为企业责任的参与者与践行者，每年定期参加社区公益活动，运用专业知识和业务工具改善企业所在的社区环境	全体职工
企业 B	合资方互助学习交流	公司成立初期的组织学习形式：中方派工作人员赴德工厂实地参观学习专业技术、参加团队调整经验交流；德方派技术专家对中方技术人员开展质量管理、技术研发专业培训，促进双方深度磨合	中方专业技术骨干、德方技术专家、双方中高层管理人员
	企业文化研学之旅	围绕企业文化体系建设，展开公司之间的对话交流，探讨企业文化和公司发展战略的融合统一	公司管理层、宣传负责人、工会主要领导

续表

公司	典型组织学习形式	内 容 描 述	参 与 人 员
企业B	小团队问题处理机制	小团队由一线工程师和技师组成，及时解决生产过程中的技术问题，第一时间查找根本原因，采取有效方案，解决问题并防止再次发生	一线工程师、技师、中层管理人员
	校企合作培训项目	借鉴德国双元制职教理念，联合中国的职业院校开展职业培训项目，培养适应未来行业发展需求的高技能人才	企业领导层和管理层、专职培训部门
	成立汽车研究院	联合政府部门、职业院校开展的产教融合和校企合作项目，教学过程融合企业岗位标准和职业资格，学校教师和企业员工共同授课	企业高管、骨干技术员工、培训部门
	技术精英训练营	由刘煜和其他技术骨干联合开发培训课程，面向公司高层管理人员、市场销售人员开展的技术培训活动，主要以专业理论讲解、技术案例讨论、实训实操演练等形式	企业高级工程师、核心技术骨干、企业高管、市场营销人员
	举办职工技能比赛	总公司发起，组织分公司职工参加的专项技能比赛活动，通过"以练促训、以训促学"的方式提升产业工人的专长水平	一线技术工人、班线长、班组长和技术工程师等
企业C	岗位大练兵	开展大客户管理、法律法规、产品知识等方面的主题培训	营销团队、中高层领导
	总结表彰大会	总结公司营销、研发、制造、管理等工作；分析行业面临的机遇与挑战；介绍新年发展规划，业务布局和年度目标；表彰一批质量高、创新性强的项目成果	总公司和分公司全体职工
	外部机构参观交流	同行企业、行业协会或科研院所赴企业参观交流，共同分享行业发展信息	领导和管理层、核心技术骨干
	服务骨干技能培训	学习发动机专业知识，技术专家讲解新产品知识，管理专家传授沟通技巧和素养	全国服务商的服务骨干

其中，企业A的组织学习围绕战略管理工具的普及、宣传和执行过程展开，通过调研分析生产过程和市场运作过程存在的工作环境、团队协作、员工技能等问题，明确培训和学习的主要目标，制订培训计划。

企业B与企业A属于同一家中方企业，由于外方企业文化的差异，也形成了自身的学习活动设计特色，员工培训从课程计划、分组情况、周度课程表、课程准备、设备工具、装配岗位和测试岗位考核等方面进行精细化管理。其中，刘煜成立创新工作室以后，开始设计公司培训项目，面向企业中高层管理者设计了"白领装配技能培训"，主要包括理论知识培训和实操过程培训。刘煜在企业 B 时期进入了专长水平的较高阶段，凭借出色的专业技术水平和管理能力成为企业科级工程师和国家一级技师之后，除了设计培训课程，还主导设计某些岗位的培训考核标准，职业角色也从"自主学习者""学习管理者""学习指导者"转型为"学习设计者"，在组织学习活动设计中发挥个体工作经验、工艺过程知识和职业情感体验的复合优势。

（2）组织学习空间——"全员共享空间"和"科层互动空间"

刘煜就职的三家公司都是汽车制造企业，企业生产环境具有相对封闭性。企业 A 是中美合资企业，企业倡导的多元文化营造的"全员共享空间"的典型特征如下。

① 问题解决风格方面，以解决问题为目标的多元互动和交流，企业在生产过程中遇到技术问题，有关部门、领导和员工迅速组成"问题解决小组"，共同讨论决定解决方案；鼓励所有员工分享自己的工作经验、专业知识，如果解决方案是一线工人提出的建议，也可以得到管理层和领导的支持和配合。

② 员工关系方面，以空间开放为特征的人际关系互动，企业的工作氛围非常开放，企业领导层和管理层与普通员工共享企业公共空间，如餐厅、茶吧、读书区等均有可能成为员工之间、管理层之间相互交流的场所。所以，刘煜刚毕业进入企业 A，在一个充分尊重员工经验和背景的环境中，获得了最宽松的职业学习环境，在专长建构的"经验匮乏期"完成个体经验的积累、转化与实践应用。

刘煜就职的企业 B 属于科层管理比较严格的下属子公司。也有观点认为，采用垂直一体化分部门的科层制管理模式，对劳动者进行分工与等级区分是企业进行复杂控制的需要。[1] 在员工学习空间方面，科层管理模式营造的"科层互动空间"特征如下。

① 问题解决风格方面，以科层管理为目标的垂直互动，企业生产过程中遇到技术问题，遵循上下级管理关系的方式，通过逐级向上汇报、召开管理层会议，领导层或管理层做出最终决策的方式确定问题解决方案；一般情况下，一线员工提出的建议必须经

---

① 严霄云. 符应理论视角：职业教育与中国新产业工人的生产 [D]. 上海：上海大学，2013.

过管理层认可方可执行，被接受的可能性并不大。

②员工关系方面，公司日常管理按照班组长、线长、副总经理等行政级别划分内部公共空间，同一级别领导共享同一级别的公共空间，互不产生交叉和互动；企业一线产业工人与领导层和管理层互动的机会很少。刘煜进入企业 B 的工作经历，即使成为科级工程师，除了与下属和同级员工共同交流和互动外，很少与领导层和管理层进行互动和交流。

刘煜在企业 C 就职的时间比较短，因此参与的组织学习活动并不多，几乎没有参加过总公司举办的正式培训活动；这一段时间，刘煜发挥自己的工作经验、专业技术优势，在业余时间为下属操作工和班组长开展安全生产、现场管理和团队建设培训，继续担当"学习设计者"的职业角色。企业 C 管理运营的中心是"提高生产效益"，从普通员工到管理层和领导层的工作压力都很大，对于员工培训和学习活动几乎"无暇顾及"，员工学习空间其实就是工作空间，所以"高压文化"成为员工工作空间的典型特点。

①问题解决风格方面，高管理层简单粗暴的"语言训斥"甚至"侮辱谩骂"让企业员工充满压抑感，工作满意度极低，是对人格极限的考验。

②员工关系方面，遵循严格的等级制，普通操作工、班组长、车间主管和副总经理分别建立各等级的沟通联络方式；刘煜入职以后与普通员工共同上下班，帮助有困难的员工"解决技术难题"，共同讨论交流，成为不少普通操作工和班组长的"精神领袖"。

（3）组织气候因素

刘煜经历的三家企业的组织气候因素（见表 5-20）典型特征分别是多元文化、等级文化和高压文化，具体体现在组织结构、人情关系、责任意识和激励体系四个方面。

表 5-20　刘煜个案——就职企业的组织气候因素分析

就职企业	组织结构	人情关系	责任意识	激励体系
企业 A "多元文化"	扁平化；生产流程、管理制度比较完善；组建临时问题小组；建设全员共享空间	和谐型：包容礼遇他人，员工之间相互尊重和理解；离职率低，10 年以上老员工特别多	责任共担型：员工敢于提出意见和看法；个体愿意主动承担责任；员工归属感、责任感较强	强激励型：完善的员工福利体系；对优秀学习团队的表彰和奖励

续表

就职企业	组织结构	人情关系	责任意识	激励体系
企业 B "等级文化"	科层制管理：下级服从上级指令；建设科层互动空间	冷漠型：管理层与基层员工界限明确，缺乏沟通；员工离职率高	责任向上传导：务实严谨的工作风格；上一级行使最终管理决策权	差异化激励型：管理层待遇较高，员工薪资待遇低
企业 C "高压文化"	科层制管理：简单粗暴管理风格；建设科层互动空间	紧张型：上下级关系极度紧张；员工心理压力大，工作满意度低	责任向下传导：一线班组长承压较高；员工归属感差，责任风险高	弱激励型：基本业绩要求高；绩效奖励和错误惩罚同时进行

组织气候对刘煜非正式学习的间接影响体现在其对组织学习空间的影响：通过影响组织学习的方式方法，提高了组织学习空间的转化促进因素，优化和提升组织成员的意义视角，提高个体学习有效度，进而促进职业专长建构的过程。

刘煜就职的企业 A 属于高转化学习空间，其"高转化性"主要表现如下。①尊重个体知识和经验背景。企业倡导敢于变"不可能"为"可能"的超越精神和开拓精神（SW-LY-91-WZ/TP），充分尊重个体自主性，激发员工的学习意愿、学习动机，鼓励员工分享、使用自身不同背景和经验参与解决问题，提供有创意的产品和服务。②营造批判性反思的场域。临时问题解决小组，包括不同部门、不同等级的管理层和普通员工，不同职业角色的小组成员共同分析问题原因、形成问题解决方案和实施解决方案的过程（SW-LY-94-WZ/TP），形成了批判性反思场域。③形成正向情感转化的氛围。企业通过工会定期关心关爱员工的情绪情感状态，通过企业员工"家庭聚会"、节假日员工关爱等活动让员工感受"多元文化"的包容（SW-LY-88-WZ/TP），形成强烈的责任意识、集体归属感和荣誉感。

企业 B 属于有限转化学习空间，组织气候对问题解决学习的限制性因素主要包括以下方面。①个体自主性的弱化。官僚科层制深信制度与规则，等级化带来的"政治压力"弱化了个体自主性，在管理流程化、标准化的同时，问题解决过程中普通操作工和一线管理者的个体作用无法充分表达、精准上传或得到尊重和采纳。②缺乏理性交谈形成的反思场域。公司的"科层互动空间"形成了不同技术级别、行政级别员工之间的天然界限，内部沟通机会受到限制，即使出现技术或管理问题也无法形成集体反思场域。

③难以形成正向情感转化的氛围。一线工人和基层管理者无法深刻理解企业的发展规划，刘煜即使成为工程师以后，也很少有机会与管理层沟通交流，作为组织的"学习设计者"，获得的管理授权也是有限授权，完全到了"职业瓶颈期"。

民营企业 C 属于低转化学习空间，企业的"高压文化"的限制性主要有以下表现。①个体自主性处于高度压抑状态。企业以追求生产效益为中心，缺乏员工培养的基本体系，特别是一线操作工和基层班组长处于压力集中点，工作过程几乎是"接受命令"式地完成生产任务、"接受训斥"式地被追究问责、"接受惩罚"式地为失误负责。②内部沟通机制极度混乱。企业管理体制混乱，盲目追求产量，忽略基本的安全管理、队伍管理，产品线各环节沟通不畅，相互之间配合度低。③形成了消极负面的情感转化氛围。公司领导"骂人是热暴力，不骂人是冷暴力"的管理风格，让员工普遍产生"抵触心理"，离职率非常高，"工作满六个月的都是老员工"，让人迅速进入"精神老龄化"阶段。

3. 社会因素——"社会责任感"和"亲情割裂感"

影响刘煜非正式学习的社会因素，主要来自所在企业与社会发展的融合、异地就业的生活状况与城市生活环境的融合两个过程。刘煜就职的三家企业都是制造业品牌企业，融入社会发展、履行社会责任是企业公民形象的重要构成要素（见表 5-21），主要体现在三个方面。

（1）特殊时代背景下企业公民的社会责任担当。2020 年年初，新冠肺炎疫情在全球蔓延，我国的企业生产受到了严重影响，本研究跟踪个案的时间刚好贯穿疫情形势发展过程。随着疫情形势的发展，刘煜就职的三家企业都经历了特殊时期的停工停产、封闭式生产和复工复产的过程（SW-LY-81-WZ/TP、SW-LY-41-WZ/TP、SW-LY-62-WZ/TP），积极参与到疫情防控支援工作中，贡献了自身的爱心和力量，凝聚组织发展的情感共识，形成情感共鸣，无形中向内部员工和社会公众传递了组织的情感价值观。在特殊时期，建立了企业员工、服务客户、社会公众之间的情感链接，把企业发展融入社会发展，在更大的情感转化空间里，拓展企业的发展空间，推动社会和谐发展。

（2）建立员工、企业和社会公众之间的情感链接。在社会发展系统中，企业作为一个组织，扮演着"企业公民"的角色，参与国家的脱贫攻坚、支援防疫工作、援助灾区

表 5-21　刘煜个案——就职企业履行社会责任情况

就职企业	履行社会责任情况
公司 A（中美合资）	公司把对利益相关人的影响和商业决策相关联，努力成为优秀的企业公民；积极参与解决所在社区与社会中存在的各种问题，集中关注社区水域生态修护、流动儿童教育关怀和平等机会方面；提高员工对社区服务的认识，鼓励员工每年利用工作时间完成 4 小时公益服务；工厂设计和建设过程中充分考虑节能、环保、安全和人文关怀等因素；获得所在地区和全国行业评选的企业社会责任奖
公司 B（中德合资）	企业设立职业教育项目，通过产教融合和校企合作，借鉴德国本土化的教育模式，培养高素质汽车专业人才；自 2006 年开始，企业联合国内职业院校开展职业培训项目，引入德国双元制理念，为年轻学员传授基础理论知识和实训操作流程，提升职业素养和专业技能并重并举；向部分职业院校捐赠实训设备，创造条件支持在校学生参与实操流程；开展合作并联合推出跨界产品，助力女性参与社会经济发展
公司 C（民营企业）	2020 年新冠肺炎疫情暴发，企业积极提供生活物资和医疗物资，支援防疫工作；发挥专业制造业优势，利用重机设备支援新冠病毒疫苗研究生产车间建设

群众等公共社会事件，积极履行社会责任，体现了企业组织的社会发展关切。2020 年以来的新冠疫情防控形势下，企业通过捐款捐物，承担自身的社会责任，对外树立了良好的企业形象，社会公众对企业组织的认可和肯定，成为企业组织社会情感的重要来源；对内转化成企业组织的情感反思场域，引导员工正向转化发展能量，汇聚企业发展的强大生命力，沉淀成组织发展的社会情感基础。

企业积极参与社会发展的历程，投身到公益事业，让更多人加入美好社会的建设，体现了企业组织的历史使命。企业的商责并举行动，践行着企业的社会责任，回馈中国社会，为可持续发展储备高质量复合型人才，推进合资企业的本土化进程，让社会广泛聚集起来的善意助力企业的长期稳定性发展。

（3）个体职业专长建构的社会情感空间。刘煜的异地就业带来的家庭亲情的割裂感，始终是他面对工作和家庭时最大的纠结，大城市的户籍制度对外来就业产业工人落户的条件让刘煜产生了"被排外的疏离感"。刘煜与爱人在一线城市工作了 10 年，他们的孩子和老人常年"留守"家乡，在工作城市缺乏家庭归属感，"亲情割裂感"让异地就业充满了悲凉感。

"太多太多的人把乡愁和思念寄托在一张小小的车票上，跋山涉水，千里迢迢，回到陌生而又熟悉的家乡。然而，却发现故乡犹在，已是物是人非，无法融入其中，小聚数日，花费完一年的积蓄，便又匆匆离开，重新回到那个不属于自己的城市打拼。"（SW-LY-1-WZ/TP）

三、个案分析总结

（一）职业专长建构与非正式学习的对应关系

根据刘煜综合性专长建构和非正式学习的发展进程对应关系（见表5-22），可以从个体经验、工作过程知识（包括管理过程知识和工艺过程知识）和专长情感能量三个维度解释刘煜的职业成长和发展过程。

表5-22 刘煜个案——职业专长建构和非正式学习的对应关系

专长建构	非正式学习	个体经验	工作过程知识	专长情感能量
新手阶段	自主学习阶段	经验匮乏期	准工作过程知识	"专家阶段"高阶情感
熟练阶段	学习管理阶段	经验转化期	碎片化工作过程知识	"胜任阶段"次阶情感
胜任阶段	学习指导阶段	经验重构期	模块化工作过程知识	"专家阶段"次阶情感
专家阶段	学习设计阶段	经验高原期	整合性工作过程知识	"卓越阶段"次阶情感

1. 自主学习阶段——新手阶段（2010—2012年）

自主学习阶段是刘煜入职企业A初期，其管理专长建构处于"新手阶段后期"，由于生活和求学经历中积累了一定程度的准管理经验，职初尚处于工作管理经验的匮乏期；工艺专长建构处于工作经验和工艺知识的"双重匮乏期"。这一时期的典型特征是"专长情感盘活"状态，在企业多元文化的包容下，以"无知者无畏"的工艺探索精神、"主动推销自己"的形象管理意识，迅速完成职业成长的第一次转型——从"普通操作工"转型成为"一线班组长"。

2. 学习管理阶段——熟练阶段（2012—2015年）

学习管理阶段是刘煜在企业A任职班组长时期，其管理专长和工艺专长建构相互促进、相互影响，进入了综合性专长的熟练阶段，个体的生活经验、新手期的工作经验开始"定向转化"，逐渐建立个体层面的经验体系，碎片化的工作过程知识开始形成。这一时期的典型特征是"个体经验盘活"状态，借助一线班组长的岗位，积极与公司领导层和管理层保持联络与沟通，通过整合上位角色经验、平级角色经验，以及转化个体经验，完成了职业成长和发展的第二次转型——从"一线班组长"转型成为"代理主管"。

3. 学习指导阶段——胜任阶段（2015—2018年）

学习指导阶段是刘煜入职企业B的初期，受益于国外培训和学习经历，其综合性专长的短板"工艺专长"逐渐完善和升级，同时工作经验更加丰富。在工作经验和工艺知识的密集碰撞过程中，刘煜开始形成模块化工作过程知识，属于"工作过程知识盘活"状态，即抓住工作过程知识升级和完善的过程，真正成为企业的实践专家，完成了职业成长和发展的第三次转型——从"产品线线长"转型成为"初级工程师"。

4. 学习设计阶段——专家阶段（2018—2021年）

学习设计阶段是刘煜入职企业B的后期，个体工艺学习过程中开始体会到经验的局限性，进入"经验高原期"，而整合性工艺过程知识开始形成，具备转化和使用方面的灵活性，个体的工作方式和管理方式也开始具有创造性，开始设计企业的培训和学习项目。这一阶段处于"专长情感盘活"状态，刘煜并不满意现有的职业专长水平，借位"卓越专家"的次阶情感，完成了职业成长和发展的第四次转型——从"初级工程师"转型成为"科级工程师"。

（二）综合性专长建构的"盘活机制"

结合综合性专长的建构过程，以及刘煜非正式学习的过程分析和影响因素，可以总结出刘煜综合性专长建构的"盘活机制"（见图5-6）。

刘煜综合性专长建构过程的个体情境包括个体经验、工作过程知识和专长情感，其中个体经验包含生活经验、学习经验和工作经验；工作过程知识包括管理过程知识和工艺过程知识两个方面；专长情感能量包括个体情感能量、组织情感能量和社会情感能量三个方面。专长建构过程中，非正式学习的问题分析、方案制订、实施过程和学习结果受组织气候的影响，以及学历社会、人情社会、户籍制度和异地就业因素的共同影响。

（1）从个体情境分析，综合性专长建构"盘活机制"可以从个体经验、工作过程知识和专长情感能量三个方面进行解释和分析。

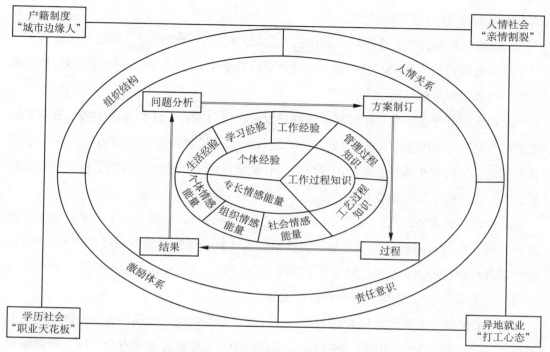

图 5-6　综合性专长建构的"盘活机制"

① 个体经验的盘活机制。具体而言，个体经验的盘活机制是指个体专长发展的过程中，某一方面或几个方面的真实经历持续积累、不断丰富，对经历的体验持续建构、不断整合，对体验的理解持续重构、不断迭代，使得个体获得某种能力特质的过程。这个经验盘活的过程伴随个体专长水平的进阶过程，是对经历的思考、再思考与整合思考，也是对经验的建构、再构与重构，进而形成相对稳定的"意义视角"。

刘煜的管理专长主要是基于经验的迭代式学习，连续性的个体经验对职业专长建构产生了持续的影响。

a. 乡土社会的童年生活经验。作为乡村生活知名的"玩具制造者"和"玩伴领头人"，刘煜在童年生活经历的体验形成了"动手能力"和"领头能力"的雏形，这是技术操作能力和团队管理能力的最初积累。

b. 校园生活的学习经验。中小学的学习生活中，作为年级成绩优异的"尖子生"和"学生干部"，学习经历和管理经历相互融合，刘煜在校园生活中的体验立体而丰满，是综合能力得到全面发展的全能学生。

c. 高职院校的社会工作经验。就读职业院校的时间，刘煜已经开始经营生意了，一边学汽车维修知识一边做产品营销，帮助企业招聘学生，这一段时间的工作经历持续盘活了学习经验和生活经验。

d. 初次就职于多元化工作环境。企业鼓励员工充分发挥个体经验的优势，分享个体宝贵的生活和学习经验，能够服务于公司的综合业务发展需要，这段五年的工作经验非常宝贵，保持了个体经验盘活的连续性，让刘煜的所有人生经验得到了最大限度的释放，再一次完成了职业蜕变。

e. 入职新成立公司成为管理层。在刚成立的合资公司，刘煜获得了最大的个人职业发展空间，在公司需要"建章立制"的阶段，抓住每一次机会建立自己的个人影响力，盘活了自身所有的成长经验，输出了丰富多样的智慧。正是在这一段经历中，刘煜成为公司的"实践专家"，个体职业专长成长成熟。

f. 入职民营企业成为中层管理人员。这一次"返乡就业"让刘煜充分发挥了合资公司体验的多种企业文化的优势，应对民营企业的生产工作显得游刃有余，刚入职便成为企业小有名气的"技术专家"，甚至有其他部门班组成员主动申请成为他的下属，使他只用了短短 3 个月的时间就顺利升职。

② 工作过程知识的盘活机制。刘煜综合性专长建构和非正式学习过程中，工作过程知识建构主要有四个阶段，各阶段典型特征如下。

a. 准工作过程知识阶段，这一阶段刘煜职业专长的知识要素以"准管理过程知识"为主（但并未担任管理岗位）；由于在校学习"不认真"，工艺过程知识几乎处于"空白状态"。所以在新手阶段，学习、吸收工艺过程是刘煜这一阶段非正式学习的典型工作任务。

b. 碎片化工作过程知识建构阶段，这一阶段刘煜工作过程知识的要素由管理过程知识和工艺过程知识构成，随着个体工作经验的增多，以及与工艺过程知识的碰撞过程，基于职前经验的"准管理过程知识"开始向职后"管理过程知识"定向转化；个体的工艺过程知识在熟练阶段生产工艺的"流程知识"和"功能知识"开始出现认知碎片，但由于练习程度不足，碎片化知识存在记忆度模糊、使用条件不清晰等特点。

c.模块化工作过程知识建构阶段，这一阶段刘煜的工作过程知识要素开始呈现模块化样态，基于工作经验的管理过程知识在企业组织中贯穿日常生产管理过程；工艺过程知识也逐渐形成知识体系，工艺流程和功能知识形成知识模块，完整度明显提升。

d.整合性工作过程知识建构阶段，这一阶段刘煜工作过程知识的典型特点是灵活度高，无论是管理过程知识还是工艺过程知识都具备较高的情境识别性、随机提取性和灵活转化性等特征。

③ 专长情感能量盘活机制。刘煜的综合性专长建构过程主要是管理专长和工艺专长的共同发展过程，个体的专长情感能量盘活主要经历了"专家阶段"高阶情感，"胜任阶段"的次阶情感、"专家阶段"的次阶情感和"卓越阶段"的次阶情感四个阶段。

a.刘煜的新手期主要包括职前的"学生时代"和职初的"普通员工期"，由于学生管理工作中处于"高自主性"的学习经历，出现了类似于"专家阶段"高阶情感，具体表现在处理学生问题、招生问题方面的自信心，以及从事管理工作带来的"优越感"；工艺专长的新手期，刘煜凭借"动手能力强"和"办事情比较灵活"，在从事"技术大修"的过程中，向"技术专家"一样思考，反复琢磨汽车发动机的基本原理，开始积累工作经验。

b.熟练期主要是指刘煜在企业 A 时期作为"一线管理者"职业角色，个体的准管理经验开始向工作管理经验定向转化，在班组管理中盘活孩童时代"孩子王"和学生时代"学生官儿"的经验，把合资企业的现代管理理念与自己丰富的准管理经验相结合，以"胜任阶段"的次阶情感能量，感受企业标准化管理制度的利弊，通过处理熟练阶段的日常管理事务，逐渐形成"有温度的理性"的管理风格，既要"打成一片、共同成长"，又要"遵守原则、奖惩分明"。工艺专长建构中，刘煜以"班组长"的职业角色，带领组员共同解决技术难题，这是一个既要"自主学习工艺知识"，又要体现自己的"工艺专长优势"的时期。

c.胜任期主要是指刘煜在企业 B 任职初期，综合性专长逐渐成熟，这一时期突出的专长建构过程是工艺专长的发展。由于获得了培训和学习机会，刘煜接触了国内外顶级的发动机技术专家，通过观察和学习，努力像"技术专家"一样思考，处理和解决自己面临的技术难题，并且开始指导企业员工的技术工作和基层管理者的管理工作，所以是

"专家阶段"次阶情感的盘活阶段。

d. 专家阶段主要是刘煜成为企业工程师以后，个体的管理专长和工艺专长都达到了相对成熟的阶段，成为企业的"学习设计者"：参与企业培训制度的设计、评价标准的制订，自主开发理论知识和实操培训课程，开始指导企业一线员工、一线管理者和中高层管理者解决工作问题。

（2）从组织情境分析，综合考察三家任职企业的特征，影响刘煜综合性专长建构的组织因素包括组织学习形式、学习空间和组织气候三个方面。其中，刘煜经历的组织学习特征主要体现在以下方面。①不同文化价值导向的组织学习设计，刘煜先后经历了中美合资、中德合资和我国本土民企三种类型的企业，不同的文化环境营造了个体与组织特殊的学习互动关系，也产生了学习风格、学习形式差异明显的组织学习活动。②不同学习空间性质对个体专长建构的形塑作用，刘煜先后经历了高转化学习空间、有限转化学习空间和低转化学习空间的企业组织，个体经验、知识和情感因素也在发生相应的转化和改变。③不同的组织气候对个体专长建构的渗透性影响，刘煜经历的多元文化、等级文化和高压文化为特征的组织气候，具体从组织结构、人情关系、责任意识和激励体系四个方面影响其专长发展过程。

（3）从社会情境分析，影响刘煜专长建构过程的因素主要包括我国的户籍制度、大城市的"人情社会"、学历社会的"职业天花板"和异地就业的"打工心态"四个方面。其中，"户籍制度"带来的"过客心态"让刘煜一直无法找到职业发展和日常生活的"舒适圈"，在到达"职业天花板"以后，不得不再次面临择业就业问题；大城市的"人情社会"随时提醒着刘煜"异乡人"的身份标签，亲情的割裂感让他无法像本地人一样，实现日常生活和职业生活的一体化；学历社会的"职业天花板"让高职毕业、在职本科迟迟未毕业的刘煜感受到职业晋升的学历瓶颈；异地就业的"打工心态"随时预示着未来结束"打工生活"的必然性。

第六章 专长建构的实质：专长边界的非正式拓展

第一节 研究个案专长建构的比较分析

本研究从 23 位潜在研究个案中选取了三位作为研究个案，方圆、冯亦诚和刘煜都是企业组织中的高成长型产业工人。由于个性特质、企业性质和社会因素的共同作用，三位研究合作者的职业专长类型具有明显的差异性。其中，方圆的职业专长属于工艺专长，即工作过程中的非正式学习以解决工艺问题为主要内容。冯亦诚产业工人阶段的职业专长属于管理专长，即工作过程中的非正式学习以解决管理问题为主要内容。刘煜的职业专长属于综合性专长，即工作过程中的非正式学习围绕管理问题和工艺问题而展开。

一、专长建构的阶段性

综合分析方圆、冯亦诚和刘煜的职业专长建构过程，以个体经验、工作过程知识和专长情感能量的动态发展变化作为依据，可以把职业专长建构过程分为新手阶段、熟练阶段、胜任阶段、专家阶段和卓越阶段。

（一）基于共有专长成分的分析

虽然三位研究合作者属于不同的专长类型，但是都包含着相同的专长成分——管理专长。根据其职业成长故事与解析，研究发现专长建构的特征如下。

（1）职前生活经验和学习经验的有效积累，即"准管理专长"让个体前提体验和感受专长建构的"新手期"，缩短工作世界的职业适应时期。

（2）工作过程中个体经验的定向转化是管理专长建构的重要过程，而且这种定向转化与个体对经验的情境识别、知识点提炼和情感记忆是分不开的。

（3）有效反思机制是实现职业专长建构的核心机制，方圆的反思机制是"跨情境反思"，体现了问题解决过程的思考与再思考；冯亦诚的反思机制是"跨角色反思"，体现了管理专长建构的特点；刘煜的反思机制是"跨情境反思"和"跨角色反思"的综合表现形式。

（4）专长情感能量的"向上借位"促进水平进阶。米德对"客我"社会化经历的"嬉戏阶段"的角色置换分析同样适用于工作世界中的成人学习行为。他认为，孩子从两岁开始从事角色置换，把自己想象为处于他人的社会角色或地位，从而发展起从他人看待自我与世界的能力。[①] 所以在职业活动中，影响个体的关键人物（行业技术专家、领导或管理层、有经验的同事等）相当于孩童心目中的"父母"角色，而且这里的"关键人物"应该具备可触及性、行为示范性、专长权威性等特征。

（二）基于专长建构过程的分析

（1）专长阶段的错位程度不同。由于生活经历、求学经历的不同，管理专长的新手阶段在职前阶段完成的充分程度冯亦诚最强，刘煜次之，最后是方圆，其中冯亦诚进入职场几乎直接步入"熟练阶段"；相应地，冯亦诚最终达到的专长阶段超越了"专家阶段"，进入了"卓越阶段"。

（2）个体职业类型变化的梯度不同。由于三位研究合作者经历的行业领域存在差异性，方圆经历了两种职业类型（两家企业），所以两次从普通操作工开始特定技术专长的建构，其技术专长水平在特定环境中呈现螺旋上升；冯亦诚经历了三种职业类型（五

---

① 戴维·波普诺. 社会学 [M]. 李强，译. 北京：中国人民大学出版社，2007：161.

家企业），在多个企业组织环境中"从零开始"锻炼管理能力，其管理专长水平呈现多种环境下螺旋式上升状态；刘煜始终从事同一种职业类型，受中外不同类型的企业文化影响，其综合性专长（技术专长和管理专长）在连续性建构中稳定发展。

（3）个体情感情绪状态的不同。按照拉尔夫·林顿（Ralph Linton）的说法，一个人占有的是地位，而扮演的是角色。[①] 毕竟，一个人无论何时进入一个新的环境，都要有一个把身体重新社会化融入对略微不同于其他实践的实践理解过程；在新知识还未转化成一系列的身体习惯之前人是不会感到舒适的。[②] 三位研究合作者经历的社会角色变化一定程度上影响着个体的情感情绪状态，方圆一直是本地就业，仅经历了一次职业变化；刘煜从"异地就业"转向"返乡就业"，结束了以"打工人心态"为情感标识的"不适感"；只有冯亦诚经历了城市环境和任职企业的双重变化，从"打工妹"变成了"女企业家"，从"异乡人"变成了"本地人"。

（4）企业组织发展环境的差异性。冯亦诚是20世纪90年代的"70后"产业工人，方圆和刘煜是21世纪的"80后"产业工人，无论是生产型企业还是餐饮服务企业，其本身及所处的社会发展环境都发生了根本性变化，对个体职业成长的影响也有很大的不同。

二、专长建构的影响因素

影响研究个案职业专长建构的因素主要包括个体因素、组织因素和社会因素三个方面，这些因素对三位研究合作者影响的异同主要体现在以下方面。

（一）个体因素

从三位研究合作者职业专长建构的过程来看，个体影响因素主要包括以下方面。

（1）个性特质。个体的职业兴趣和意向直接对工艺过程和管理过程的问题解决产生影响。其中，方圆的职业兴趣和发展意向在于个体的工艺专长，"做管理也是为了做技术"；冯亦诚的职业兴趣是提升个体的管理专长，"做技术是为了不做技术，做好技术工作才能以最快的速度晋升到管理岗位"；刘煜的职业兴趣是发展个体的综合性专长，

---

① 戴维·波普诺. 社会学 [M]. 李强，译. 北京：中国人民大学出版社，2007：110.
② 安德鲁·斯特拉桑. 身体思想 [M]. 王业伟，赵国新，译. 沈阳：春风文艺出版社，1999：244.

"做技术和做管理两手都要硬"，要不断提高自己的"格局"，追求自我价值的实现。

（2）教育背景。个体的学历背景对产业工人的职业晋升空间有非常关键的影响。方圆和刘煜都是高职院校毕业生，前者在工作过程中完成了在职学历提升，同时完成了企业组织设置的技术等级认定，成为企业最高技师、车间副主任；刘煜工作以后的在职学历提升并未完成，考取了国家认定的技师资格，参加了国外进修培训和学习，最终晋升为企业的科级工程师（白领岗位的最低管理岗位）。方圆和刘煜都认为自身的高职学历背景在企业内部的岗位晋升中是一个限制性因素，并且已经达到了"职业天花板"。冯亦诚从农村进入城市，先后选择成为"车间操作工人"和"餐饮企业服务员"，都是考虑学历背景因素的就业限制。

（3）职业情感。个体对企业组织的归属感和职业情怀，决定了个体对工艺过程或管理过程时间、精力投入程度的多少。方圆、冯亦诚和刘煜都是充满工作热情、认真踏实的高成长型产业工人，方圆"写了 10 年工作日志"，冯亦诚"每天坚持早到 10 分钟"，刘煜"每天都是最后一个下班"，他们在每一个职业角色阶段的努力和坚持都体现了企业和社会倡导的"匠心精神"。

（二）组织因素

影响三位研究合作者职业专长建构的组织因素主要包括以下方面。

（1）企业文化和管理风格，企业对员工职业成长和发展的基本观念、理念和核心价值观。方圆从国企到民企的重新择业，开始与企业 B 共同成长和发展，企业对员工职业成长、精神成长的关注，以及对员工家人的关心关爱共同营造的"家文化"环境作为高转化性学习空间，为方圆个体经验的积累、转化和应用，工艺专业知识的再学习、实践和创新提供了宽松和谐的发展空间。冯亦诚产业工人阶段经历的两家民营餐饮企业，他们的管理风格、员工培训活动都成为她积累、转化工作经验的"实战演练"，以及学习管理过程知识的"活的教科书"，体现了盘活个体经验的优势。

刘煜高职毕业进入"多元文化"的企业 A，鼓励员工分享和使用个体经验、知识背景解决工作问题，这种高转化性环境让他迅速掌握了汽车发动机生产过程的工艺知识，盘活了个体孩童时代和生活时代的管理经验；进入"等级文化"的企业 B 之后，刘煜作为一线管理者"向上管理"通道受限，职业成长主要通过"向下生产和学习管理"实现的，先后以学习管理者、学习指导者和学习组织者的职业角色，在企业培训和学习活动组织、指导和创新设计中发挥个体职业专长，不断实现个体的转型发展；进入"高压文化"的企业 C 之后，面临企业领导层的简单粗暴管理，刘煜带领团队克服技术难题，短时间实现了业绩突破，晋升到中高层管理。

冯亦诚在产业工人阶段，经历的两家生产型企业、两家餐饮企业，以敏锐的观察和学习能力，迅速领悟企业组织的管理风格，都在短时间晋升到管理岗位，个体的职业能力不断提升。

（2）企业员工的职业晋升通道设计，企业组织能够为员工提供晋升途径和通道。方圆经历的两家生产型企业都是以技术工艺作为核心竞争力的企业，进入企业 B 之后，方圆的职业发展方向非常明确，按照公司熟练工种、技术工种的两种发展通道，选择技术工种通道不断提升个体工艺专长，15 年坚持学习和努力，成为企业的"实践专家"。冯亦诚选择的发展通道都是企业的行政管理岗位晋升通道，完成了技术操作工或普通服务员的阶段之后，迅速晋升管理岗位。刘煜就职的企业都是技术岗位、管理岗位打通的员工晋升通道，技术岗位晋升到一定程度都会衔接到管理岗位。

（3）员工的可持续发展机会，企业的员工成长体系体现了对员工职业能力的培养路径，体现了员工职业生涯发展的连续性，以及参与人才市场的竞争实力。方圆就职的企业设置了专门的工艺培训和管理培训项目，让员工岗位适应的过程与工作过程知识的学习过程统一于个体的职业发展过程。冯亦诚认为，"年轻时候不要着急挣钱，要抓住学习和成长机会"，即使放弃不错的职业待遇也要抓住系统学习服务管理知识的机会，为可持续成长补充能量。刘煜为了"获得出国进修培训"的机会，放弃了"舒服的地方"，抓住了职业成长和发展过程中的重要在职学习机会，补上了工艺过程知识不足的能力短板，为个体综合性专长水平跃升打下了坚实的经验和知识基础。

（三）社会因素

影响三位研究合作者专长建构的社会因素有一定的差异性，其中方圆属于本地就业人员，作为公司 10 年以上的老员工，工作单位和生活社区都是"熟人社会"，个体心态也比较平和，"缺乏向上发展的野心和企图心"；冯亦诚和刘煜属于异地就业的产业工人，经历工作单位与家乡生活的情感割裂，个体的情感情绪状态与工作状态紧密相关。

方圆、冯亦诚和刘煜主要的职业经历都发生在一线城市 J 市，在推动终身学习和培训制度方面，在倡导"工匠精神""劳动精神"和"劳模精神"方面，制订和出台了一系列政策文件，推动全民终身学习的学习型城市建设，推动产业结构转型发展时代背景下产业工人的转型发展。

第二节　研究个案非正式学习的比较分析

一、非正式学习的主要形式

（一）基于学习者指导关系的分类

从学习者指导关系角度分析，方圆、冯亦诚和刘煜三位研究合作者的非正式学习主要形式可以分为四类。

（1）无指导的自主学习，即学习者在不接受他人学习指导的条件性自主开展的学习活动，具体包括阅读专业书刊（高职院校专业教材、行业杂志、生产工艺知识手册或学术专著等）、阅读中外工商管理界名人传记、搜索行业发展数据库（或专业数据库）、自主设计工艺实验方案、浏览企业管理攻略等。

（2）有指导的半自主学习，即学习者在他人指导的条件下开展的学习活动，这种学习形式主要发生在职业专长建构的新手阶段。例如，方圆在新手阶段接受工作经验丰富的"老师傅""技术骨干""大姐"甚至包括"阿姨"的工艺指导，通过"眼勤、腿勤和手勤"的仔细观察、自主探索、问题反馈和获得指导的学习过程。

（3）以辅助他人学习为特征的相对自主学习，即学习者以"学习管理者"身份，为他人学习活动提供条件支持和帮助，但是不存在学习指导关系的活动。这种学习形式主要发生在职业专长建构的熟练阶段，一般以"一线管理者"的职业身份进行的事务性学习管理工作。例如，方圆担任班组长时期，负责组织班组读书会；冯亦诚担任服务主管时期负责组织的服务员岗位学习；刘煜担任班组长时期协助普通操作工解决的技术问题等。

（4）以指导他人为特征的高自主性学习，即学习者以"学习指导者"的身份，发挥自身知识或经验优势，针对被指导者学习中遇到的问题，指导某个问题的产生原因、发生过程或呈现结果的过程。这种学习形式主要体现在方圆、刘煜工艺专长建构的专家阶段，前者作为公司的最高技师指导员工参加技能比赛、撰写专业论文和设计实验方案等，后者作为工程师指导新入职员工学习工艺过程、指导班组长建立人才梯队、指导"蓝领"和"白领"人员的技术实操过程等都属于此类非正式学习活动。冯亦诚创业初期，作为服务管理行业的"实践专家"，主要通过这种方式指导分店店长的运营管理、指导中层管理者团队建设等。

（二）基于学习互动关系的分类

从学习互动关系角度分析，方圆、冯亦诚和刘煜三位研究合作者的非正式学习活动主要分为三类。

（1）无互动的自主观察式学习，即学习者通过观察他人的工作问题解决过程、组织学习活动中的他人学习行为等形式。这种学习方式区别于无指导的自主学习，是以"观察他人"为典型特征的学习形式。方圆参加总公司培训项目时对共同学习者的观察，冯亦诚提供餐饮服务时对管理精英行为的观察、对同类餐饮企业服务现状的观察，刘煜出国培训进修时对流水线操作工的观察、对问题解决小组解决问题的过程观察等都属于此类型。

（2）有互动的交际式学习，即学习者通过与他人对话交流，围绕特定问题相互发表自己的观点，在互动中建构个体新认知的过程。这种学习形式主要发生在行业研讨会、工作场所的公共空间、组织培训和学习活动、公司庆典仪式等过程中。例如，方圆参加总公司培训时与其他分公司员工的互动交流、参加公司读书会发表个人体会等；冯亦诚与管理精英的互动交流、与普通服务客户的互动等；刘煜出国进修培训时与当地人的交流对话、与企业技术专家的技术交流等。

（3）主导互动过程的混合式学习，即学习者以"互动关系引导者"的身份，对参与学习活动的个体间互动的行为分析、引导与评价等。这种方式主要发生在个体职业专长发展的"专家阶段"或更高阶段。例如，方圆以领读者身份组织的员工读书会，以评委身份参加的员工技能比赛；冯亦诚在培训中心以小组长身份主持的业务分享交流活动；刘煜在白领培训中发起的技术讨论与交流活动等。

二、非正式学习的阶段特征

结合三位研究合作者的职业专长建构过程，其非正式学习的过程主要可以分为自主学习者、学习管理者、学习指导者和学习设计者四个阶段，各阶段工作经验、工作过程知识和专长情感能量动态发展、相互作用，共同影响着个体的非正式学习活动。

（一）个体经验的形态变化

在职业专长建构过程中，个体经验主要经历了工作经验匮乏期、经验和知识碰撞期、工作经验高原期、经验再生期等过程。其中经验匮乏期主要发生在新手阶段，属于特定领域或行业的工作经验极少的时期。经验和知识的碰撞主要体现在熟练阶段，随着个体的工作经验增加，专业知识逐渐被唤醒、转化和应用，由于理论知识和工作实践之间存在认知壁垒，二者时常出现冲突或矛盾，个体处理的矛盾和冲突越多，对知识和经验的理解就越深刻。个体的工作经验积累到一定程度以后，经验的局限性开始显现，开始经历"不相信经验"的工作经验高原期，开始"专注工作过程知识"的学习和积累。当个体的工作过程知识的情境识别程度逐渐提高，开始对工作经验进行重构，通过工作过程知识主导工作经验的建立，二者开始共同影响个体的非正式学习过程。

（二）工作过程知识的结构变化

在职业专长建构过程中，工作过程知识主要经历准工作过程知识、碎片化工作过程知识、模块化工作过程知识和整合性工作过程知识几个过程，各阶段的知识构成呈现差异性：①情境性差异，对知识的情境识别度；②灵活性差异，个体对知识的迁移、转化和创新；③完整性差异，无论是工艺过程知识还是管理过程知识，都体现了一定的工作构成，从准工作过程知识到整合性工作过程知识都是随着个体参与工作过程的完整程度的变化而变化的，当个体完全经历了生产工艺过程或管理流程的职业角色，才能建构相对完整的工作过程知识。

（三）专长情感能量的动态发展

从新手阶段到专家阶段的专长建构需要经过长期的非正式学习过程，从研究合作者的成长过程来看，高成长型产业工人的专长情感能量是学习能量的主要来源，其作用主要体现在三方面。①情感激励作用。如果个体成功解决工作问题，获得企业组织的认可和肯定，就收获正向情感体验，激发主观能动性；如果个体在问题解决时遇到挫折或困难，正向情感体验可以消除负面情感体验带来的消极影响。在刻意练习中，保持稳定向上的心态是持续专长建构过程的重要方面。②情感支点作用。高成长型产业工人的专长情感能量具有超越性，即高于个体所处的专长阶段，通过高阶专长情感能量帮助个体盘活经验和知识，转化成解决问题的智慧。③记忆加持作用。由于个体感性因素的作用，工作问题的解决过程中建构的新认知、新经验总是带有"情感情绪色彩"，有利于新情境下的认知唤醒和转化。

三、非正式学习的影响因素

（一）个体因素

从认识论类型意义视角角度，三位研究合作者对知识的学习和使用方式呈现不同的特点。方圆通过工作场所的非正式学习与正式学习两种途径获取工艺过程知识，从高职毕业至今 19 年的职业生涯中，在职本硕的备考时间和攻读学历的时间超过了 8 年，这两段正式学习经历对方圆从事技术工作的专业水平产生了很大的影响。"带着工作问题返校学习专业课"与"带着专业课学习成果思考工作问题"，通过不断提升"专业底蕴"开发潜在的"方法悟性"，形成了理论知识和工艺知识的转化循环，不断提升方圆解决问题的能力和水平。初中尚未毕业的冯亦诚没有高等教育管理专业学历背景，其管理过程知识主要来自工作场所的非正式学习活动，而且几乎是唯一的学习类型，因为"特别善于观察"而且"想问题特别快"，所以工作过程中"办事情很通透"，能够"把事情办得很明白"。刘煜的高职毕业 10 年间，主要通过工作场所的非正式学习获取工艺过程知识、管理过程知识，同时把正式学习作为辅助工具，"考取技能证书"和"参加出国业务培训和学习"成为刘煜职业成长和发展过程中非常重要的正式学习经历。

从社会语言学类型的意义视角，三位研究合作者个体经验的积累、转化和应用过程也呈现各自不同的特点。方圆经历了国企分公司和民企分公司的任职环境，在工艺专长建构过程中，在工艺问题解决过程中，主要经历工作经验匮乏期、经验和知识转化期、经验高原期和经验再生期几个时期。冯亦诚管理专长的个体经验在孩童时代就完成了经验匮乏的新手期，任职两家生产型企业期间也都迅速从一线操作工晋升到一线管理层；任职餐饮企业期间，凭借对"管理精英"的细致观察和自身的反思能力，迅速晋升为一线城市知名餐企的"服务管理实践专家"，最终结束了产业工人身份，成功转型为自主创业者。刘煜的管理经验来自孩童时代和学生时代的经验，在进入工作岗位之前完成了经验匮乏的新手期；工艺专长的学习则是在入职企业之后开始的，并且迅速完成了"职场新手"到"企业工程师"、"蓝领"到"白领"的职业身份转化。

从心理学类型的意义视角看，三位研究合作者的专长情感能量的动态变化，方圆、冯亦诚和刘煜的职业专长建构过程经历的新手期、熟练期、胜任期和专家期，每个阶段的问题解决过程，基本遵循"专家阶段"高阶情感、"熟练阶段"次阶情感、"胜任阶段"次阶情感和"卓越阶段"次阶情感的变化过程。

（二）组织因素

结合三位研究合作者职业经历中涉及的企业组织因素分析，包括组织学习方式、学习空间和组织气候等方面，从知识转化、经验转化和情感转化的角度分析这些因素对组织成员非正式学习的影响主要包括以下方面。

（1）知识转化学习。组织的工作过程知识是组织生存和发展的关键要素，组织的知识转化机制包括知识共享、知识创新和知识应用过程。其中，组织的知识共享主要包括成员之间的显性知识共享、成员个体隐性知识向显性知识的转化两个方面，其中显性知识共享形式主要表现为学习资源（生产工艺手册、内部书刊）、学习机会（内部工艺知识培训、问题解决研讨会）、学习平台（内部数据库）；隐性知识向显性知识的转化主要包括共享式反思和独享式反思外化形式，包括个体读书心得、工作过程记录等。组织的知识创新主要包括生产工艺的研发，通过技术研究推动企业生产过程的更新和变革，以知识创新打造企业组织的核心竞争力。组织知识应用过程主要包括工艺试验的设计应用、员工技能比赛等方面，促进理论知识向工作过程知识的转化和应用。

（2）经验转化学习。组织转化学习空间的经验转化机制由个体经验的释放机制、内部经验的传承机制和外部经验的吸收机制构成。其中，个体经验的释放是个体经验参与工作问题解决的前提条件，也是个体经验在工作场所实现情境迁移、视角转化和内容拓展的基础。从 3 位研究合作者就职的企业情况来看，个人性格特质影响着组织成员经验分享的意愿倾向；组织情感气候决定了个体分享经验的内容、程度和方式；领导和管理层的管理思路、学习风格和个性特征等也会对个体经验分享产生影响。团体经验的传承是指组织运转过程中，由于成员共同参与营造的"沟通密码"，共同积淀的组织文化、思想观念和工作方式等。外部经验的吸收机制指企业组织外部的影响因素，包括行业企业之间的业务研讨交流、业务合作，例如企业借助合资方式整合企业发展资源，会相应引进国外企业运营经验的因素，重新建构企业的经验系统；此外，还包括突发性社会公共事件，例如 2003 年非典疫情、2020 年以来的新冠疫情对企业运营和管理带来的挑战和机遇。

以刘煜就职的公司 C、公司 A 为例，作为行业知名民营企业的分公司，两家公司均把"提供问题解决方案""提供全套问题解决方案""提供一站式问题解决方案"作为提供产品和服务的价值取向。对于组织发展而言，工作问题解决的意义集中表现在"为客户创造的价值"，细化在每一位组织成员解决工作问题的过程中。

（3）情感转化学习。西奥多·肯珀认为，当个体在社会关系中拥有权力和地位，或者获得权力和地位时，他们将体验到积极情感，比如，满意、安全和自信。反之，当个体丧失权力或地位时，他们将体验到焦虑、恐惧和失去自信。[①] 方圆、冯亦诚和刘煜三位研究合作者在不同企业组织及同一企业组织的不同职业角色时期，职业专长建构的情感体验也影响着个体的非正式学习行为表现方式。

技术专长个案：方圆就职的国有企业 A 和民企 B 都以"家庭亲情文化"的企业价值观为指引，营造的是带有"熟人社会"性质的组织成员关系，特别是民企 B 组织员工家庭共同参与读书交流会、集体瑜伽冥想等组织学习方式，把个体职业发展、家庭亲情维护和实现社会价值联系起来，形成组织情感转化学习空间，促进个体在工作和生活两种情境中进行自我反思。

管理专长个案：冯亦诚就职的两家民营餐饮企业的"客情文化"和"亲情文化"，以及自主创业的企业，也在不同程度上以"家文化"的工作氛围作为员工追求日日成长

---

① 乔纳森·特纳，简·斯戴兹. 情感社会学 [M]. 孙俊才，文军，译. 上海：上海人民出版社，2007：178.

和进步的情感激励。

综合性专长个案：刘煜先后经历了开放型组织、管理层级制严格的等级型组织，以企业组织的"食堂文化"为例，企业 A 是开放共享式的全员共享式食堂，是组织情感转化学习空间，普通员工可以跟所有部门的员工、所有层级领导在一个公共空间里甚至有更紧密的交流空间，日常互动交流带来的正面情感激活成为一个人释放专长技能的宽松而舒适的氛围。企业 B 和企业 C 则是科层互动的食堂设置，组织成员的沟通限于特定的行政层级，个体无法参与组织各个层面的人际沟通。

本研究的 3 位研究合作者都经历了职场新人到业务骨干的成长阶段，非正式学习行为与个体的职业角色紧密关联：在不同的权力层级，个体在问题解决过程中的话语权不同，直接影响个体自主性的发挥，权力层级或技术地位越高，更能够按照个体意义视角进行问题分析和判断并且提出解决方法，更有可能获得自信、乐观等正向积极的情感；权力层级或技术地位越低，进行问题解决的自主程度越低，个体的主观能动性被压抑的可能性越大，获得焦虑、失望等负面情感体验的可能性更高。方圆、冯亦诚和刘煜任职的企业都是企业分公司，企业组织往往把企业文化作为总公司和分公司的情感链接。方圆所在的国企 A 和民企 B 都深受中华传统文化的影响，公司文化体现了"家文化""和谐文化"的情感共同体。刘煜所经历的三家公司，其中两家是中外合资企业，企业文化呈现典型的东方文化与西方文化的融合特征，关注员工、关注企业所在社区、关注服务客户，主张工作和生活兼顾的原则，主要呈现出"多元文化"和"理性文化"的价值共同体。

（三）社会因素

社会因素是个体职业专长建构的社会情境因素，社会因素通过直接或间接方式影响个体的职业状态，即通过影响企业组织、影响组织成员，或者直接对组织成员个体产生影响。结合研究合作者职业专长建构的过程，社会影响因素主要包括政策环境因素和社会环境因素，其中政策环境因素主要包括我国产业结构的转型升级、产业工人队伍建设、企业职工培训及城乡户籍管理制度等，社会环境因素主要包括个体职业成长和发展的社会环境，特别是异地就业群体的生活状况。方圆和刘煜的工作场所是生产型企业，都处于郊区县的工业园区，企业环境相对比较封闭，尤其是方圆的疫苗生产车间属于高封闭性环境，而且车间技术人员身着多重防护服，相互之间的交流方式区别于日常生活情境中的真实交流。相反，冯亦诚的工作场所是极具开放性的社会公共场合，每天都是日常商务餐饮服务，是人际互动比较密集的场域。特别有意思的是，冯亦诚作为餐饮服务人员，她的工作场所是服务对象的非工作场所，管理精英汇聚于此，彼此之间互动交流的过程，刚好成为冯亦诚观察学习的"管理教科书"。社会因素和组织因素的交叉叠合形成了非正式学习活动的"情境错位"，成为冯亦诚经验转化学习的典型特征。

第三节　专长建构的实质

以方圆、冯亦诚和刘煜三位研究个案的职业故事和解读分析为基础，本研究发现可以从非正式学习行为分析角度解释产业工人专长建构的过程、情境和影响因素。

一、专长建构的学习情境

本研究发现，个体意义视角、组织转化学习因素和社会环境因素在工作问题的解决过程中的相互影响、相互作用，发生于学习者从新手阶段到专家阶段的专长建构过程。

（一）个体因素

产业工人专长建构的个体影响因素主要包括个体经验、工作过程知识和专长情感能量，其中个体经验是指工作经验、关联性生活经验和学习经验，工作过程知识包括工艺过程知识、管理过程知识，专长情感能量包括先见情感、前置情感和加持情感三个方面。

从职业专长建构的视角审视个体工作场所的非正式学习行为，可以看到日常行为与个体发展的奇妙关联性，区别于学校的教育教学方式，在一个具有特定组织文化的企业环境中处理生产过程和管理过程中的棘手问题，其行为都蕴含着推进组织发展的智慧。除了经验，还有解决工作问题必须具备的工作常识和专业知识，在校学习的专业知识是个体面对工作问题的"底蕴"；随着工作经历的增加，个体层面的工作过程知识逐渐建构和完善，这些基本的知识也应该是智慧的构成要素。在一定程度上，个体经验、工作过程知识和专长情感能量相辅相成，成为个体处理工作难题、解决工作问题的"智慧三角形"，撬起了个体职业成长和发展的杠杆。

（二）组织因素

本研究通过组织学习行为、学习空间和组织气候分析，总结了影响产业工人专长建构的组织因素，主要包括组织经验系统、知识系统和情感系统。其中，组织经验系统由个体经验的释放、组织经验的传承和外部经验的吸收共同作用而成，是组织成员个体经验转化的重要依托，组织发展经验的承载者是所有的组织成员，以及相应的经验承载物，例如庆典仪式、内部特色活动等。个体日常工作中，与领导和同事沟通交流的频度、深度受组织结构、人情关系方面的影响，也关系着组织经验的传承和发展、创造与应用。组织知识系统主要表现为工艺过程知识和管理过程知识的共享、创造和管理过程，特别是工艺过程知识属于企业组织特别是生产型组织的核心专长，属于商业机密。组织情感系统主要包括企业文化价值观，内部团队建设制度和活动，以及相应的专设机构（例如企业工会、员工幸福工作委员会）等，是个体专长情感能量的组织来源。

（三）社会因素

影响产业工人专长建构的社会情境因素主要包括政策制度、人文环境、教育水平和社会角色。其中政策制度环境主要包括学校教育的"宽进宽出"、产业结构的转型发展、学历社会的文凭筛选；人文环境主要包括区域公共文化、全民终身学习文化等；教育水平因素主要是产业工人的学历教育水平；社会角色是代表着个体所属社会群体的行为模式。正如社会学家米尔斯所说，只要把我们自己放进我们的社会、放进一定历史时期，我们就可以理解我们的经历，就能决定我们所要完成的任务。[①]

二、专长建构与非正式学习的关联性

以专长发展理论、非正式学习理论和转化学习理论作为理论分析基础，本研究通过深描方圆、冯亦诚和刘煜三位不同产业领域的具体人物的职业成长素描像，从专长发展

---

① 戴维·波普诺. 社会学 [M]. 李强，译. 北京：中国人民大学出版社，2007：32.

角度，分析研究个案作为产业工人时期的专长建构过程，基于工作问题解决的过程呈现了个体非正式学习行为的独特性，深入挖掘工作世界的持续学习与职业成长发展的内在关系。

本研究发现，专长建构与非正式学习的关联性体现在三个方面。

（1）专长建构的阶段性与学习者角色具有一定的对应关系。从职业转型角度，三位产业工人在企业组织学习中的角色基本经历了"自主学习者、学习管理者、学习指导者、学习设计者"的变化过程，即从自主学习者、学习活动的统筹管理到学习体系的开发设计，把个体的学习成果应用于组织学习活动，实现了个体在组织学习中的角色变化，体现了高成长型产业工人的行为示范和引领。

（2）专长建构中的非正式学习方式呈现个体差异性特征。从学习方式角度，不同学习者、不同类型的专长建构过程中，非正式学习行为的差异性非常明显。高等职业教育毕业生方圆属于融合式学习类型，即非正式学习与正式学习紧密结合，共同影响着他的职业成长和发展过程。小学毕业的冯亦诚属于完全非正式学习类型，没有接受正规专业教育、正式技能培训的经历，完全通过工作中的职业学习实现了职业转型。高等职业教育毕业生刘煜属于不完全非正式学习类型，就职后学习活动以非正式学习为主，在职学历教育至今未完成，但是参加了出国专业进修培训。

（3）个体的专长建构受所在组织和社会因素的影响。从企业组织角度，三位研究合作者的职业经历见证了20世纪末期和进入新世纪以来的产业转型发展过程，每位研究合作者都任职于中外合资企业、国有企业、民营企业三类企业组织，把个体的职业生涯与组织发展、社会变迁的宏大叙事相结合，有助于深刻理解产业工人职业发展的时代语境，反思个体的学习、成长与产业转型发展的内在关联性。

三、专长建构的实质

基于方圆、冯亦诚和刘煜三位研究合作者的职业专长建构和非正式学习的表现形式、基本过程和影响因素分析，本研究认为产业工人专长建构的实质是：受社会因素的影响，在组织学习情境中，学习者通过盘活个体经验、工作过程知识和专长情感能量，不断解决工作问题，实现从职场新人到业务骨干的职业专长建构过程。具体解释如下。

　　"专长建构"是非正式学习的发展目标，其本质是"专长边界的非正式拓展"。专长边界的非正式拓展可以提供一个理解专长建构的框架，这个框架解释了基于问题解决的非正式学习过程中，知识、经验和情感的交叉叠合共同驱动着专长边界拓展的内在规律性。

　　"专长边界"是指专长发展阶段性（一般是指新手、熟练、胜任和专家四个阶段）与个体的职业角色具有对应关系，不同职业角色时期个体非正式学习在组织学习中的地位和作用不同，主要分为自主学习阶段、学习管理阶段、学习指导阶段和学习设计阶段。每个专长发展阶段，个体经验、工作过程知识和情感体验特征都具有差异性，阶段之间的界限不是"非此即彼"的，而是呈现"交叉叠合"的向上拓展性。

　　"拓展"是指较低一级水平的专长向较高水平的专长跃升过程，解决问题的复杂程度也发生着变化。

　　"非正式"是指职业专长在跃升至较高阶段职业专长时，工作问题解决的过程也是工作过程知识、个体经验和专长情感能量三种因素"非同步性"建构的过程，其中专长情感因素往往起到跃升的支点作用，促进工作过程知识和个体经验的盘活，直至超越当前的专长水平。

　　总而言之，在职业活动中，专长建构的进程始于现有专长水平的边界变化。在某种程度上完成上位情感、上位知识转化和积累，有助于经验记忆的快速转化，促使个体专长水平向更高阶段进阶。当知识、情感和经验在更高阶段上达到新的平衡，个体可以在新的情境中驾驭更复杂的问题解决过程，开启非正式学习活动的新阶段，此时个体也完成了特定阶段的专长建构，实现了专长发展。

　　个体职业专长建构的过程，个体经验、工作过程知识和专长情感能量都发生了相应的变化。其中，个体经验经历了经验匮乏期、经验碰撞期、经验高原期、经验重构期四个阶段，工作过程知识经历了准工作过程知识、碎片化工作过程知识、模块化工作过程知识和整合性工作过程知识四个阶段。专长情感能量的变化呈现"跨越性"和"错位性"，在专长发展进程中，情感以本位情感（或称先见情感）、次阶情感（或称前置情感）和加持情感三种形式存在，且相互转化，构成专长情感。其中先见情感始终存在于专长发展的各个阶段，先见情感和加持情感以专长事件为界限，与专长水平发展阶段呈现"错位发展"。

第七章 专长建构的解释框架——"盘活机制"

第一节 专长建构过程的"盘活机制"

一、"盘活机制"的基本内涵

参考研究的理论基础，本研究发现产业工人专长建构的过程存在着"盘活机制"①（见图 7-1）。"盘活机制"的具体解释为：专长建构的实质是专长边界的非正式拓展，即受社会因素的影响，在组织学习情境中，高成长型产业工人通过盘活个体经验、工作过程知识和专长情感能量，盘活组织经验系统、知识系统和情感系统对个体职业行为的形塑作用，盘活政策制度、社会环境、教育水平和社会角色的弥散性影响因素，基于不同的职业角色，不断解决工作问题，实现从职场新人到业务骨干的专长建构过程。

专长建构的"盘活机制"主要体现在三个方面。①职业专长建构是充满长期性、反复性和曲折性的螺旋上升过程，"回旋地绕"是专长进阶反复性和曲折性的典型体现，符

---

① "盘活"是本研究资料收集与分析过程中浮现出来的重要本土概念。《新华字典》（第十二版）对"盘"一字的解释是"回旋地绕"。近年来，也有在线词典解释为"采取措施，使资产、资金等恢复运作、产生效益"。资料来源：百度百科．盘活［EB/OL］．https://baike.baidu.com/item/ 盘活 /5848963?fr=aladdin，2019-07-05/2022-01-30．

合"否定之否定"的唯物主义辩证法。②获得职业发展应该是职业学习的价值导向，个体所有的知识、经验、情感等因素的合理参与、良性互动才构成有效学习，即以个体职业发展为目标的学习，或可称为"学习的效益"。③经验参与是成人学习的重要表征，专长建构过程如何让个体经验恢复运作，有效参与工作问题的解决是重要的考察维度，"盘活"其实也是对个体已有经验（包括认知基础等因素）的使用、转化与创新应用。④职业专长建构的情境因素（包括个体、组织和社会因素）通过个体的职业行为产生作用，只有那些真正对职业成长发展起作用的因素才是被有效"盘活"的活跃因素。

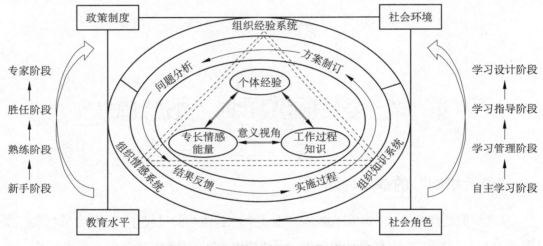

图 7-1　专长建构"盘活机制"的解释框架

具体而言，产业工人从新手阶段、熟练阶段、胜任阶段到专家阶段的专长建构过程，个体依次经历了自主学习阶段、学习管理阶段、学习指导阶段、学习设计阶段。盘活机制包括个体意义视角层、工作问题解决层、组织情境因素层、社会情境因素层四个相互影响、相互作用的层次构成。

（1）个体意义视角层是指个体经验、工作过程知识和专长情感能量构成的专长发展"个体智慧三角形"，是个体解决工作问题（技术问题、管理问题和综合性问题）的认知参考框架，也是"盘活机制"的核心层。

（2）工作问题解决层是个体意义视角和组织情境因素相互"碰撞"的主要发生场域，对个体职业成长和组织发展都具有形塑意义，主要包括问题分析、方案制订、实施过程和结果反馈，是"个体智慧三角形"和"组织智慧三角形"密集碰撞的发生场域。

（3）组织情境因素层是指组织发展情境中，由组织学习行为、组织气候、组织学习空间等因素共同形成的经验系统、知识系统和情感系统（"组织的智慧三角形"）；受社会情境因素的影响，对工作问题的解决过程产生直接影响，进而对个体的意义视角产生间接影响。

（4）社会情境因素层是在专长建构"盘活机制"解释框架的外部弥散性社会因素，具体指产业工人专长建构受政策制度、社会环境、教育水平和社会角色等因素影响。其中政策制度主要包括产业工人队伍建设、企业职工培训、技能型社会等方面的国家政策制度体系，社会环境主要包括经济发展环境和人文社会环境，教育水平主要是指产业工人的受教育水平，社会角色主要是指产业工人在社会群体中被赋予的角色。

二、"盘活机制"的触发条件

本研究认为，基于非正式学习分析的"盘活机制"需要相应的触发条件——认知困境。在真正情境中，"盘活"往往需要一个线索，让个体经验和已有认知参与到新问题的解决过程。根据麦兹罗的转化学习理论，触发事件就是能导致个体感到不舒服或困惑的意外事件。[①]本研究重点关注工作问题引发的认知困境，进一步发现了非正式学习与工作问题解决之间的紧密关联性，即当个体认知无法解决现实问题时产生的认知困境便成为盘活机制的启动条件，即个体经验、理论知识或工作过程知识开始参与学习者的问题解决过程。所以，这里的认知困境，属于成人教育学家麦兹罗论述转化学习理论时的讨论的范畴。

三、"盘活机制"的基本过程

"盘活机制"从经验、知识和情感因素的使用角度提供了一个"解决工作问题与困境"的路径与方法。虽然问题解决是心理学研究的基本概念，但是问题解决能力培养是教育学层面的研究问题。[②]认知理论的深层特性是它专注"解决问题"的认知，可是就

---

① 贾凡. 转化学习的基本理论探究及启示 [J]. 河北师范大学学报（教育科学版），2010，12(3)：74-79.

② 王薇，刘莉. 问题解决的教育实践特征：基于心理学到教育学的转换 [J]. 教育学术月刊，2021(6)：90-96.

在这个领域，它遇到了困难。[①]本研究总结分析了问题解决的一般过程，包括问题分析、方案分析、实施过程和结果反馈四个环节，进一步发现个体经验、工作过程知识和专长情感能量构成的个体情境（意义视角），以及组织经验系统、知识系统和情感系统构成的组织情境，政策制度、社会环境、教育水平和社会角色构成的社会情境共同作用于问题分析过程。

在个体因素、组织因素和社会因素的共同作用下，"盘活机制"的强弱程度可以分为唤醒、迁移、转化、创造四个层次，唤醒主要是记忆作用下个体经验和知识的重现，其中情感因素影响着记忆的唤醒；迁移是基于类似情境的、个体经验或知识的应用；转化是个体经验或知识的创新性使用，对经验的内容、形式进行调整或修改后，适用于某个学习情境的过程，可能引发个体意义视角的改变；创造是盘活的最高程度，体现了学习者对经验和知识的创造性思考。

专长建构是一个长期而反复的刻意练习过程，而非正式学习发生于日常职业实践活动，个体职业角色的改变往往伴随着密集而频繁的学习活动，个体已有的认知参考框架更容易受到工作问题的挑战，产生不适应感或挫败感。"盘活"的发展性在于利用自己的"成长教科书"、所在组织的"经验参考书"、社会环境的"百科全书"，巧妙解决工作中遇到的困难和问题。其中，个体的"成长教科书"也是个体职业专长建构的重要因素，受个体知识、经验和情感的共同作用，"盘活机制"从认识论角度、社会语言学角度和心理学角度对个体意义视角的持续重塑和优化。

第二节　研究结论与相关理论的对话

结合本研究的文献综述、理论背景和理论基础，本节内容主要展开专长建构"盘活机制"与专长发展理论、非正式学习理论、转化学习理论和情感社会学有关理论的对

---

① 安德鲁·斯特拉桑. 身体思想 [M]. 王业伟，赵国新，译. 沈阳：春风文艺出版社，1999：243.

话，进一步获得产业工人专长建构的理论解释和反思。

　　本研究通过个案分析、比较和总结，探究了产业工人专长建构的实质——专长边界的非正式拓展，即受社会因素的影响，在组织学习情境中，学习者通过盘活个体经验、工作过程知识和专长情感能量，不断解决工作问题，实现从职场新人到业务骨干的职业专长建构过程。同时，从经验、知识和情感因素的使用角度提供了一个解决工作问题与困境的路径与方法，发现了专长建构过程中存在的"盘活机制"：触发条件是工作问题引发的认知困境；问题解决的一般过程包括问题分析、制订方案、实施过程和结果反馈四个环节；影响因素包括个体经验、工作过程知识和专长情感能量构成的个体因素，以及组织经验系统、知识系统和情感系统构成的组织因素，政策制度、社会环境、教育水平和社会角色构成的社会因素。

一、专长的边界划分与阶段特征

（一）专长边界划分的"相对性"与"交叉性"

　　专长发展的边界问题一直是专长研究比较棘手的问题，所以对特征明显的新手和专家进行比较是通用的研究范式。学者德雷福斯通过技能获得模型，揭示出学习者在从技能的低级阶段到达高级阶段之后，经历了情感转变、实践转变和认知转变。[1] 但是，德雷福斯专长理论的两项重要研究（1978—1981年和1988—1994年）都是建立在个案访谈或医护过程的基础上。

　　观察的基础上的新手——专家对比研究[2]，缺乏对组织环境因素（医院的整体学习氛围、培训和学习制度等）和社会环境因素（例如护士们的社会角色、教育水平）的探究，忽略了职业活动的组织情境与社会情境。所以，德雷福斯对专长发展阶段性的描述充满了"哲学思考"的色彩，在现实场景中似乎难以理解和琢磨，例如"特质联合体"

---

　　① 成素梅，姚艳勤. 德雷福斯的技能获得模型及其哲学意义 [J]. 学术月刊，2013，45(12)：64-70.

　　② Felix R. Handbook of Technical and Vocational Education and Training Research, Springer Science+Business Media B.V. 2008: 624-625. DOI 10.1007/978-1-4020-8347-1.

概念虽然把情感、意动特质包含于影响专长获得的因素之中①，但是并没有各阶段情感表征的系统分析。

本研究通过三位个案的职业成长故事深描，尝试从知识转化、经验转化和情感转化的角度，分别呈现新手阶段、熟练阶段、胜任阶段和专家阶段的具体特征，提供一个理解个体职业专长建构的新视角：把德雷福斯和后继者们带有思辨性的专长哲学论，放在产业工人职业生涯发展的组织情境中，放在区域和国家经济社会发展的情境中，甚至放在全球化信息化时代的产业转型中进行综合考察，立足理论、扎根实践，深入理解专长发展的边界问题。

（二）专长阶段特征的"稳定性"与"转化性"

在专长研究中，区别于专家—新手比较范式展现出来的一幅静止"画面"，人们更愿意了解：从新手到专家动态发展的各阶段，到底发生了怎样的细致变化及其内在机制。②如果专长发展的实质是"当前阶段特征的解构"与"更高阶段特征的建构"两个相互影响的交叉叠合过程，那么被"解构"和"建构"的对象应该是什么呢？

（1）一种观点认为是知识，因为知识"在专长中起决定作用"，其作用"不仅仅体现在量的积累，而且体现在知识结构的优化组织"。③本研究进一步证实，在不同专长发展阶段，无论是技术专长或者管理专长，学习者的知识数量和形态确实会发生相应变化；然而知识并不能完全决定专长的建构过程，个体经验的参与、专长情感的影响甚至组织学习环境都会对专长建构过程产生不可轻视的影响，例如，专长情感可以在很大程度上发挥"知识杠杆"的作用，决定着知识的参与程度，但是已有研究却很少对此进行深入探究。

（2）一种观点认为是学习策略，即解决问题的能力，不仅是根据已有知识解决常规问题，而且是学习解决新问题的能力，包括生成学习目标、界定问题多元视角、对待批

① 郝宁，吴庆麟．专长的获得：一种智力与特质联合体整合的观点 [J]．华东师范大学学报（教育科学版），2004(4)：71-75，89．
② 胡谊．专长心理学：解开人才及其成长的密码 [M]．上海：华东师范大学出版社，2006：172．
③ 胡谊．专长心理学：解开人才及其成长的密码 [M]．上海：华东师范大学出版社，2006：94．

判和对立的数据等。① 本研究发现，职业专长建构过程中，学习策略的运用往往与个体的职业角色息息相关，因为真实情境中更复杂的新问题无可避免地依托于特定的职业岗位；在组织学习中，学习者的职业岗位决定了其能够掌控的学习资源（也有可能是权力资源）、学习机会和学习路径。如此看来，职业角色便成为个体专长发展与职业成长过程中非常重要的参考路标，却被专长研究者们忽略了。所以，本研究把专长的阶段划分与产业工人职业角色变化，尤其是组织学习中的学习角色变化相结合，划分为新手阶段、熟练阶段、胜任阶段和专家阶段四个阶段，在专长发展动态中考察非正式学习的行为表现和影响因素。

（3）还有一种观点是基于专家行为研究提出的认知机制观，即专家经过长期联系后，其认知过程和生理过程都发生一定程度的变化。② 学者埃里克森最初研究专长时，把"认知机制"和"刻意练习"作为核心理念，但是其追随者却对"刻意练习"这一理念更感兴趣，逐渐形成一整套较系统的方法。③ 本研究选取"实践专家"作为研究合作者，基于个案资料分析建构的"盘活机制理论"真正融合了"认知机制"与"刻意练习"的理念与智慧，把"专家的快速知觉、专家的过人记忆表现及调节机制、专家行为成分任务"④ 共同构成的认知机制与具象的实践专家的职业成长真正结合在一起。

综上所述，专长发展的四个阶段之间的界限不是"非此即彼"的切换关系（见图 7-2），而是专长建构过程中，某一阶段出现的相对稳定特征，相邻的两个阶段迂回曲折，呈现螺旋上升趋势，符合"否定之否定"的辩证发展规律。所以，专长阶段切换的实质是某些稳定特征之间渐变的过程，"当前阶段特征的解构"与"更高阶段特征的建构"同时发生、相互影响。同时，个体职业专长建构的过程并非直线形的，而是工作世界的"问题解决过程"中，工作过程知识、个体经验和专长情感形成的"波浪曲线"的跃升螺旋，对职业专长建构时而促进，时而阻碍，呈现整体上升趋势下的上下波动性。

---

① 王美. 什么知识最有价值：从常规专长到适应性专长——知识社会背景下对知识价值与学习目标的反思 [J]. 远程教育杂志，2010，28(6)：62-69.
② 胡谊. 专长心理学：解开人才及其成长的密码 [M]. 上海：华东师范大学出版社，2006：125.
③ 郝宁. 专长的获得：刻意训练理论及实证研究 [D]. 华东师范大学，2006.
④ 胡谊. 专长心理学：解开人才及其成长的密码 [M]. 上海：华东师范大学出版社，2006：134-137.

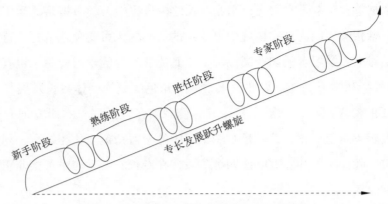

图 7-2　职业专长建构的动态发展过程

二、专长建构过程的理解与反思

（一）理解工作过程知识——动态发展性和情境互动性

在研究合作者的资料分析基础上，本研究对工作过程知识的探究主要体现在以下方面。

（1）还原建构过程的完整性。为了系统地理解工作过程，必须全面地理解工作对象、工作工具、工作方法，以及社会、企业、顾客、受教育者、法律或职业标准对工作提出的要求。[①] 因此，为了充分体现系统性和全面性，研究选取产业工人具体形象，基于个体职业生涯所有工作过程的深描，探究工作过程知识动态发展的脉络性（从准工作过程知识、碎片化工作过程知识、模块化工作过程知识和整合性工作过程知识），理解个体工作过程知识的建构过程。

（2）遵循现实情境下的专长属性。论述工作过程知识时，"典型工作任务"这个概念被提了出来，它不是一个具体的工作环节，它在一个复杂的职业活动情境中具有结构完整的工作过程，包括计划、实施及工作成果的检查评价等步骤。[②] 事实上，为了充分理解典型工作任务的复杂性和完整性，本研究重点考察了学习者的职业角色、组织学习

---

① 徐涵.以工作过程为导向的职业教育 [J].职业技术教育，2007，28(34)：5-10.

② 赵志群.从技能紧缺人才培养工程谈项目课程开发中的两个基本认识问题 [J].职教通讯，2007(4)：14-17.

空间两个因素，把工作过程知识嵌入不同职业阶段问题解决的所有过程，具体以"管理专长"对应"管理过程知识"，"技术专长"对应"技术过程知识"，通过两类工作过程建构解释性理解。

（3）考察组织与个体工作过程知识的互动关系，关注产业工人本身与任职所有企业的学习方式，"学习过程包括社会过程，例如处理个人利益冲突"[①]，所以要在不脱离组织工作过程知识的情境下，同时考虑社会因素，从多个维度理解个体的工作过程知识建构过程。

在真实情境中，非正式学习与正式学习时常并存，因此讨论问题解决导向的工作过程知识与学科（或专业理论）知识之间的关系是非常必要的。有研究提出了职业知识的概念，认为职业知识能从对不同职业角色的结果本位分析中发展而来，但也忽略了知识来源于工作实践的限度，只有很少一部分与特定实践相关的知识才源自实际工作场所。[②] 这里提到的"工作实践"与本研究的"工作过程"是契合的，所以工作过程知识属于职业知识的范畴，但职业知识是上位概念，应该包含职业关联的学科（或专业理论）知识。而技术证书则被认为是通过建立学科（专业）学习与工作场所学习相联结的一种明确尝试，但是二者的联结取向未能认识到不同类型知识之间的本质差异。[③] 事实上，不同类型知识的互补性或整合性最大的实践价值是解决工作问题的有效性。

（二）理解经验的维度——工作世界经验和生活世界经验

经验有助于成人的学习，而学习事实上就是经验不断重组与改造。[④] 讨论非正式学习问题需要进一步厘清经验的构成。那么经验应该是什么呢？多数学者基于"个体视角"给予了定义，把经验看作个体经历积累而成的"学习素材"，通过反思性实践帮助学习者建立新认知、解决新问题。徐国庆认为，经验通常被理解为一种人们能从中学习

---

① 赵志群. 从技能紧缺人才培养工程谈项目课程开发中的两个基本认识问题 [J]. 职教通讯，2007(4)：14-17.

② 迈克尔·扬. 把知识带回来：教育社会学从社会建构主义到社会实在论的转向 [M]. 朱旭东，等译. 北京：教育科学出版社，2019：180-181.

③ 迈克尔·扬. 把知识带回来：教育社会学从社会建构主义到社会实在论的转向 [M]. 朱旭东，等译. 北京：教育科学出版社，2019：181.

④ 夏海鹰. 成人学习心理研究 [M]. 北京：人民出版社，2014：99.

的活动或行为，它被构建为日常工作中具体的行为和问题解决的反思过程。[①] 所以，"经验"一词经常性与个体学习（如特定学习过程或学习成长经历）相结合，却忽略了个体所属组织经验的客观存在性，而组织是个体职业活动最经常、最密集的环境因素。正如赵志群认为"经验学习理论的缺陷是没有考虑学习的环境因素"[②]，然而，经验学习应该考虑哪些学习的环境因素呢？研究过程中，"组织经验"这个重要的本土概念为我们提供了理解"经验"的新角度。

本研究发现，"组织经验"的载体主要包括以下几类。

（1）正式文本资料，指员工共同建构的组织管理正式文本，例如刘煜与团队共同打造的、承载组织发展理念的现场管理制度、产品工艺指导手册、学习空间的文化内涵诠释等。

（2）组织的话语标记，指形成于组织内部的特定词汇、俗语或企业之歌等，例如方圆公司对特定类型员工的通用称呼（大姐、阿姨、学生等）、冯亦诚就职餐企的"妈妈与孩子"（意思是领导和员工的亲情式关系）。

（3）成员互动潜规则，更多以非文本形式存在于组织成员的交际过程，例如刘煜任职企业 C 的"卷人式沟通"（意思是"粗暴的语言训斥"）。

"组织经验"的形成、发展过程包括三个基本机制。

（1）个体经验的释放机制，包括个体释放经验的意愿、企业组织对个体经验的尊重两个维度，例如企业组织主要创始人的经验是组织经验的基础因素，组织对成员个体经验的认可度决定了经验释放的程度。

（2）内部经验的共享机制，指企业组织内部搭建的经验交流与互动平台，目标是提供经验碰撞的机会，包括组织成员个体经验之间、个体经验与组织经验之间的理性对话引起的反思行动，有利于个体、组织两个层面经验的重构。

（3）外部经验的吸收机制，指企业组织对市场环境因素、同行企业组织等方面的经验吸收过程，例如企业通过参与行业协会、组织行业交流研讨会等形式对外部经验的吸

---

① 徐国庆.职业能力的本质及其学习模式 [J].职教通讯，2007(1)：24-28，36.

② 赵志群.职业教育学习新概念 [M].北京：北京师范大学出版社，2021：37.

收、转化与应用。

以经验来源为依据，可以把个体经验分为工作世界经验和生活世界经验。其中工作世界经验包括个体化的组织经验部分（组织经验定向转化成个体经验的部分）和自主生成的工作经验（基于个体认知建构的工作经验），二者都围绕职业活动中工作问题的解决而展开；工作场所之外的个体经验可以归类为生活世界经验，按照活动场所分类，主要包括日常生活经验（家庭和公共生活）、校园学习经验（专业课程）和准工作经验（实习实训），主要围绕生活和学习问题而展开。如果把工作世界经验和生活世界经验按照经验流（每个经验来源作为一条经验流）进行归类（见图7-3），不同经验流之间都可能产生经验结点；随着个体职业活动的增多，经验结点的数量是动态变化的，经验结点越多，个体经验的盘活度就越高，反之亦然。

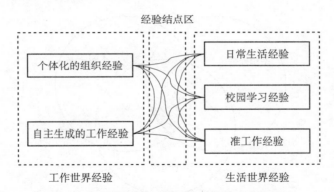

图 7-3　工作世界经验和生活世界经验关系图

（三）理解专长情感能量——情感支点和学习能量

由于专长建构过程充满反复性和曲折性，长期的"刻意练习"需要学习者具备持续的成长驱动力，"好的行为源自好的情感"[①]，那么专长情感能量的构成应该包括哪些要素呢？专长获得研究中的"特质联合体"讨论了情感的作用。目前已确定的特质联合体包括如下四种：科学/数学、文化、社会及习俗，每一种特质联合体中包含不同的认知、

---

① 威廉·雷迪. 感情研究指南：情感史的框架 [M]. 周娜，译. 上海：华东师范大学出版社，2020：76.

情感及意动特质，结合起来对特定领域专长的获得发挥作用（促进或阻碍）。[①]虽然情感因素被纳入专长获得研究的影响因素，但是情感的结构成分和影响机制并未得到充分的论证分析。本研究考察了新手阶段、熟练阶段、胜任阶段和专家阶段对应的情感情绪体验，把情感社会学领域的"权力—地位模型"从社会情境应用于组织情境，把职业专长建构过程的情感因素放在个体与组织、社会的互动关系中进行了深入探究，论述了"情感支点"的能量撬动作用。麦兹罗首提的转化学习问题解决模型，把"情感记忆"与"情感加持"分别作为问题分析、解决行动的重要环节[②]，但是却没有充分论证情感的构成要素与作用机制。本研究认为，职业活动中的专长情感的构成是个体在组织中的权力与地位（对应"结构性情感"）、工作问题解决过程的情境互动（对应"情境性情感"）、对职业发展的预期（对应"预期情感"）三种因素相互作用的结果（见图 7-4）。

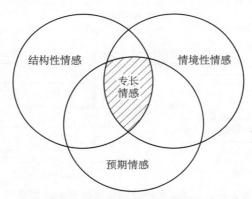

图 7-4　专长情感的构成要素示意图

随着专长发展的阶段推进，专长情感也呈现动态变化性，那么二者的对应关系该如何理解呢？目前，专长阶段性和情感转化关系尚未进行充分的学术讨论。英国学者克莱斯顿（Guy Claxton）首先在教育领域使用的"学习能量"（learning power）概念提供了理论思考的视角，从学习关系、协作能力、积极乐观、能动性、意义建构和创造性、探

---

　　① 郝宁，吴庆麟. 专长的获得：一种智力与特质联合体整合的观点 [J]. 华东师范大学学报（教育科学版），2004(4)：71-75，89.

　　② Mezirow J. Transformative Dimensions of Adult Learning[M]. San Francisco: Jossey-Bass, 1991：94.

究意识等八个方面关注"整体的人"的整合性概念。[①]而且"学习能量"让学习者鼓励自己继续努力改变和学习，增强自己在学习上"向前"的想法和稳步发展的意愿。[②]与专长情感一样，学习能量同样具备动态发展性，可以参考专长发展的阶段性进行理解，如此就可以把"专长情感"和"学习能量"合二为一，描绘出专长情感能量的曲线波浪图（见图 7-5）。

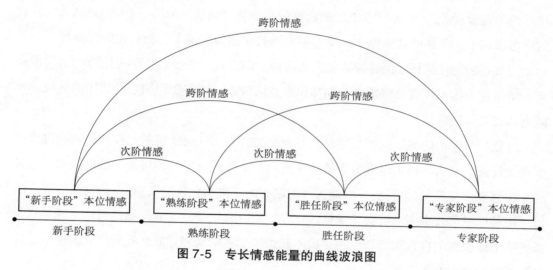

图 7-5　专长情感能量的曲线波浪图

　　在专长建构过程中，新手阶段、熟练阶段、胜任阶段和专家阶段对应的专长情感能量并非稳定推进的，而是借位更高阶段的情感能量作为"情感支点"，借助跨阶情感和次阶情感的学习能量，盘活个体的知识和经验，促进个体专长水平的不断重构，形成了"否定之否定"规律的专长跃升螺旋。

三、非正式学习过程的理解与反思

　　詹姆斯·路德（James Loder）把个体已有认知与建构理解之间的不断冲突作为普遍的转化学习逻辑，或称为"认知事件的语法"。[③]麦兹罗因此受到启发，总结了转化学习

①　任凯，黄少甫，鲁思·克瑞克."学习能量"的意蕴和测量 [J]. 教育导刊，2020(1)：5-11.
②　李林. 成人"学习能量"初探 [J]. 成人教育，2019，39(6)：7-12.
③　Loder J I. The Transforming Moment: Understanding Conviction Experiences[M]. San Francisco: Harper Row,1981：26-27.

的基本过程，即出现进退两难的认知困境、问题环节逐一分析、尝试串联问题环节、释放所有分析、重新建立新旧认知联结、达成认知共识六个阶段。[①]关于非正式学习过程中的反思转化，本研究结合组织因素和社会因素考察，发现更加有利于经验转化的场域条件包括两方面。

（1）个体经验的差异性。拥有充分而丰富的个体经验者通过语言表达或者行为表现传达的"直接经验"，被相对缺乏经验者吸收，成为"间接经验"。这个相对缺乏经验者的学习过程中，个体的观察能力、学习能力和转化能力决定了经验转化的充分程度。

（2）再情境化验证。间接经验流向直接经验的过程，需要经历学习情境的适切性验证。学习者个体不仅需要鉴别经验和知识本身的价值，更需要识别它们适用的情境，才能重新建立认知联结。

转化学习理论的基本过程描述是相对清晰的，真实社会情境的工作问题解决过程可能更加复杂，充满不确定因素带来的复杂影响。个体的反思行动可能是处理技术问题时的"跨情境性反思"，也可能是处理管理问题时的"跨角色反思"，在专长发展的较高阶段，两种反思形式更多出现交叉重合的过程，所以非正式学习的反思性与转化性关联分析绝非个体层面的自我探索与发现，离不开组织学习情境和弥散性社会因素的影响。这种影响具体体现在两方面。

（1）组织学习空间的转化性对个体反思行动的影响，是通过反馈机制发生作用的。高转化性组织学习空间鼓励个体经验、知识和情感情绪的分享，组织成员之间的"开放包容"与"求同存异"释放和盘活了个体的发展能量，既能促进个体职业专长的建构，又能凝聚组织变革发展的心力资源和人力资源。

（2）弥散性社会因素的渗透性影响，是通过直接或间接的方式发生作用的。任何组织都是社会运作系统的一部分，受政治、经济、文化等各方面因素的共同影响。社会环境对组织和个体发展产生的作用具有相对稳定性，无论是政策制度还是社会环境，无论是个体的教育水平还是社会角色，持续强化、部分改进或者重新建构，都时刻影响着个体的意义视角。

---

① Mezirow J. Transformative Dimensions of Adult Learning[M]. San Francisco: Jossey-Bass, 1991：163.

第八章　研究结论的检验与再反思

第一节　研究结果的检验

质性研究关注社会事实的建构过程和人们在特定社会文化情境中的经验和解释，为了尊重真实、还原事实，在设计阶段研究者需要探讨如何对研究的质量进行检测，其中包括结果的真实性、可靠性、代表性及有关的伦理道德问题。[①] 本研究经历了研究问题的形成、研究个案的找寻、研究方案的设计、研究过程的展开和研究结果的撰写五个主要过程，已经持续了一年多，因此对研究结果的检测不止有"纸上谈兵"的问题预设，更有"跋山涉水"的过程总结，还要有"描绘前景"的研究建议。

一、关于研究质量

本研究是建构主义研究范式，所以评价研究质量的基本原则是考察主体之间是否通过互动达到了某种"共识"，其过程具有"阐释的"和"辩证的"两个方面。[②] 为了保证研究个案专长发展和非正式学习的解释尽量精确，研究过程中主要做到了以下方面。

（1）与两位研究合作者保持日常联系，尽可能全面而持续地了解其工作情况、生活

---

①　陈向明.质的研究方法与社会科学研究 [M].北京：教育科学出版社，2000：99.
②　陈向明.质的研究方法与社会科学研究 [M].北京：教育科学出版社，2000：381.

情况和学习情况，在个体生命图景中深描专长发展、专长知识建构的过程。

（2）建立深度研究合作关系，收集的资料和撰写的反思备忘录及时反馈给研究合作者，让其确认描述事实的精确性，努力获取研究对象的真实思考过程，特别是后期研究结论的撰写阶段针对研究问题。

（3）用较长时间的实地观察（包括视频和实地两种形式），与研究合作者共同工作，持续观察其在解决问题、组织学习中与同事们之间的互动和对话，结合访谈法和实物资料收集用高密度的资料收集方式，最大限度还原研究合作者与同事们互动的真实意义。

二、关于研究效度

在质性研究中，围绕研究结果的"真实性"问题而产生的对研究效度的探究成为提高研究质量的重要方面。[①]陈向明主张描述性效度、解释性效度、理论性效度和评价性效度四种类型的效度检验。[②]为了确保质的研究效度，本研究做出了以下努力。

（1）由于研究的描述性效度涉及研究者个人的社会地位、价值观、思维方式、知识范围、心理特征、生理特点等方面的影响，本人在研究初期就撰写了多篇研究者反思，回顾了自己对作为农家子弟的职业成长、非正式学习、自我反思与批判性反思等内容，将其作为描述研究合作者的背景知识回观。

（2）对收集到的每一份资料都妥善保存，赋予材料代码，确保在描述研究合作者的专长发展轨迹和专长知识建构过程中发挥实质作用，而没有因为研究者的忽略成为"落在研究路上的声音"，消弭其潜在的研究价值。

（3）核实每一份研究资料的真实性，通过访谈、观察和实物法多角度收集研究合作者的职业成长故事资料，对不确定事实进行反复核验，保证故事描述和解释的准确性。

（4）与研究合作者建立"研究合伙人"一样的"深度对话"关系，认真听取研究合作者对非正式学习的个人理解和认识，把这个理论对话的过程作为中层理论建构的重要基础。

关于三角验证问题，质性研究资料分析中的三角验证问题关系结论分析和理论建

---

① 宋改敏，赵建斌 . 质性研究选题的效度探讨——基于知识论的视角 [J]. 教育理论与实践，2010，30(26)：34-36.

② 陈向明 . 质的研究方法与社会科学研究 [M]. 北京：教育科学出版社，2000：392-395.

构，本研究在研究设计、资料收集和资料分析过程中，都严格遵循质性研究三角验证的要求，通过多种方式支持三角验证。

1. 原始资料来源方面

为了最全面、最客观地还原个案经历的关键事件，最大限度地尊重事实、反映事实，努力通过访谈、观察和实物收集等多种途径保留事件发生的轨迹和结果，分析资料时利用 MAXQDA 软件把同一事件的录音、转录文字、图片、视频和其他过程资料全部纳入编码范围，实现"事实沉浸式"的编码。

2. 研究策略实施方面

为了充分利用质性研究方法的优势，深度分析个案专长发展中的非正式学习问题，通过访谈收集个体的专长发展叙事是非常重要而关键的研究策略。本研究中，对刘煜、方圆和冯亦诚三位研究合作者的访谈主要包括合作者本人的多次访谈、同事的主题访谈、亲人的半结构访谈，围绕同一事实三种访谈内容支持三角验证。

3. 资料收集层次方面

在分析产业工人的职业工作环境时，通过收集国家政策方针、省市相关政策环境、企业组织制度规范三个层级的政策文本、新闻资讯等，统筹考虑问题验证的行政层级因素，从多个维度形成完整的环境分析要素。

4. 资料收集的时间跨度方面

与研究合作者建立合作关系开始，研究者与研究合作者保持经常性联系，共同经历一些关键事件，让研究者成为事件的见证人之一，同时多次追问研究合作者在不同阶段对同一事件的理解和认识，通过共同经历、共同回忆、再次回忆这种"举一反三"的持续追问让合作者经历的事件意义得以最充分的体现。

三、关于研究伦理

在真实的质性研究过程中的伦理考虑要比量化研究复杂许多。[1] 与研究合作者建立

---

① 陈霜叶，王奕婷. 察器求道 转识成智：质性教育研究五年述评与学术共同体的使命展望 [J]. 华东师范大学学报（教育科学版），2020，38(9)：56-77.

一段时间内稳定的研究关系必须面对和处理好研究伦理问题。访谈研究合作者及其关系人（包括同事、家人和朋友等）是对一个人生活的深度介入，涉及很多个人隐私的部分，这是本研究势必面临的挑战。

质性研究中，研究者和被研究者二者之间的研究关系对整个研究影响至深，"关系"嵌入于科学研究来说是一把双刃剑。[①] 如何维系良好的研究关系，更加严谨地开展资料收集、资料分析工作，同时又要保护研究合作者的个人隐私和切身利益是一项挑战，更是研究者不可推卸的责任与担当。为此，研究者在研究过程中做出了如下努力。

1. 始终保持价值中立的研究立场

本研究涉及研究合作者多名同事的访谈，其中不乏公司领导和管理层、研究合作者的平级的同事们，甚至包括相处不太融洽的同事。研究过程中，每一次访谈都采取"一对一"的访谈形式，让受访者放下戒备心，描述有关的职业经历；访谈结束后，也做到不随意向其他同事透露访谈内容，防止带来人际关系方面的困扰。

2. 严格保护研究合作者的个人隐私

本研究涉及的研究合作者姓名均为化名，公司信息和生活区域都采用匿名的形式，对公司开展的特色学习活动内容也进行匿名化处理以后作为引用材料。研究过程中，研究者非常注意了解研究合作者希望明确保密的内容范围和注意事项，在每一次收集资料和整理资料过程中谨记在心。最关键的是，每一份引用资料都会征求研究合作者本人的同意，才能放入最终的研究论文中。

3. 严格保护收集的所有研究资料

本研究对研究合作者职业成长故事的深描需要大量的原始资料支撑。资料收集与分析过程涉及研究者个人职业活动、公司业务与发展、地区政策和社会环境的大量信息，稍有不慎就会对研究合作者及其所在公司造成极其恶劣的影响。对此，研究者始终保持警醒，承诺研究合作者对所有收集的资料保密，不能因为研究工作对他们造成任何负面伤害。

---

① 熊新燕. 质性研究中的"关系"嵌入与伦理规范——基于韦伯"价值中立"视角的探讨 [J]. 齐齐哈尔大学学报（哲学社会科学版），2017(11)：31-34.

第二节　研究创新与不足

一、研究特色与创新

本研究以工作问题的解决作为理论联结点，吸取、融合和拓展专长建构、非正式学习和转化学习三大理论领域的研究成果，以个体经验、工作过程知识和职业情感因素作为切入点，关注高成长型产业工人工作场所的学习现象和行为，体现了对我国产业工人职业生涯发展的理论关切和人文关怀。因此，本研究的特色与创新主要体现在理论依据、研究方法和研究对象三个方面。

（1）以产业工人专长发展的过程描述作为研究范式，突破了专长研究常用的专家—新手比较研究。本研究从还原个体职业成长和发展真实过程的角度，探究经验、知识和情感因素在各个专长阶段的典型特征和动态发展过程，提供了围绕专长发展进行学术讨论的本土叙事素材。

（2）以专长理论作为研究视野，探究和挖掘非正式学习的行为规律和影响因素，有利于深入研究工作场所的学习行为。由于非正式学习是工作场所学习的主要表现形式，而且广泛存在于企业组织的生产和管理过程，是个体实现职业成长和发展的重要途径，为以研究合作者的职业成长叙事为线索探究非正式学习的内在规律提供了真实场景中真实个案参考。

（3）把产业工人工作场所的学习行动和企业组织发展、社会环境因素结合起来，突破了转化学习理论强调个体因素的研究局限。成人教育学家麦兹罗虽然零星讨论了工作场所教育问题，但是更侧重于个体层面的转化学习行为研究，集中关注成人生活世界中的认知困境，讨论反思特别是批判性反思在意义视角重构中的作用。本研究在企业组织场域中综合考察个体解决工作问题的过程、职业角色的切换过程，丰富了转化学习理论的研究维度和理论视野。

（4）以全球范围内产业工人转型发展为时代背景，聚焦产业工人转型发展问题，提供了产业工人专长建构的解释框架"盘活机制"。从已有研究成果来看，本研究的主要理论依据（专长发展理论、非正式学习理论和转化学习理论）主要是西方文化语境下对成人学习现象的解释，对我国的成人学习研究的参考价值有限。通过选取我国产业工人的具体形象，对其专长发展和非正式学习行为进行深描，有利于实现西方学习理论的本土化过程。

（5）采用质性研究的方法，融合了研究者跨城乡的生活经历和思考。研究者是质性研究的重要研究工具。研究者本人经历了乡村、城镇、省会和首都的行政区划系统"纵切面"，对乡村生活有深刻的情感记忆，对求职就业、持续学习和职业发展有丰富而鲜活的思考。在分析研究合作者资料时，作为农村毕业生的"局内人"和高校毕业生的"局外人"双重身份，可以在自身生活经验与研究合作者的生活世界之间进行"深度对话"，帮助研究者加深对研究对象的理解。

二、研究不足和后续研究建议

本研究是在 2020 年年初新冠肺炎疫情发展的时代背景下开始和进行的。受疫情防控形势的影响，研究原本设计的实地观察受到了很大的影响，选取的研究现场多次发生疫情，研究资料的收集遇到了不少困难。为了充分还原研究合作者的职业成长故事，本研究在深入挖掘职业专长建构和非正式学习的组织因素方面，只能通过实物资料收集，弥补实地观察资料的不足。事实上，虽然收集了大量的组织培训和学习活动方面的资料，依然缺乏实地观察带来的视觉和听觉冲击，不利于深度理解组织学习的真实过程。

（一）研究的不足之处

（1）小样本质性研究方法的天然局限性。本研究采取小样本研究方式，首先要思考的便是研究对象的代表性问题。由于研究者本人生活区域的限制，为了更好地开展质性研究的个案跟踪和资料收集，选取样本都是国内一线城市的产业工人，无法充分考察国内各地区产业布局和发展过程的不平衡现象对产业工人职业成长产生的影响。本研究深描的研究合作者分别来自生物制药企业、餐饮服务企业和汽车发动机制造企业，因此本研究关注的企业组织类型也是有限的，无法覆盖第二产业和第三产业的更多企业类型，都是本研究没有解决的实际问题。

（2）研究合作者非正式学习微观过程的数据收集不足。研究合作者方圆和刘煜工作的企业属于相对封闭性的生产型企业，外来人员进入企业实习和参观有一定困难，特别是结合新冠疫情防控的严格要求，无法在研究合作者的日常工作状态下进行实地观察。其中方圆工作的疫苗生产车间属于高度纯净环境，不允许非工作人员进入，对于他和同事们在工作过程中的问题解决过程，研究者无法获取"第一现场"的观察资料。刘煜返乡就业后就职的民营企业，由于该地区一直是新冠肺炎疫情严重地区，出于疫情防控要求，刘煜就职期间都没有机会进入其工作现场进行实地观察，基本通过在线视频形式的"远程观察"获得一些直观感受。冯亦诚产业工人阶段的经历已经过去近20年了，主要通过个体访谈的形式进行个体职业成长故事的"溯源式"对话，更是无法穿越时空回到她那一段职业经历；同时，她曾经工作过的企业如今能够搜集的实物资料并不充分，在还原她工作单位的知识系统、经验系统和情感系统过程中，资料收集工作颇费了一番功夫。尽管如此，依然觉得搜集的资料内容距离丰富饱满的现实之间存在某种不可逾越的距离感。

（3）影响因素探究的有限性。由于研究者的时间和精力限制，本研究重点从个体经验、工作过程知识和专长情感能量三个维度探究了影响职业专长建构和非正式学习的个体因素、组织因素和社会因素。现实场景中，除了知识、经验和情感因素，还有哪些因素可能产生影响？例如天资禀赋、家庭背景等，本研究对这些因素没有展开深入的讨论。

（二）对后续研究的建议

（1）研究内容方面，除了本研究关注的个体经验、工作过程知识和专长情感能量，其他的影响因素也是有可能成为重要的影响因素，但是没有进入本研究的研究视野，希望后续产业工人研究可以继续探索，形成更多的研究成果，真正有助于我国产业工人队伍建设，有利于我国技能型社会建设。

（2）研究方法方面，为了解决小样本研究的局限性，可以充分发挥定量研究和定性研究的综合优势，通过设计定量分析的测量模型，开展一定规模的产业工人非正式学习状况的数据调查和分析，结合产业工人个案的质性分析，开展新手和专家产业工人的比较分析，通过选取新手型产业工人和专家型产业工人，跟踪两类产业工人在非正式学习方面的不同行为表现，通过比较分析建构产业工人职业成长的内在规律。

（3）研究对象方面，本研究主要考虑一线城市的产业工人，建议后续研究综合考虑企业所在行业、地区特征，选取更多行业的产业工人作为研究合作者，形成更多行业领域产业工人职业专长建构和非正式学习的故事，努力建构更多本土理论，从我国产业工人队伍建设角度提出建设性意见和建议。

附录1　原始资料编码说明

本研究围绕研究合作者进行资料收集，其中 WZ 代表文字，TP 代表图片，SP 代表视频，主要分为访谈资料、观察资料、实物资料、反思备忘录资料四类。

1. 访谈资料

关于访谈合作者本人：①刘耀伟的访谈转录文字代码为 FTZL-LYW-X，其中 X 表示访谈开展的次数，如第一次访谈转录文字为"FTZL-LYW-1"，语音资料代码为 FTZL-LYW-1-YY，视频资料代码为 FTZL-LYW-1-SP。②方伟宏的访谈转录文字代码为"FTZL-FWH-X"，其中 X 表示访谈开展的次数，如第一次访谈转录文字为"FTZL- FWH -1"，语音资料代码为 FTZL- FWH -1-YY，视频资料代码为 FTZL- FWH -1-SP。

关于访谈合作者相关人员：①刘耀伟的单位同事、朋友、家人等资料代码为 FTZL-LYW-GXR-X，其中 X 代表此类访谈的排序，第一次为"FTZL-LYW-GXR-1"，语音资料代码为 FTZL-LYW-GXR-1-YY，视频资料代码为 FTZL-LYW-GXR-1-SP；②方伟宏的单位同事、朋友、家人等资料代码为 FTZL- FWH -GXR-X，其中 X 代表此类访谈的排序，第一次为"FTZL- FWH -GXR-1"，语音资料代码为 FTZL- FWH -GXR-1-YY，视频资料代码为 FTZL- FWH-GXR-1-SP。

2. 观察资料

主要是实地观察形成的资料：刘耀伟 GC- LYW-X，其中 X 表示收集的时间次序；方伟宏 GC- FWH-X，其中 X 表示收集的时间次序。可根据观察资料类型，添加后缀代码，例如视频资料"GC- LYW-1-SP"表示观察过程中收集到的刘耀伟的第一份视频资料，"GC- LYW-1-TP"表示观察过程中收集到的刘耀伟的第一份照片资料。

3. 实物资料

主要是围绕研究合作者职业成长、在职学习和培训、参加的公司活动等方面收集实物资料。代码格式为：刘耀伟 SW- LYW-X，其中 X 表示收集的次序；方伟宏 SW-FWH-X，其中 X 表示收集的次序。可根据实物资料类型，添加后缀代码，例如实物资料"SW- LYW-1-WZ""SW- LYW-1-SP""SW- LYW-1-TP"分别表示收集到的刘耀伟的第一份文字、图片、视频资料。另外，围绕研究问题开展的政策文本资料格式为"SW-ZCWB-1"，代表收集的第一份文本资料。

4. 反思备忘录资料

访谈过程反思，例如 FSBW-FTFS-LYW-X，其中 X 表示形成资料的次序。

观察过程反思，例如 FSBW-GCFS-X，其中 X 表示形成资料的次序。

实物收集反思，例如 FSBW-SWFS-X，其中 X 表示形成资料的次序。

相关理论反思，例如 FSBW-LLFS-X，其中 X 表示形成资料的次序。

附录2 半结构访谈提纲

一、"确定研究个案阶段"——半结构访谈提纲

（1）基本信息：性别、年龄、其他家庭成员职业情况；毕业的学校、专业，在校期间参与的实习情况；参加工作的时间、城市、现职务。

（2）职业认知：为什么选择现在的职业？都考虑哪些因素？

（3）家庭方面：上学的时候，您的家庭成员对你的职业期待是什么？他们支持你的职业选择吗？目前多久回农村老家一次？他们会来你工作的城市跟你一起居住吗？你的家庭成员对你的工作现状满意吗？有没有对你的工作提供具体的帮助呢？

（4）学校方面：你在学校（职业院校）学的知识或者参加的实习，哪些对你的工作帮助比较大呢？觉得哪些地方学的还不够？

（5）职后受教育方面（学历）：现在工作一段时间了，如果给你一次重新读书的机会，你最关注哪些方面的学习？你会继续参加学历教育吗（例如在职本科）？或者参加其他的社会教育培训？

（6）职业场所学习方面（非学历教育、非正式学习）：你所在的单位有哪些教育培训的方式让你尽快适应工作岗位？你比较喜欢哪一种方式？针对你的工作岗位，你主动学习了哪些专业知识？你所在单位的职场关系让你觉得如何？你觉得这样的环境可以发挥你的特长吗？你愿意一直在这里工作吗？

（7）职业发展规划方面：你自己有没有更长远的职业发展规划？会考虑换个工作或者行业吗？

（8）社会环境影响方面：你喜欢工作的城市吗？会在你工作的地方定居吗？也许会

在这里组建家庭？

二、个案实质理论建构阶段访谈提纲

（1）在实际工作环境中，你是如何学习汽车（生物制药、服务管理）方面的专业知识的？从公司组织的业务培训（正式学习）中学到什么？为了解决问题自己通过哪些途径（自学、向同事求教、读书、网络搜索等非正式学习形式）学习专业知识？

（2）你是如何利用已有的工作经验，解决当前遇到的一些工作问题（技术问题和管理问题）的？重点是举例子，讲述细节。

（3）你的工作过程中，哪些方面的生活经验（跨城乡生活）发挥了实际作用，或者是如何利用或转化自己已有生活经验的？

（4）你从职业院校学习的知识和实习的经验，哪些对你的工作是有帮助的？具体发挥了什么样的作用？

（5）从职业情感方面，你如何看待自己的职业成长过程？每一次职业角色的改变之后对工作和学习的理解有哪些不同？在就职过的企业公司抵达"天花板"以后，你的工作态度有变化吗？每次离职后的心理状态是怎样的？

参 考 文 献

中文参考文献

1. 安德鲁·斯特拉桑．身体思想 [M]．王业伟，赵国新，译．沈阳：春风文艺出版社，1999．

2. 陈珂．职业生涯发展中的非正式学习 [D]．上海：华东师范大学，2009．

3. 陈强强．专长研究：公众参与设限与信任关系重建 [J]．科学学研究，2019，37(12)：2123-2129．

4. 陈霜叶，王奕婷．察器求道转识成智：质性教育研究五年述评与学术共同体的使命展望 [J]．华东师范大学学报（教育科学版），2020，38(9)：56-77．

5. 陈向明．质的研究方法与社会科学研究 [M]．北京：教育科学出版社，2000．

6. 成素梅，姚艳勤．德雷福斯的技能获得模型及其哲学意义 [J]．学术月刊，2013，45(12)：64-70．

7. 程猛．"读书的料"及其文化生产——当代农家子弟成长叙事研究 [M]．北京：中国社会科学出版社，2018：63．

8. 程千，刘小飞．新型产业工人学习者的学习需求及特征研究 [J]．河北广播电视大学学报，2016，21(4)：35-40．

9. 创新产业工人发展制度 打通成长成才的绿色通道 [EB/OL]．http://acftu.people.com.cn/n1/2017/0626/c67583-29362864.html,2017-06-26/2021-09-23．

10. 崔玲玲，赵文平．我国教师非正式学习研究知识图谱与展望——基于 CNKI 文献的可视化分析 [J]．教师教育学报，2019，6(6)：30-38．

11. 崔铭香．青年农民工的生存境遇与学习行为研究 [D]．上海：华东师范大学，2010．

12. 戴维·波普诺．社会学 [M]．李强，译．北京：中国人民大学出版社，2007．

13. 邓宏宝．产业工人工匠精神的时代内涵与培育方略——基于 31 个省或市级评选文件的分析 [J]．职教论坛，2020，36(10)：75-79．

14. 杜陈倩，马志强．制造业产业工人职业认同现状调查与分析 [J]．中国集体经济，2021(1)：123-126．

15. 段晓明，陈荟．走向生活体验——教育研究中的叙事研究法 [J]．教育研究与实验，2004(4)：29-32．

16. 菲利克斯·劳耐尔，鲁伯特·麦克林．国际职业教育科学研究手册 [M]．赵志群，译．北京：北京师范大学出版社，2014：252．

17. 冯忠良．能力的类化经验说 [J]．北京师范大学学报：社会科学版，1986(1)：27-34．

18. 格里高利·曼昆．经济学原理：宏观经济学分册 [M]．7 版．梁小民，梁砾，译．北京：北京大学出版社，2015．

19. 耿艳丽．产业工人技能形成的制度环境与路径优化 [J]．东岳论丛，2020(12)：184-190．

20. 关世雄．成人教育辞典 [M]．北京：职工教育出版社，1990：14．

21. 韩艳辉．应用 ADDIE 模型进行多媒体互动英语学习资源的教学设计——对纯在线非正式学习环境的个案研究 [J]．现代远距离教育，2010(1)：72-76．

22. 郝宁，吴庆麟．专长的获得：一种智力与特质联合体整合的观点 [J]．华东师范大学学报（教育科学版），2004(4)：89，71-75．

23. 郝宁．专长的获得：刻意训练理论及实证研究 [D]．华东师范大学，2006．

24. 和震，柯梦琳．职业教育视角下的专长与校企合作重构 [J]．清华大学教育研究，2017，38(4)：40-47．

25. 侯学良．高校领导双肩挑现象分析 [J]．商情，2011(15)：41．

26. 胡金艳，蒋纪平，张义兵．知识建构理论能用在家庭非正式学习环境中吗？——基于儿童偶发性科学探究的个案追踪研究 [J]．学前教育研究，2020(5)：67-79．

27. 胡谊，吴庆麟．专长的心理学研究：专家行为的实质及成才规律 [J]．科学，2002，54(6)：25-28，2．

28. 胡谊．专长心理学：解开人才及其成长的密码 [M]．上海：华东师范大学出版社，2006．

29. 贾凡．转化学习的基本理论探究及启示 [J]．河北师范大学学报（教育科学版），2010，12(3)：74-79．

30. 姜大源．职业教育学研究新论 [M]．北京，教育科学出版社，2007：266．

31. 凯瑟琳·马歇尔，格雷琴·罗斯曼．设计质性研究：有效研究计划的全程指导 [M]．何江穗，译．重庆：重庆大学出版社，2015：181．

32. 李珂，张善柱．高素质产业工人队伍建设发展的实践路径分析 [J]．中国劳动关系学院学报，2017，31(1)：1-7．

33. 李林．成人"学习能量"初探 [J]．成人教育，2019，39(6)：7-12．

34. 李敏．论"学历社会"的不可逾越性 [J]．湖南师范大学教育科学学报，2004(1)：25-29．

35. 李亚光，李芳芳．新冠肺炎疫情对我国工业的影响与对策研究 [J]. 产业经济评论，2020(2)：5-12.

36. 李玉赋．新的使命和担当——《新时期产业工人队伍建设改革方案》解读 [M]. 北京：中国工人出版社，2017：155.

37. 林崇德．发展心理学 [M]. 3 版．北京：人民教育出版社，2018.

38. 刘德恩．职业教育心理学 [M]. 上海：华东师范大学出版社，2001：237.

39. 刘良华．教育叙事研究：是什么与怎么做 [J]. 教育研究，2007(7)：84-88.

40. 刘晓，陆宇正．新时代我国产业工人技能提升的政策寻迹与路径 [J]. 现代教育管理，2020(9)：97-104.

41. 卢俊竹．知识创造隐喻视角下的工作场所非正式学习 [D]. 上海：华东师范大学，2015.

42. 陆学艺．中国社会阶级阶层结构变迁 60 年 [J]. 北京工业大学学报（社会科学版），2010，10(03)：1-12.

43. 罗伯特·殷．案例研究：设计与方法（原书第 5 版）[M]. 周海涛，史少杰，译．重庆：重庆大学出版社，2017：127.

44. 迈克尔·扬．把知识带回来：教育社会学从社会建构主义到社会实在论的转向 [M]. 朱旭东，等译．北京：教育科学出版社，2019：180-181.

45. 麦肯锡全球研究院．中国的技能转型：推动全球规模最大的劳动者队伍成为终身学习者 [EB/OL]. https://www.mckinsey.com.cn/wp-content/uploads/2021/01/MGI_Reskilling-China_Executive-Summary-CN.pdf，2021-01/2021-12-10.

46. 毛哲山．"人的城镇化"理论的建构与创新研究 [J]. 河南师范大学学报（哲学社会科学版），2016(1)：88-92.

47. 牛雪峰．上海产业工人工作满意度：影响因素与工会作为 [J]. 工会理论研究（上海工会管理职业学院学报），2020(4)：53-64.

48. 裴娣娜．教育研究方法导论 [M]. 合肥：安徽教育出版社，1995：182.

49. 亓莱滨．成人的学习风格策略及其优化 [J]. 中国成人教育，1995(4)：31-33.

50. 齐军．走向"共在"与"对话"——对西方教学理论本土化的审视 [J]. 教育发展研究，2010，30(22)：46-50.

51. 乔纳森·特纳，简·斯戴兹．情感社会学 [M]. 孙俊才，文军，译．上海：上海人民出版社，2007：178.

52. 任凯，黄少甫，鲁思·克瑞克．"学习能量"的意蕴和测量 [J]. 教育导刊，2020(1)：5-11.

53. 任凯，鲁思·克瑞克．探索有效终身学习之指标："学习能量"及其动态测评 [J]. 教育学报，

2011，7(6)：84-90.

54. 尚勇. 试论职业情感的科学界定 [J]. 理论观察，2007(1)：153-154.

55. 邵程林，袁敏，王书静. 新时代我国产业工人技能形成的升级路径研究——基于德、日、美三国职业教育与培训经验 [J]. 高等职业教育探索，2019，18(3)：6-11.

56. 沈原. 社会转型与工人阶级的再形成 [J]. 社会学研究，2006(2)：13-36，243.

57. 宋改敏，赵建斌. 质性研究选题的效度探讨——基于知识论的视角 [J]. 教育理论与实践，2010，30(26)：34-36.

58. 孙世路. 外国成人教育 [M]. 北京：教育科学出版社，1982.

59. 涂端午. 教育政策文本分析及其应用 [J]. 复旦教育论坛，2009，7(5)：22-27.

60. 王美. 什么知识最有价值：从常规专长到适应性专长——知识社会背景下对知识价值与学习目标的反思 [J]. 远程教育杂志，2010，28(6)：62-69.

61. 王薇，刘莉. 问题解决的教育实践特征：基于心理学到教育学的转换 [J]. 教育学术月刊，2021(6)：90-96.

62. 王星，徐佳虹. 中国产业工人技能形成的现实境遇与路径选择 [J]. 学术研究，2020，4(8)：59-64，177.

63. 王星. 走向技能社会：国家技能形成体系与产业工人技能形成 [M]. 北京：中国工人出版社，2021：80-81.

64. 王永章. 新常态下我国产业工人转型问题研究 [J]. 毛泽东邓小平理论研究，2016(11)：17-22.

65. 威廉·雷迪. 感情研究指南：情感史的框架 [M]. 周娜，译. 上海：华东师范大学出版社，2020.

66. 威廉·维尔斯马，斯蒂芬·于尔斯. 教育研究方法导论 [M]. 袁振国，译. 北京：教育科学出版社，2011：5.

67. 吴峰. 企业大学研究的国际视野：概念、模型与趋势 [J]. 开放教育研究，2014，20(1)：67-73.

68. 吴静静. 马尔科姆·诺尔斯成人教育学思想研究 [D]. 南京：南京师范大学，2019.

69. 伍威·弗里克. 质性研究导引 [M]. 孙进，译. 重庆：重庆大学出版社，2011：152.

70. 夏海鹰. 成人学习心理研究 [M]. 北京：人民出版社，2014：99.

71. 肖群忠，刘永春. 工匠精神及其当代价值 [J]. 湖南社会科学，2015(6)：6-10.

72. 熊新燕. 质性研究中的"关系"嵌入与伦理规范——基于韦伯"价值中立"视角的探讨 [J]. 齐齐哈尔大学学报（哲学社会科学版），2017(11)：31-34.

73. 徐国庆. 职业能力的本质及其学习模式 [J]. 职教通讯，2007 (1)：24-28，36.

74. 徐涵. 以工作过程为导向的职业教育 [J]. 职业技术教育，2007，28(34)：5-10.

75. 雪伦·梅里安，罗斯玛丽·凯弗瑞拉. 成人学习的综合研究与实践指导 [M]. 黄健，张永，魏光丽，译. 北京：中国人民大学出版社，2010：204-205.

76. 闫永飞. 论"工人阶级""产业工人""职工"概念的历史演变 [J]. 工会理论研究，2020(5)：39-50.

77. 严霄云. 符应理论视角：职业教育与中国新产业工人的生产 [D]. 上海：上海大学，2013.

78. 伊万·塞林格，罗伯特·克里斯. 专长哲学 [M]. 成素梅，等译. 北京：科学出版社，2015.

79. 余胜泉，毛芳. 非正式学习——E-learning 研究与实践的新领域 [J]. 电化教育研究，2005(10)：19-24.

80. 约翰·布兰思福特. 人是如何学习的：大脑、心理、经验及学校（扩展版）[M]. 程可拉，孙亚玲，王旭卿，译. 上海：华东师范大学出版社，2013：60.

81. 约翰·杜威. 民主主义与教育 [M]. 陶志琼，译. 北京：中国轻工业出版社，2014：141.

82. 张国庆. 公共行政学 [M]. 3 版. 北京：北京大学出版社，2005：183.

83. 张剑平. 虚实融合环境下的非正式学习研究 [M]. 杭州：浙江大学出版社，2018：8-9.

84. 张锦坤，张俐娟. 编码与提取时长对提取练习效应的影响 [J]. 心理科学，2020，43(4)：785-792.

85. 张维. 成人教育学 [M]. 福州：福建教育出版社，1995：88.

86. 张伟平，马培峰. 非正式学习中个人隐性知识的构建 [J]. 湘潭师范学院学报（社会科学版），2007(6)：175-176.

87. 张学民，申继亮，林崇德. 国外教师教学专长发展的评价理论与方法 [J]. 外国教育研究，2004(7)：54-57.

88. 张玉忠，李琳. 优秀博客学习者非正式学习个案探究 [J]. 中国远程教育，2013(9)：50-55，96.

89. 赵蒙成. "非正式学习"论纲 [J]. 比较教育研究，2008(10)：51-54.

90. 赵志群. 从技能紧缺人才培养工程谈项目课程开发中的两个基本认识问题 [J]. 职教通讯，2007(4)：14-17.

91. 赵志群. 从技能紧缺人才培养工程谈项目课程开发中的两个基本认识问题 [J]. 职教通讯，2007(4)：14-17.

92. 赵志群. 职业教育学习新概念 [M]. 北京：北京师范大学出版社，2021.

93. 朱丽叶·科宾，安塞尔姆·施特劳斯. 质性研究的基础：形成扎根理论的程序与方法 [M]. 朱光明，译. 重庆：重庆大学出版社，2015：15.

94. 朱永跃. 产业工人心理所有权对工作投入的影响——职业认同与员工导向组织文化的作用 [J]. 技术经济，2020，39(8)：143-151.

95. 朱永跃等. 新时代工匠型产业工人培养研究 [M]. 北京：科学出版社，2021.

英文参考文献

1. Bajaj A and Bates M. WPKT: Work Process Knowledge Template for Codification of Organizati-onal Process Knowledge[J]. Journal of Organizational and End User Computing (JOEUC), 2017, 29(3): 24-48.

2. Benson G. Informal Training Takes off[J]. Training & Development, 1997,51(5): 93-94.

3. Boileau T. Informal Learning [EB/OL]. https://www.researchgate.net/publication/320188478. 2017-10-03/2021-08-20.

4. Boreham N. Orienting the work-based curriculum towards work process knowledge: A rationale and a German case study[J]. Studies in Continuing Education, 2004, 26(2): 209-227.

5. Cresswell J W. Qualitative inquiry & research design[M]. Thousand Oaks, CA: Sage, 2007: 73.

6. Cunningham H. Informal learning in the workplace: key activities and processes[J]. Education + Training, 2013,11(55)：37-51.

7. Day N. Informal learning gets results[J]. Workforce, 1998, 77(6): 30.

8. Ellinger A. Contextual Factors Influencing Informal Learning in a Workplace Setting: The Case of "Reinventing Itself Company" [J]. Human Resource Development Quarterly,2005,16 (3): 389-415.

9. Ericsson C. Experter performance: Its structure and acquisition[J]. American Psychologist, 1994, 49(8): 739.

10. Ericsson K A. The road to excellence: The acquisition of expert performance in the arts and sciences sports and games [M]. Mahwah N J: Erlbaum, 1996.

11. Eshach H. Bridging in-school and out-of-school learning: formal, non-formal, and informal education[J]. Journal of Science Education and Technology, 2007 (2): 171-190.

12. Felix R. Handbook of Technical and Vocational Education and Training Research[J]. Springer Science+Business Media B.V. 2008: 624-625. DOI 10.1007/978-1-4020-8347-1.

13. Gill K. From Judgment to Calculation: The Phenomenology of Embodied Skill—Celebrating Memories of Hubert Dreyfus and Joseph Weizenbaum[J]. AI & Society, 2019, 34(2): 165-175.

14. Havighurst R J. Developmental Tasks and Education[M]. New York: David McKay Co, 1952: 2.

15. Hootegem W. Qualitative Job Insecurity and Informal Learning: A Longitudinal Test of Occupational Self-Efficacy and Psychological Contract Breach as Mediators[J]. International Journal of Environmental Research and Public Health. 2019, 16(10):1847.

16. Houle C O. Patterns of learning[M]. New York: Jossey-Bass, 1984.

17. Hubert D, Stuart D. Mind over Machine: The Power of Human Intuition and Expertise in the Era of the Computer[M]. New York: Simon & Schuster, 1988.

18. Ilke G, et al. Informal learning of primary school teachers: Considering the role of teaching experience and school culture[J]. Teaching and Teacher Education, 2015, 11(47): 151-161.

19. John H, Lynn D. The Museum Experience Revisited[M]. Walnut Creek: Routledge, 2013.

20. Jungmi Y, Kim D, Youngchoon P. The influence of informal learning and learning transfer on nurses' clinical performance: A descriptive cross-sectional study[J]. Nurse Education Today, 2019, 11(80): 85-90.

21. Kyndt E, Dochy F, Nijs H. Learning conditions for non-formal and informal workplace learning[J]. Journal of Workplace Learning, 2009, 21(5): 369-383.

22. Lisa K F. Retrieval practice opportunities in middle school mathematics teachers' oral questions[J]. British Journal of Educational Psychology, 2019, 89(4): 653-669.

23. Livingstone D, et al. Informal learning: conceptual distinctions and preliminary findings in learning in places: the informal education reader[M]. New York: Peter Lang,2006.

24. Livingstone D. Exploring the icebergs of adult learning: Findings of the first Canadian survey of informal learning practices[J]. Canadian Journal for the Study of Adult Education,1999, 13(2): 49-72.

25. Loder J I. The Transforming Moment: Understanding Conviction Experiences[M]. San Francisco: Harper Row,1981：26-27.

26. Lohman M C. Environmental Inhibitors to Informal Learning in the Workplace: A Case Study of Public School Teachers[J]. Adult Education Quarterly. 2000, 50(2):83-101.

27. Matthews J, Candy P. New dimensions in the dynamics of learning and knowledge[C]. Boud, Garrick, Understanding learning at work. London: Routledge, 1999: 47-64.

28. Merriam S. Qualitative Research: A Guide to Design and Implementation [M]. Jossey-Bass, 2016: 116.

29. Mezirow J, Taylor E. Transformative Learning in Practice: Insights from Community, Workplace, and Higher Education[M]. San Francisco, CA: Jossey-Bass, 2009:138-142.

30. Mezirow J. Transformative Dimensions of Adult Learning[M]. San Francisco: Jossey-Bass, 1991.

31. Miles T B. A study of administrative expertise in participant performance on the NASSP assessment center[J]. Journal of Personnel Evaluation in Education, 2004, 3(4): 353-363.

32. Noble C, Karen H. Informal Learning in the Workplace: What are the Environmental Barriers for Junior Hospital Pharmacists? [J]. The International Journal of Pharmacy Practice, 2008, 16(4): 257-263.

33. Nonaka I, Toyama R, Konno N. SECI, Ba and Leadership: A Unified Model of Dynamic Knowledge Creation[J]. Long Range Planning, 2000, 33(1): 5-34.

34. Nunes V T, Santoro F M, and Borges M R S. Borges. A context-based model for Knowledge Management embodied in work processes[J]. Information Sciences, 2009, 179(15): 2538-2554.

35. Organization for Economic Co-operation and Development(OECD). Recognising Non-Formal and Informal Learning: Outcomes, Policies and Practices[EB/OL]. https://www.oecd.org/education/skills-beyond-school/recognitionofnon-formalandinformallearning-home.htm,2010-04-09/2021-02-02.

36. Pimmer C, et al. Informal mobile learning in nurse education and practice in remote areas—a case study from rural South Africa Nurse Educ[J]. Nurse Education Today, 2014, 34 (11) :1398-1404.

37. Roediger K. The Power of Testing Memory: Basic Research and Implications for Educational Practice[J]. Perspectives on Psychological Science. 2006, 1(3): 181-210.

后 记

　　本书是在博士论文基础上整理、修改而成的。自初步选定研究主题至今，已经历了近三年的思考与探究。再次回首这项产业工人专长建构的质性研究之旅，内心感慨万千，收获颇多……

　　我的研究能够顺畅推进、开花结果，首先要感谢我的博士生导师赵志群教授。他治学态度严谨，总是能够删繁就简地拎出论文研究的主线，帮助我"摆脱"文献阅读中"天马行空"的理论想象，"理清"资料分析中"思绪混乱"的研究探索，所以每次跟导师沟通完研究问题，我都如释重负，好好地给自己放一天假，然后满血复活、投入研究任务。同时，还要感谢北京师范大学职业与成人教育研究所的和震、俞启定、李兴洲、庄榕霞、刘云波、白滨和叶建宏老师，他们从不同角度提供了宝贵的建议。感谢孙钰林、黄方慧、张志新、崔钰婷、黄慧婷等同门的无私帮助。

　　质性研究的资料收集过程漫长而细碎，为此要特别感谢支持本研究的所有介绍人和访谈对象。为了找寻研究合作者，我访谈了职业教育毕业生20多人，有生活在西部贫困地区的职初产业工人，也有东部沿海地区城市工厂的"70后"产业工人，还有远在非洲建筑行业任职的高职学子，他们的职业生涯充满了曲折，像是经典文学作品吸引我仔细品读。由于时间和精力有限，最终就近选择了方圆、刘煜和冯亦诚三位研究合作者。随着研究的推进，我与3位研究合作者的研究关系也经历了明显的变化：从最初的"研究个案"发展成"研究合作者"，最后成为"研究合伙人"。作为卓越的实践专家，他们和同事们极力配合我的访谈，共同描述和还原了研究合作者的职业故事，为我提供了思考产业工人职业专长建构和非正式学习的第一手资料，他们真的是最可爱的人。所有访谈对象的职业成长故事都深深地感染着我，为我未来的职业成长注入了强大动力和无限活力。

我还要感谢我的家人。漫长的研究过程单调而孤独，每收集一份资料，我便开始转录和编码，查阅文献，然后再次收集资料，不知不觉挖掘了 4672 个基础意义单位，累计形成了 100 多万字的 3 本《研究合作者资料手册》，汇集了每位研究合作者的访谈、观察和实物资料。这个忙碌过程牺牲了很多陪伴家人的时间和精力。正是由于家人的关心，才让我在每一次遇到研究困境时，都被家庭浓浓的爱意所"拯救"，获得持续前行的精神力量。

本书有幸纳入"当代职业教育理论与实践丛书"，讨论我国当代职业教育的新发展、新探索，也鼓励我继续开展后续研究，生成更多的高质量研究成果。能够邀请到我的博士后合作导师李家成教授，北京教科院终身学习与可持续发展教育研究所史枫所长为本书作序，感到荣幸之至，对两位尊敬的前辈表示特别感谢！

本书的出版，为我的学术成长与职业发展奠定了基础。成长伴随着阵痛，职业成长之路不会一帆风顺。如果本书所呈现的实践专家的职业成长之路能够为读者带来一些启发与思考，那一定是我期待的最佳效果！

修桂芳

2024 年 2 月于北京